研究者が本気で建てた
ゼロエネルギー住宅

断熱、太陽光・太陽熱、薪・ペレット、蓄電

三浦 秀一

はじめに

私は二酸化炭素を出さないゼロエネルギー住宅の自宅で、この原稿の多くを書きました。窓から朝日が差し込む朝。薪ストーブで暖をとる夜。ここが一番快適な仕事場でもあるからです。しかし、この原稿を書き始めてからも、巨大台風、豪雨、河川の氾濫、地震、大停電、そして毎年のように猛暑が報じられ、地球温暖化を現実の問題として感じるようになりました。それと同時に、この地球温暖化を防止するためにパリ協定が求める今世紀後半に温室効果ガスをゼロまたはマイナスにするという、不可能とも思える目標に本気で取り組まないといけないと感じるようになりました。そして2020年、ついに日本も2050年までにゼロカーボンを目指すことになりました。こうなると、住宅についてもゼロエネルギー化（再生可能エネルギーを自分でつくり、年間のエネルギー収支をゼロとすること。詳しくは09参照）が求められるのは必至です。また、コロナ禍という誰も予期していなかった出来事によって、家で過ごす時間が大幅に増え、テレワークという生活スタイルも定着してきました。家は私たちにとってこれまで以上に重要な居場所になってきており、ホームオフィスにしたり、家庭菜園をしたりと、家は生産の場にもなってきています。太陽光発電を屋根に載せれば電気もつくれます。これからは家をもっと快適にしたい、環境のことも考えたいと思う方も多いのではないでしょうか。そして、郊外や地方に家を構えてゆったりと暮らすことも大きな選択肢になってきていると思います。

私は2009年に日本建築学会が中心となって提言した、建築関連分野のカーボンニュートラル化を目指す地球温暖化対策ビジョンの取りまとめに関わりました。理念としては住宅もゼロエネルギー化しなければならないことは10年以上前からわかっていたのです。そして欧州に行くと、木造の超省エネ住宅が建てられ、エネルギーも再生可能エネルギーに大きくシフトしている現実を見せつけられていました。日本も理念だけではなく、実践が必要だと感じていた時、２０１０年に環境省の補助事業を受けた山形県がゼロエネルギー住宅をつくるプロジェクトに関わるという経験を得ました。この山形エコハウスは、欧州で見てきた先端技術をふんだんに取り入れることで、ゼロエネルギー化を実現できました。しかし、普及させるにはもう少し身近な技術で、手の届く価格でつくれるようにしなければというのが課題でした。そうした経験を踏まえ、２０１１年、東日本大震災と福島原発の事故のさなか、自邸を建てました。エネルギー問題が大きな社会問題となるなか、電気と住宅の在り方を問い直すものとなりました。

そして暮らし始めた我が家、理念から実践、そして自らゼロエネルギー住宅を体感してみるものでした。その結果については本書の中でも詳しく書いていますが、二酸化炭素は難なくゼロになり、寒い冬の世界が一変するような快適な家になったのです。ゼロエネルギーというと、よほどの我慢をしなければいけないようなイメージを持つ人が多いのではないかと思いますが、ゼロエネルギー住宅は実に快適な家だったのです。これを自分だけのものにしておくのは申し訳ない。みんなにこの快適なゼロエネルギー住宅を味わってもらわなければならないと思うようになりました。この暖かさがもたらす快適さをことばで伝えるのは難しいのですが、私は家にいる時、四六時中温度データを見ながら自分自身の体感を確認しています。この日々のデータと体感を照らし合わせながらわかったことをこの本に書きました。

私自身はもともと建築を学び、住宅をエネルギーと地球温暖化対策という観点から研究してきました。山形県という森林に恵まれた勤務地で林業や木のエネルギーについても調査してきました。住宅の省エネ、再生可能エネルギー、健康、快適性、経済性、森林林業、地球温暖化、これらは相互に関連を持っています。省エネ住宅のことを書いている本は最近たくさん出されていますし、森林に関する本や、再生可能エネルギーに関する本も数多く出されています。しかし、こうした違った分野の相互関係をトータルに説明されたものが見当たりません。省エネに力を入れている人は再生可能エネルギーにはあまり力を入れていなかったり、再生可能エネルギーに力を入れている人は省エネにあまり力を入れていなかったりします。この本は省エネと再生可能エネルギーの両面から住宅を見ることができるように書きました。

住宅は何十年も使うものですから、エネルギーの将来もしっかりと見据えていかなければなりません。しかし、太陽光発電は電気の買取価格が下がっているからもう終わりだろうとか、次は蓄電池だとかいう話を聞かされて何を信じていいのかわからなくなる人も多いでしょう。確かに、再生可能エネルギーに関する状況がめまぐるしく変化しています。しかし、足元の資源をしっかり見ることも大事です。それは森です。２００５年頃から通い始めた欧州で、最新の技術で使われている木のエネルギーを目の当たりにして衝撃を受けて帰ってきました。木をエネルギーとして使うことなど日本の住宅における省エネ政策では認知されてきませんでしたが、世界では再生可能エネルギーとして大きな進化を遂げていたのです。日本でも薪ストーブやペレットストーブは、住宅の再生可能エネルギーとして徐々に認知されるようになってきましたが、この木のエネルギーが住宅にどんな意味を持つのかを解き明かすのもこの本の大きな役割です。

ゼロエネルギー住宅と銘打った住宅も今は珍しくはありません。太陽光発電パネルを屋根にたくさん載せたり、蓄電池を入れたりすることがゼロエネルギー住宅であるかのように宣伝されていたりします。しかし、これらは本当のゼロエネルギー住宅でしょうか。実は私の自宅も完全なゼロエネルギー住宅ではありません。本書の中ではエネルギー自給ということばも使っていますが、ゼロエネルギーと目的は似ているようで意味が違います。エネルギー自給はことば通り自分でエネルギーを供給することで、再生可能エネルギーで１００％自給すれば化石燃料ゼロエネルギーになりますが、これは簡単なことではありません。ゼロエネルギー住宅をエネルギー自給率の高いものにしていくには、まだまだ、本気でゼロエネルギー住宅を進化させていかなければならないと考えています。そのためにも自らデータを取り、これからの構想を練っていて、そうしたことも本書で紹介しています。

ゼロエネルギー住宅はもはや研究者が語る理想論ではなく、誰もが本気で考えなければいけない家づくりです。地球温暖化を防ぐためだけではなく、ゼロエネルギー住宅を建てれば、それから先の人生には快適な暮らしが待っています。家づくりは一度建てたら、簡単にはやり直しがききません。地球温暖化もまた、引き返せない未来です。

後悔のない家づくりと未来のために、本書が皆さんのお役に立てば幸いです。

２０２０年11月

三浦 秀一

目次

はじめに　1

01
私のエネルギー自給実践録……11
1　自給と快適さは両立できる　11
2　断熱で冬の世界が変わる　13
3　エネルギー自給で自然の見方が変わる　16
4　ゼロエネルギー住宅の前提は省エネ　18
コラム❶　日本のエネルギー自給率と市民の危機意識　20

02
省エネ住宅を正しく理解する……25
1　古民家は省エネ住宅？　夏を旨とすべし？　25
2　風が通れば涼しくなるか？　27
3　住宅のエネルギーは冷房より暖房が多い　29

4　日本の寒い家は命の危険をもたらす　31
5　省エネは我慢、快適はぜいたく？　33
6　あなたの快適な温度は？　35
7　高気密住宅は不健康？　37
8　暖房依存の家から「断熱」で暖まる家に　40
コラム❷　エネルギーにお金をかけるか、家にお金をかけるか　42

03 省エネ住宅を建てるポイント

省エネ住宅を建てるポイント……………………45
1　省エネ住宅の断熱性能　45
2　省エネ住宅の鍵を握る窓　48
3　健康・快適かつ省エネを実現する住宅の断熱水準　50
4　夏に夜の冷気を取り入れる窓　55
5　夏の庇はもっと長く　57
6　冬の庇はもっと短く　62
7　今ある家を断熱リフォーム　65
コラム❸　どこに頼めば省エネ住宅になるか　71

04
エネルギーのものさしでくらべる住宅全体の省エネ…… 73

1 断熱性能にはものさしがある 73
2 エネルギー全体のものさし 77
3 熱というエネルギー 78
4 オール電化住宅はエコ住宅か？ 80
5 一次エネルギーというものさし 81
6 二酸化炭素というものさし 84
7 お金というものさし 87
8 暖房の省エネ 90
9 給湯の省エネ 95
10 換気の省エネ 101
コラム❹ 森のエネルギーはCO_2ゼロ 103

05
ゼロエネルギー住宅にする太陽エネルギー…… 105

1 住宅の屋根は太陽光発電の適地 105
2 太陽光発電は損か得か？ 108
3 太陽光発電と固定価格買取制度（FIT） 111
4 太陽光発電が電気の価格破壊をもたらす 114

5　太陽熱温水器でお風呂の自給　116
6　太陽熱温水器か太陽光発電か　118
7　どれだけ太陽光発電があればゼロエネルギー住宅になるか　119
コラム❺　太陽以外の再生可能エネルギー　121

06 森のエネルギーの暖房……125

1　世界のバイオマスエネルギー　125
2　日本の薪炭利用の歴史　128
3　木をエネルギーにしてはげ山にならないか　130
4　木で発電　134
5　薪ストーブによる輻射の暖かさ　137
6　薪ストーブの進化　139
7　ペレットストーブ　141
8　日本のペレットと地産地消　144
9　薪の単位と品質　146
10　ペレットの品質　149
11　薪、ペレット、エアコンのランニングコスト（燃費）　152
12　薪・ペレットストーブの排ガス対策　157
13　薪ストーブにするか、ペレットストーブにするか　162

コラム❻　環境に良い薪ストーブの使い方　164

07
省エネ住宅でこそ活きる森のエネルギー……167
1　森のエネルギーで暖房の自給　167
2　省エネ住宅では薪やペレットがどれぐらい必要か　168
3　省エネ住宅で薪づくりも楽に　170
4　薪・ペレットストーブを入れる前に断熱を　173
5　木のストーブと高断熱高気密住宅での換気　175
6　ストーブ1台で全館暖房　178
コラム❼　伝統的な木造工法と省エネ住宅　184

08
ゼロエネルギー住宅と蓄エネ……189
1　蓄電池でオフグリッド（独立電源）にできるか？　189
2　蓄電池は元が取れるか？　192
3　太陽光発電をお湯で蓄エネ　193
4　エコ住宅と電気自動車で電気のやりとり　195
5　FIT後の太陽光発電の環境価値　198

6　木のエネルギー貯蔵力　199
7　省エネルギー基準と木の暖房　201
コラム❽　3つの需要ギャップを埋めるエネルギー貯蔵　203

09
木のエネルギーで本当のゼロエネルギー住宅……209

1　政策としてのゼロエネルギーハウス（ZEH）　209
2　木質ストーブを入れてゼロエネルギーを実現する　211
3　本当のゼロエネルギーハウスとは？　212
4　災害にも強いゼロエネルギー住宅と薪　216
5　ゼロエネルギー住宅を建てるといくらかかるのか？　218
6　暖房給湯のできるバイオマスボイラで本当のゼロエネルギー住宅に近づく　223
7　集合住宅こそゼロエネルギー住宅に　225
8　バイオマス地域熱供給でゼロエネルギータウン　227
コラム❾　電力会社を切り替えてゼロエネルギー住宅に　231

おわりに　233

01 私のエネルギー自給実践録

1 自給と快適さは両立できる

東北の地方都市、山形市にある私の家は2011年8月に完成しました。着工したのは前年の暮れだったので、東日本大震災の前でした。しっかり省エネをし、再生可能エネルギーを使うことで多くのエネルギーを自給し、ゼロエネルギー住宅を実現できました。そして、それまでとくらべてはるかに快適な家になりました。実は住宅のエネルギーを自給することはそれほど難しいことではありません。自給というと食べ物の自給もありますが、それよりは簡単にできてしまいます。しかもエネルギー自給と快適さの追求は両立できます。私は大学で建築やまちのエネルギーについて研究をしている立場上、あちこちでこれからの住宅はゼロエネルギー住宅にしなければいけないと言い続けてきました。しかし、理屈やあるべき論だけ語っていても説得力はないものです。やはり自らやってみせなければ、ということでついに家を建てることにしたのでした。

基本的なことは教科書に書いてある理屈通りなのですが、家で24時間過ごしながらの感覚というのは住んでみなければわからない部分がありました。それが快適性です。やはり住宅は快適でなければ、ゼロエネルギー住宅になったとしても物足りないでしょう。ところが、ややもすると快適さの追求こそがエネルギー消費を増大させたのだから、快適さを追求すること自体が問題であるかのように思われがちです。省エネやエネルギー自給というと、まるで昔の生活にかえるようなイメージがあるかもしれませんが、それでは長続きしません。快適さとエネルギーは非常に密接な関係にありますが、相反するものではないということをお伝えしたいと思います。ゼロエネルギー住宅は健康で快適に暮らせるものなのです。

今どき家を建てる方は、多少なりとも省エネや再生可能エネルギーについては気にする方が多いと思います。ところが、実際に家を建てたという人を見ていると、明らかに失敗したと思われる方がかなりおられるのです。家を建てるということは、一生に一度あるかないかの一大事。何千万というお金をはたいて買う、一番大きな買い物です。そして、失敗したらそう簡単には取り返しがききません。これはご本人にとっても大きな損失ですし、環境的にも将来へ負担を残します。住宅に関する情報はインターネットなどで氾濫しています。何が正しいのか、わからなくなってくる方も多いのではないかと思います。しかし、基本的な考え方とデータの見方がわかれば、惑わされることはなくなります。そのためにも、私の実践に基づくデータもできる限り紹介していきたいと思います。

写真1－1　我が家

2　断熱で冬の世界が変わる

日本人は冬になれば家の中も寒くなるものだと思い込んでいます。そして、家はストーブで暖かくするものだと思っているでしょう。だから、家全体を暖かくしようとすると、家じゅうにストーブを置かないといけないし、灯油代や電気代がかかりすぎてとても無理だと思ってしまいます。確かに昔のような家ではそれは無理でした。しかし、家そのものの断熱性能を上げればそれほど暖房をしなくても家全体を暖かくすることが可能になります。そして、そうなった時の家は、もう今までの冬とは世界が変わるのです。そこまで言うのは、私自身が体験したことだからです。

暖かい家の快適さをことばで表すことは難しいものですが、まず我が家の冬の温度グラフと同じ県内にある一般的な住宅の同じ日の温度を縦軸、横軸とも同じ目盛で並べてみたものを見てください（図1－1）。まったく違う形ですが、我が家の温度はほとんど上下動がないのに対して、一般住宅の方は非常に大きな温度変化、温度むらがあることが一目瞭然かと思います。これだけ温度環境が違えば、冬の世界が違ってくると言ったわけがおわかりでしょう。実際の様子をいくつか例を挙げてみます。まず、風呂場もトイレも玄関も、家じゅうどこの部屋もほぼ20℃以上あり、寒い場所は一切ありません。さすがに朝起きた時の温度は20℃を切っていますが、それでも19℃程度です。朝起きたては布団の中で体も温まっていて寒くないので、急いでストーブをつけるようなことはありません。晴れていれば、日が差し込むのを待っているだけで部屋の温度は上がって、そのまま暖房はいりません。晴れていない日や、日が落ちてくれば暖房がほしくなりますが、薪ストーブ1台だけで家全体が十分暖かくなります。2階の寝室にも暖房はあるのですが、使ったことがありません。夜の居間は22℃前後で、風呂あがりはパジャマ1枚、杉の床の上を裸足でうろうろしていますが、床暖房を入れているわけではありません。なお、妻はもう1枚羽織って、靴下を履いているので、男女や人によって体感の違いはあると思います。湿度も常に50%以上あり、乾燥感もありません。湿度が高いと結露しやすくなるものですが、我が家には結露している場所はどこもありません。窓の結露拭きをしたことはないですし、風呂のカビもほとんどないので掃除も楽です。

薪ストーブの炎は冬の長い夜でも、家の中に小さな太陽があるかのように部屋を暖めてくれます。エアコンやファンヒーターのような温風はなく、音も一切しません。静けさのなかにある暖かさは、暖房をしていないのかと錯覚するような感じで、冬であることを忘れてしまいそうになります。薪ストーブ以外でも、温水暖房であれば同じような静けさが得られます。

冬場の家の中の暮らしが、のびのびと、ゆったりしていることが伝わったでしょうか。朝布団から出るのがおっくう、こたつから出られない、トイレや浴室に行くのがつらい、毎朝窓の結露拭きが手間、手足が冷えるなどという冬のストレスから解放されるのです。冬はつらい季節ではなく、暖かく快適な世界へと変わります。これは決してぜいたくではなく、欧米では当たり前のことで、健康な生活をする上でも基本となることなのです。

では、我が家ではどれぐらい断熱性能を上げたのか。専門的な性能値は後で説明するとして、具体的な断熱材で説明します。断熱材といっても特別な新素材を使っているわけではなく、グラスウールという一番よく使われる断熱材を使っていますが、壁に22㎝、屋根に40㎝入れています。山形では普通、省エネ基準を満たした断熱性というと、壁10㎝、屋根20㎝ですから、その2倍です。それと大事なのが窓で、3枚ガラスの窓を入れています。かつて国産サッシメーカーはほと

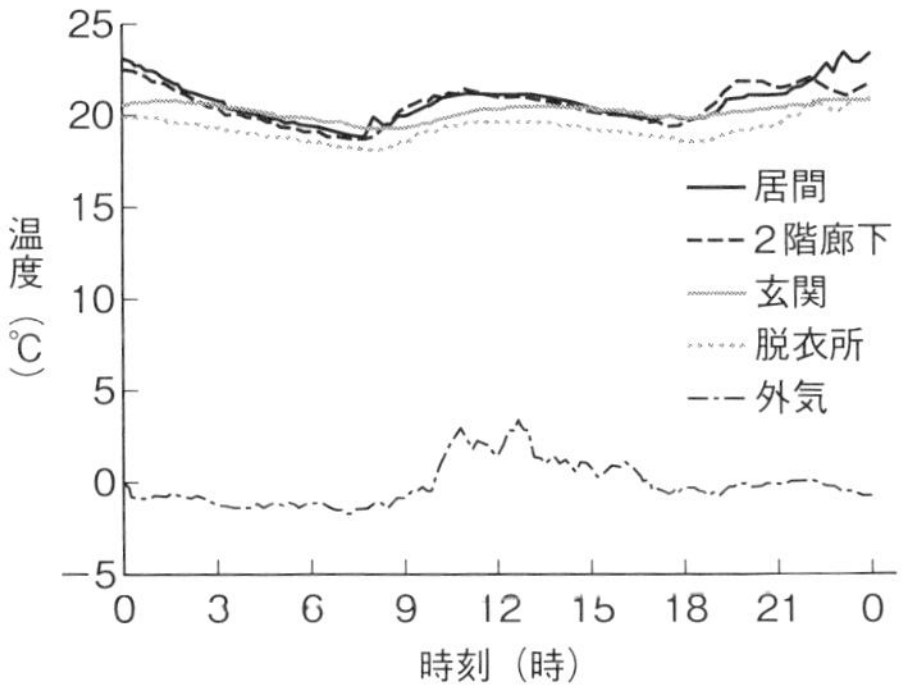

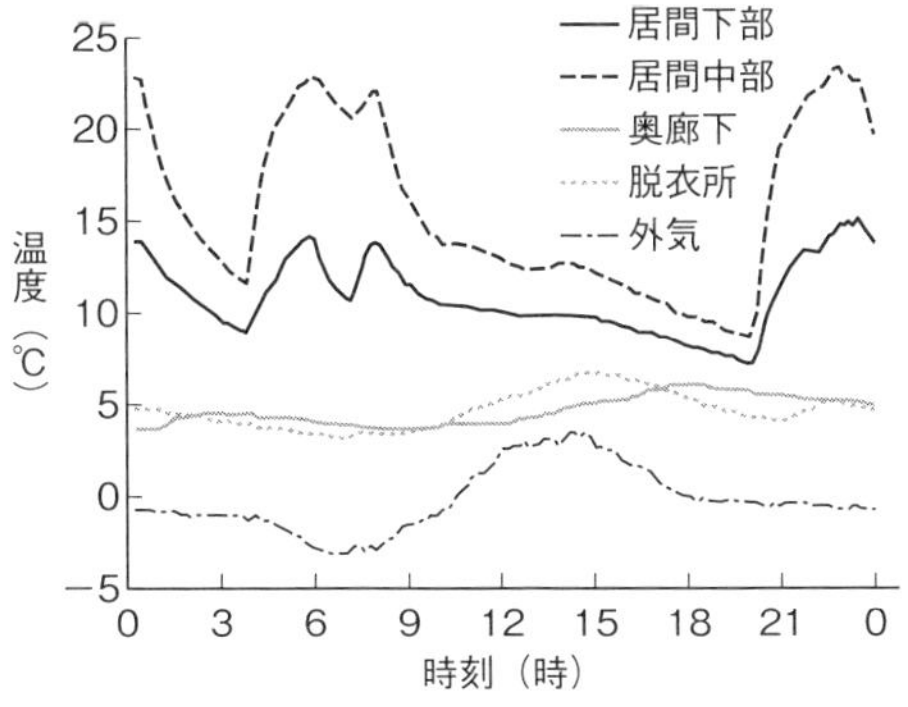

図1－1　ある冬の日の我が家の温度（上図、暖房は薪ストーブのみ）と一般的な家の温度（下図、暖房はエアコンと灯油ストーブ）

（山形県、2019年2月14日）

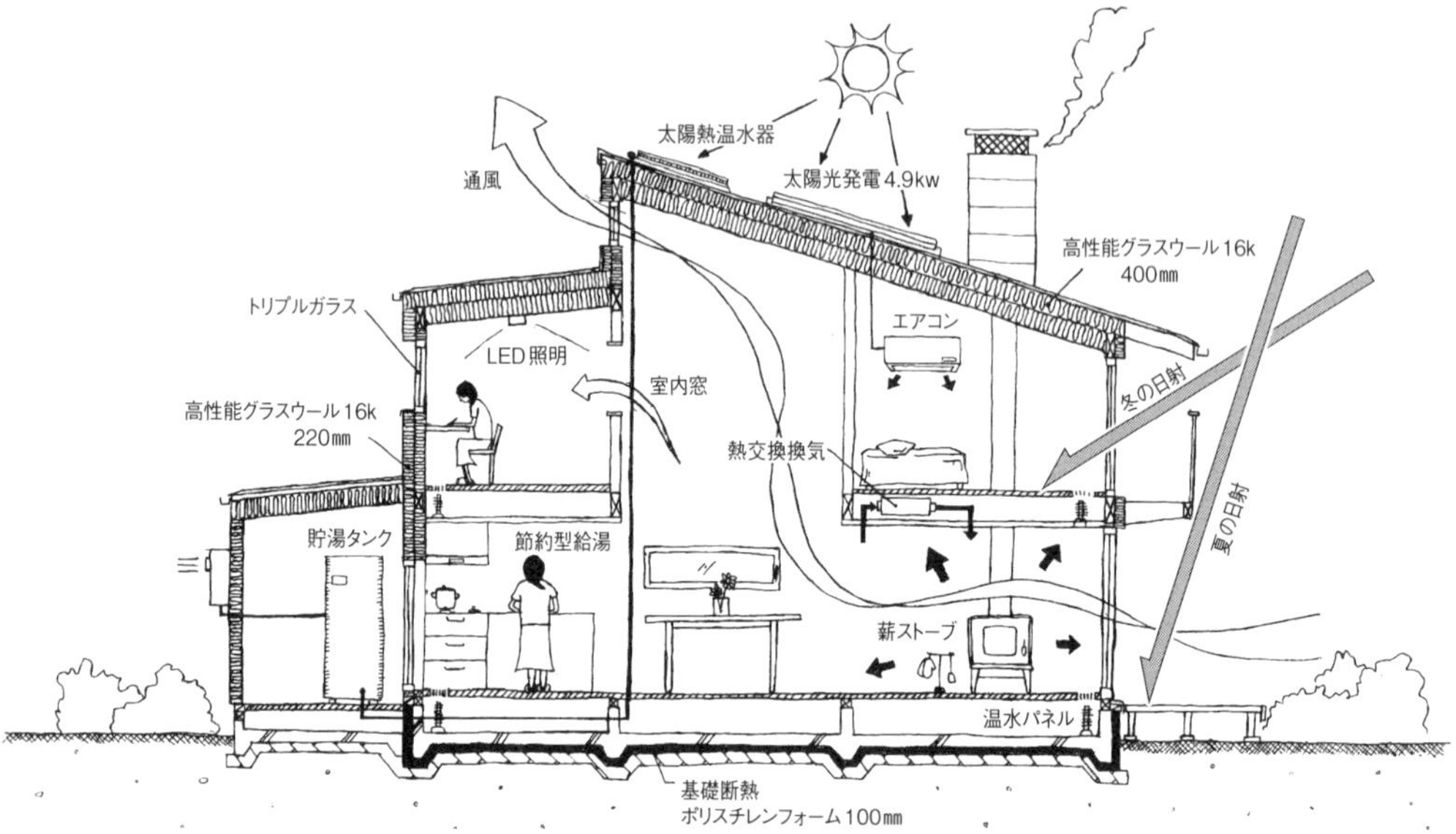

図1－2　我が家の断熱と再生可能エネルギー
在来木造軸組工法、延床面積139m^2、外皮平均熱貫流率U_A値0.28［W/(m^2・K)］

んどが2枚ガラスのペアガラスしかありませんでしたが、ようやく最近になって、3枚ガラスのサッシもつくり始めました。快適さと省エネは両立し得るもので、エネルギー自給を実現するためにも省エネは必要なものです。

3　エネルギー自給で自然の見方が変わる

自然ということばはよく使われますが、現代人が本当に自然と関わる機会はほとんどなくなりました。あくまでも非日常の観光での触れ合いだったりするためか、自然は守るものというイメージが強いでしょう。私もかつてはそうでした。しかし、太陽光発電の電気を使い、太陽熱のお湯で風呂に入り、山の木で暖をとるという生活をするうちに自然に対する見方が変わっていきました。今まで見えなかった自然の持つ力、それがエネルギーとして意識できるようになりました。おそらく人間にとって、かつて自然は資源だっただろうと実感するようになりました。

太陽熱温水器でつくったお湯で風呂に入っていると、

なぜこんなに太陽の光があって、簡単にお湯をつくれるのに、わざわざ電気やガスで風呂を沸かさなければいけないのだろうかと素朴に感じるようになります。そういう身近なエネルギーの存在を忘れてしまっていたのです。太陽光発電を取り入れるとお天気のことが気になります。日々の晴れ具合だけでなく、去年とくらべて発電量が多いか少ないか、年ごとの天気の違いも気になり始めます。天候がそのまま生産量に影響するのは農業と同じ感覚です。今まで天気予報を見るのは傘を持って出かけるかどうかの判断材料程度でしかなかったものが、電気の生産量、すなわち売り上げと関係してくるものになるのです。

そして、実は住宅にとって大事な再生可能エネルギーとなるのが薪やペレットといった木のエネルギーです。使い始めると山の木々が気になり始めます。今までどこの山も同じだと思っていた山の見方がまったく変わってくるのです。特に薪は手間もかかりますが、それだけ自然と触れ合う楽しみも多いものです。

人間らしい生活や、自分が生きていくために必要なことは、自分で組み立てていきたいという意識を持つ人が少しずつ増えてきました。田舎で自給自足的な暮らしを目指そうという人も。エネルギーと食は日々必要なものという意味で共通点がたくさんあります。食の安全がいろんなところで問題になり、安心安全な食べ物を求めていると、自分でつくるところにたどり着き、自家菜園を始めたという方も多いでしょう。地方都市にある私の大学の学生に聞くと、半数近くは自宅で自家菜園をやっています。自分で苦労してつくったものはおいしいし、つくる喜びがあるからでしょう。

それと同じように原発事故の問題や地球温暖化の問題を考えていくと、自分が使うエネルギー

写真1－2
我が家の薪ストーブ

を電力会社や他人任せにしたくない、再生可能エネルギーを使いたい、そして自分でエネルギーをつくりたいというように意識が高まっていきます。エネルギーには食べ物のようなおいしさの違いはないかもしれませんが、その代わりに環境を守るという社会的達成感があります。といっても、見えない二酸化炭素や将来の地球温暖化のことにピンとこない人もいるかと思います。しかし、そんな人でも経済的なメリットには無関心ではいられないでしょう。エネルギー対策は経済的なメリットが生まれる場合も多く、当然そのメリットは追求されるべきなのです。

4　ゼロエネルギー住宅の前提は省エネ

我が家のエネルギー需給状況を示したのが図1－3です。はじめに申し上げましたようにゼロエネルギー住宅にするのは難しくありません。ただし、その前提となるのが省エネです。再生可能エネルギーは大事ですが、省エネをしっかりしないとエネルギー自給はやはり難しくなってしまいます。エネルギーを使う元をしっかり押さえないで、じゃぶじゃぶ使う量を増やしていってしまってはさすがの再生可能エネルギーも追いつきません。図1－3は我が家のエネルギー需要用途と再生可能エネルギーの供給量を比べたものです。真ん中の棒グラフは我が家の実際のエネルギー需要ですが、左の棒グラフは、もし我が家を一般的な省エネ基準程度の断熱性能にしていた場合のエネルギー需要です。同じ条件で比較するために、実際の我が家と同じように家全体

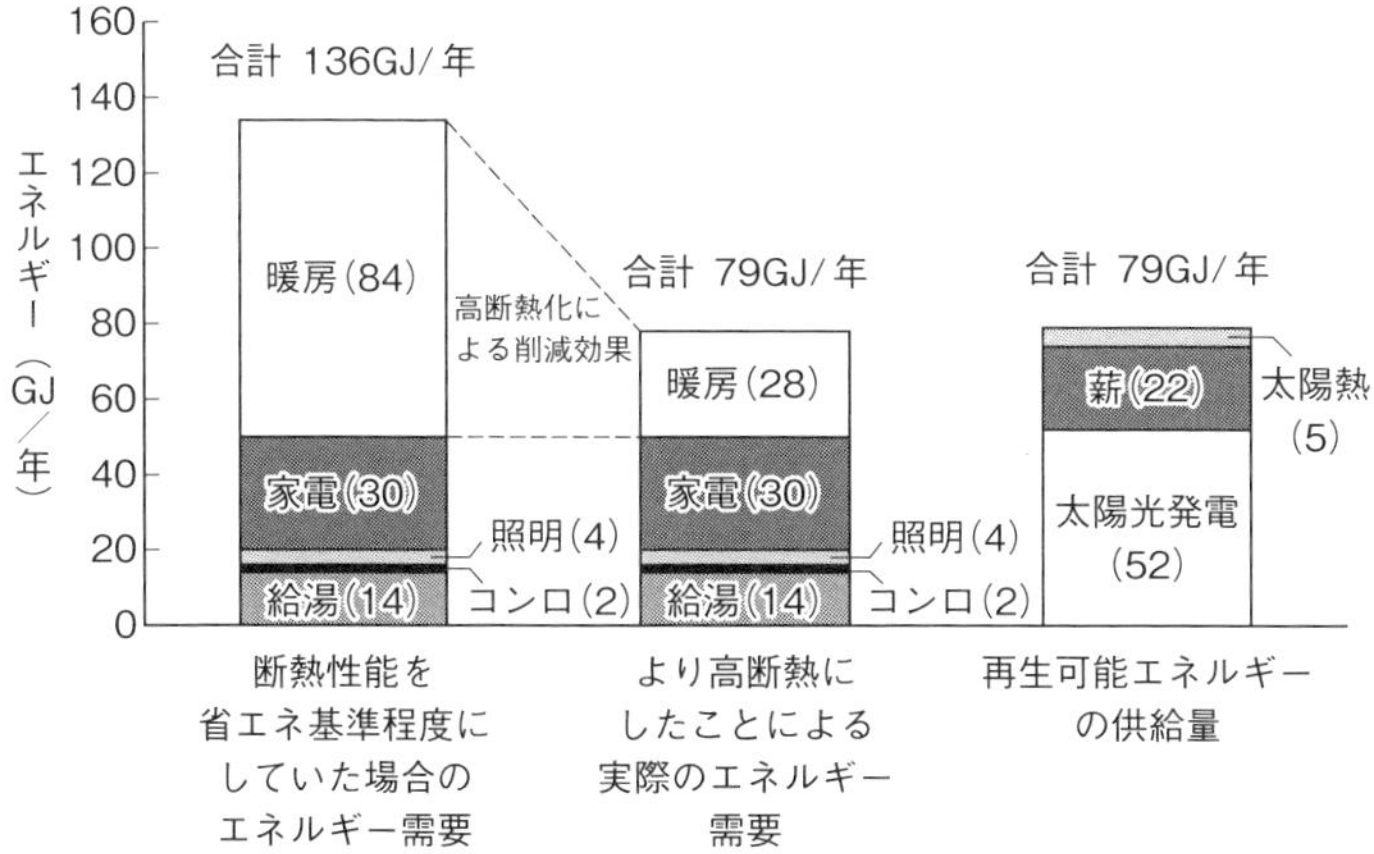

図１－３　我が家のエネルギー需要用途と再生可能エネルギーの収支

を22℃前後の温度に保っているとして計算して出したものです。比べると、高断熱住宅にしたことによって暖房のエネルギー需要は３分の1になっているということがわかります。暖房エネルギーの削減によって、家電、照明、コンロ、給湯を含む全エネルギー需要が４割減っています。これだけ減っているので、再生可能エネルギーで供給を合わせるのは楽になります。結果として我が家の場合、太陽光発電、太陽熱温水器、そして薪ストーブのエネルギー供給量がエネルギー需要と同じ量になり、ゼロエネルギー住宅となっているのです。

日本では省エネというと照明をこまめに消したり、冷房の温度設定を上げたりというケチケチ型のものを思い起こす人が多いのですが、欧米ではエネルギー効率energy efficiencyということばを使うことが多いように、建物の性能や家電設備の性能を上げることを指します。ケチケチ型の省エネももちろん大事です。私の家でもできる限り心がけていますし、実践的な調査も行ってきました。しかし、それだけで減らせる量はいろんな取り組みを見てもおおよそ10％程度です。もちろん大量に浪費していた人がもっと減らした例や、究極の生活をしてもっと減らした例などはあると思いますが、平均的には10％程度です。これ以上の省エネは照明をＬＥＤに替えたり、冷蔵庫を省エネ性能の良いものに買い替えたりすることで効果を上げることができます。そして、さらに建物の省エネ性能を上げることができれば、かなりの省エネが可能になります。まず省エネで減らして、それでも必要なエネルギーを再生可能エネルギーで賄うというような順序で考えていくのが、エネルギー自給の前提になってくるのです。

そうしたことから、本書では最初に住宅のエネルギーのなかでも省エネルギーから入り、その次に再生可能エネルギーのことについて説明していくという順番にしています。

コラム 1

日本のエネルギー自給率と市民の危機意識

日本の国際競争力が落ち、人口も減り、災害も増え、世界情勢も不安定ななか、国や行政、会社に任せておけば生活のことは安心という時代ではなくなりました。老後の暮らし、災害時の対応など、私たちは自分の身は自分で守らなければならないということに少しずつ気づくようになってきました。そして、日々を安心して暮らしていくために必要なものは食と水、そしてエネルギーです。

ところが、日本のエネルギー自給率はわずか8%（２０１６年）。一方、低いと言われる食料自給率ですらカロリーベースで38%、生産額ベースで65%あります（２０１７年）。この数字を見るとエネルギー自給率があまりにも低く、危険な状況にあることは誰にでもわかることです。ところが、意外にエネルギー自給率のことを心配する人には出会いません。むしろ、食料自給率のことを問題にする人の方が多いでしょう。農林水産省も食料自給率が低いことを国民にかなり訴えていますが、経済産業省はそこまでエネルギー自給率のことを問題にしてきませんでした。農林水産省は食料自給率を上げる必要性を説きながら、国内農業の生産力を上げることを政策の柱にしています。農家の担い手を確保し、国民には米や国産農産物の消費を促すというようなことです。

では、エネルギー自給率を上げるということは政策的にどういうことだったのか。それは原発を増やすことに他ならなかったのです。正確に言えば原発は燃料となるウランを輸入しますから、自給ではありません。しかし、経済産業省の資料では常に原発をエネルギー自給にカウントしています。エネルギー安全保障は日本政府のなかでも最重要課題として認識されているはずですが、それが原発に託されてきたのです。食料と違ってこれまで電気をつくるのは限られた大手電力会社だけでしたから、国民が関与する場面はありません。だからことさらエネルギー自給率を問題にしても、原発を推進する国の姿勢を強調するだけになっていました。こういうことがエネルギー自給率の問題を国民に問うてこなかった背景だと思います。

一方、環境先進国が多いと言われる欧州ではどうかというと、エネルギー自給率の指標となる再生可能エネルギーの割合が50％を上回る国がスウェーデン、40％を上回るのがフィンランド、ラトビア、そして30％を上回るのがデンマーク、オーストリア、ポルトガル、エストニアとなります。日本の再生可能エネルギーの割合11・7％からすると信じがたい数字です。いずれも人口1000万人以下の国で、欧州の雄ドイツでも16・5％です（2018年）。日本で言うならば一地方レベルの規模の国々が独立国として存続できること自体が驚きでもありますが、独立国であることとエネルギー自給は当然大きな関係があるわけです。欧州の小さな国々がそれぞれ、自分たちの国のエネルギーをどうするかを必死に考えているのは、エネルギーが食料と並んで国民の生命線でもあると意識されているからです。欧州では、ロシアから供給を受ける天然ガスへの依存に対する問題意識をよく耳にします。小国が自立していくために、国民のエネルギー供給に対する緊張感が高いの

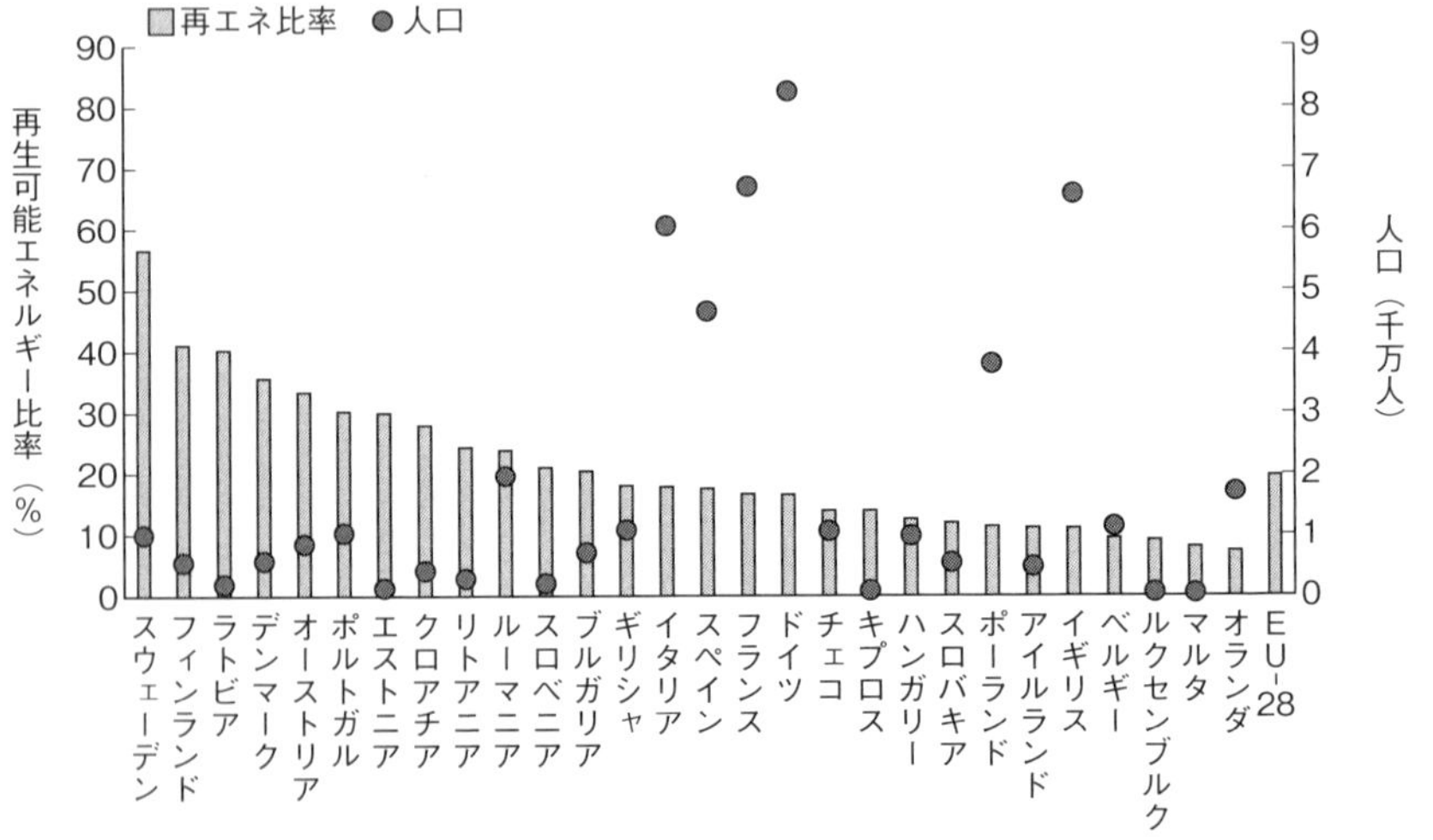

図1－4　EUの国別再生可能エネルギー比率（2018年）

出典　Eurostat

です。地球温暖化対策だけでなく、その国にある国内資源を徹底的に活かしてエネルギー自立を目指すことが、結果として再生可能エネルギーの戦略的開発に結びついていったという背景があります。

日本人は日本のことを島国と言い、小国意識が強い割にはエネルギーに対する危機感が少なすぎます。エネルギーのことを国に任せすぎたのです。しかし、時代は変わりました。再生可能エネルギーは誰でも生産できます。その最たるものが太陽光発電です。また、エネルギーに使えるはずの山の木も目の前にあります。大勢の農家が食料をつくるのと同じように、大勢の人が再生可能エネルギーをつくる時代です。そして、エネルギーを選ぶ時代でもあります。そのなかで、自家用のエネルギーをつくって自給するという選択肢は当たり前のように増えてくるのです。もうすでにそういう太陽光発電オーナーは日本にもたくさんおられます。エネルギー自給というのは、一人一人が自分で使うエネルギーのことを自分で考えるところから始まります。これをもっと広げていくことで、日本のエネルギー自給率を高めていくことに結果的につながるのだと思います。

02 省エネ住宅を正しく理解する

1　古民家は省エネ住宅？　夏を旨とすべし？

環境意識の高い方が家を建てようとする時に最初によくイメージされるのが、古民家のような家、あるいは古民家を改修してという話です。私も古民家は大好きですし、日本ではもっと古民家を残していくべきだとも思います。ただ、それは誰でもできることではありませんし、お金も非常にかかります。では、古民家のような家にというのは、省エネという観点で見た場合、どこまで当てはまるでしょうか。簡単にまとめると、日本の伝統住宅は夏を涼しく過ごすための工夫は随所に見られるのですが、冬は寒いと言うことができます。なので、良いところを活かし、悪いところを改善していくという柔軟な発想が必要になります。現代の省エネ住宅は古民家のイメージとはだいぶ違ったところもあるのです。

最初に、日本の住宅がどうやって夏の涼しさを確保してきたか考えてみましょう。その最大のポイントは大きな窓だと言っていいでしょう。軸組と呼ばれる伝統工法は柱と梁でできあがっていて、柱と柱の間は全面開放できるようなつくりになっているのです。開放的で、風を最大限取り入れることができます。日本で窓と言えば、床と同じ面から開く掃き出し窓と呼ばれるものがそうした特徴を今でも伝えるものです。欧米では腰の高さ程度の壁があって、その上に窓があるのが一般的な窓です。日本では部屋と部屋を仕切るふすまも取り外すことができますし、ふすまの上の欄間《らんま》という透かし彫りは風を通すものになっています。

日本の住まいは「夏を旨《むね》とすべし」という格言を聞いたことはあるでしょうか。吉田兼好が鎌倉時代に書いたとされる徒然草に出てくる一節で、昔から住宅関係者の間でよく使われてきたことばなのです。もう少し前後を紹介するとこんな一節です。「家の造りやうは夏を旨とすべし。冬はいかなる所にも住まる。暑き頃、悪き住居は耐へがたきことなり。」

つまり、家を建てる時はとにかく夏涼しい家をつくりなさい。暑い家は耐えられないよという話なのです。そして、冬はどんなところでも住めるとまで言い切っています。確かに日本の夏は高温になるだけでなく、多湿であるため、夏の暑さをしのぐことは欧米諸国とはくらべものにならないぐらい大事なことだったと思います。昔は扇風機もエアコンもありませんでしたから、うちわがせいぜい。冬は囲炉裏を囲んで薪をくべるという形で、暖房は昔から人為的にエネルギーを使っていたわけですが、電気のない時代には夏の冷房にエネルギーを使う技術がなかったのです。だから家そのものを風の入りやすいつくりにしなければならなかったのです。

2　風が通れば涼しくなるか？

夏を涼しくするために日本の住まいに求められてきたのは風通しです。しかし、最近は温暖化の影響もあってか、猛暑日が各地で頻発しています。もはや35℃を超えるのは珍しくなく、40℃を超えることさえあるようになってしまいました。最近気象庁も、「命の危険があるような暑さ」や、「災害級の暑さ」というような激しい表現を使って予報を発表しています。このような状況のなかで風を入れても、熱風が吹き込むだけで危険だと言えます。もちろん、そこまで暑くない日には、できるだけ風で涼めるような風通しのいい家にしたいものです。しかし、風は吹いたり吹かなかったり、きまぐれです。健康な環境を確保できて、夏中エアコンのいらない風通しのいい家をつくれるかというと、よほどの高地か、常に風の吹いているような場所でなければできません。

教科書的には、身近な気象観測所のデータから風の向きを調べて対応するということになります。しかし、風の向きは周辺のちょっとした起伏や建物によって変わります。気象観測所の風向き通りに風が吹いているとは限らないのです。そして、時間によっても変わります。沿岸部では、日中は海からの風、夜間は陸から海へ向かう風、そしてその間には凪《なぎ》のような状態も出てきます。一般的には日中よりも夜間の方が風は弱くなります。夜は意外と風が吹いていないので、熱帯夜に窓を開けても涼しくならないことが往々にしてあるのです。

地球温暖化が進みつつある今、冷房を入れなくてもいい地域、時間をしっかりと見極める必要

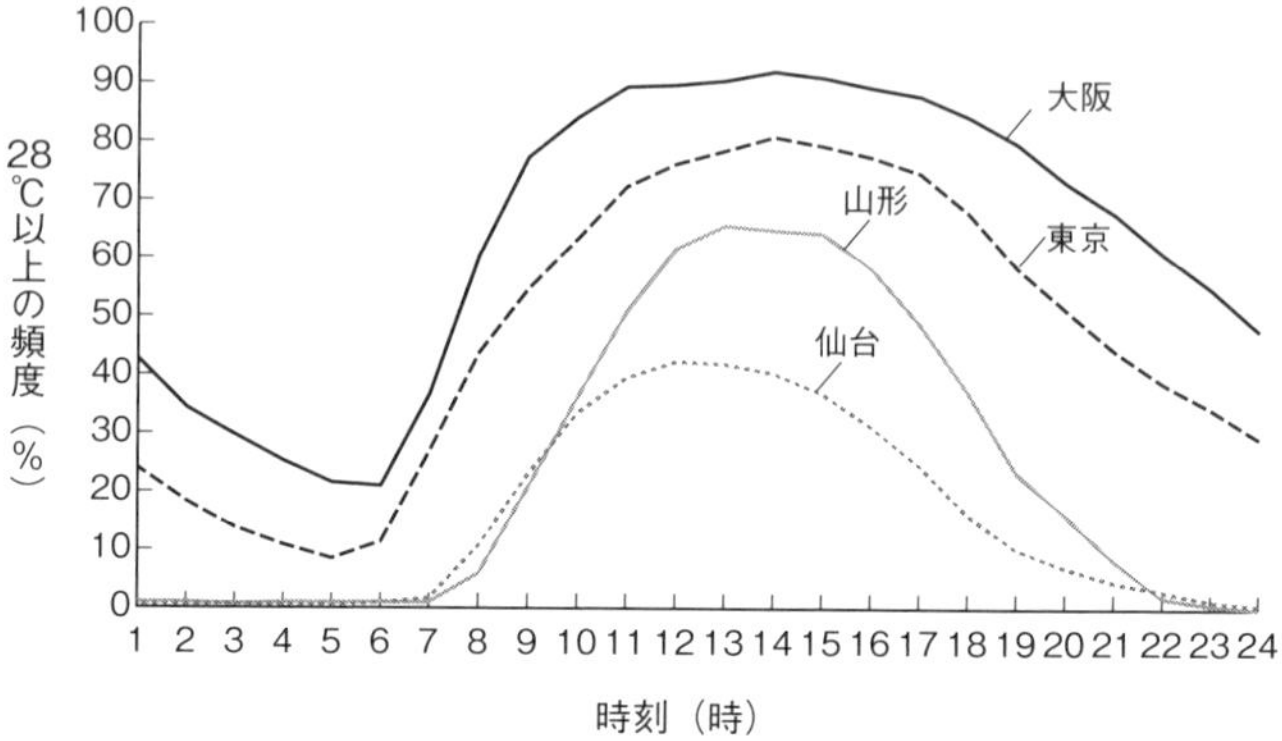

図２－１　８月の28℃以上になる時刻別の頻度

出典　気象庁データより作成

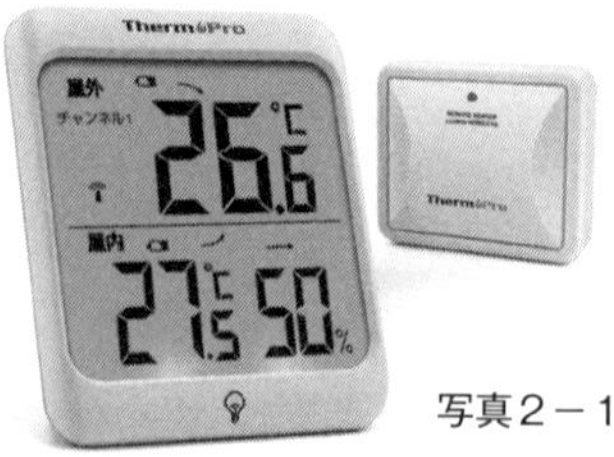

写真２－１　ワイヤレス室外温度計

があります。特に温度が低下する夜間については地域による気候の差が顕著に出てきます。また、住宅の場合は夜の在宅率が高くなり、暑くて眠れない夜というのは健康面でも避けなければならないことですから、エアコンを入れるかどうかは省エネと健康面の両面を見て判断しなければなりません。上のグラフは８月の28℃以上になる頻度を時刻別に４つの都市でくらべたものです。床に就くであろう夜の24時を見るとわかりますが、大阪市などは50％の確率で28℃を超えていますが、山形や仙台では０％です。夜になればほぼ冷房はいらないだろうという地域がたくさんあるのです。

しかしよくあるのが、日中窓を閉めてエアコンを入れていると、外の温度が下がっていることに気づかずに夜もエアコンをつけっぱなしにしてしまうというようなことです。外の温度がわからないのでそうなりがちなのです。窓を開ける方がいいか、閉めておく方がいいかは、外の気温と、家の中の気温、両方を見ることのできる温度計（写真2－1）が必要になってくるのです。外の温度計のデータを無線で飛ばし、部屋の中でも見ることができる便利なものがあります。こうして、夏も温度を常に見ながら窓の開け閉めをして過ごす、というのが現代の省エネ住宅では必要になるのです。

3　住宅のエネルギーは冷房より暖房が多い

そして現代になってエアコンが誕生し、二人以上世帯におけるエアコンの普及率は91％（内閣府「消費動向調査」2020年3月末現在）となりました。しかし、今でもエアコンをつけるのはぜいたくと感じる方がおられます。特にエアコンのない時代を過ごした経験のある年配の方は、昔はなくてもやっていけたという感覚と、実際に加齢によって暑さを感じなくなっていることから、そう感じるのだと思います。しかし、2018年の記録的な猛暑は多くの人に温暖化の影響を現実味を持って感じさせたのではないでしょうか。この年の7月だけで熱中症で救急搬送された人は5万人を超え、死亡者は1000人を超えたという状況にあります。そして、熱中症による死亡の発生場所は圧倒的に住居の中が多いのです。温暖化が進行しつつある現在、ある程度エアコンは必要なものになってきていると考えるべきだと思います。おそらくエアコンの電気代は高いというイメージがあるでしょう。実はエアコンで使う電気はそれほどでもないのです。図2－2は環境省が行った家庭のエネルギー消費に関する調査ですが、冷房のエネルギー消費は全国平均で0・7GJ（ギガジュール）／世帯・年で、全エネルギー消費の2％を占めるにすぎません。

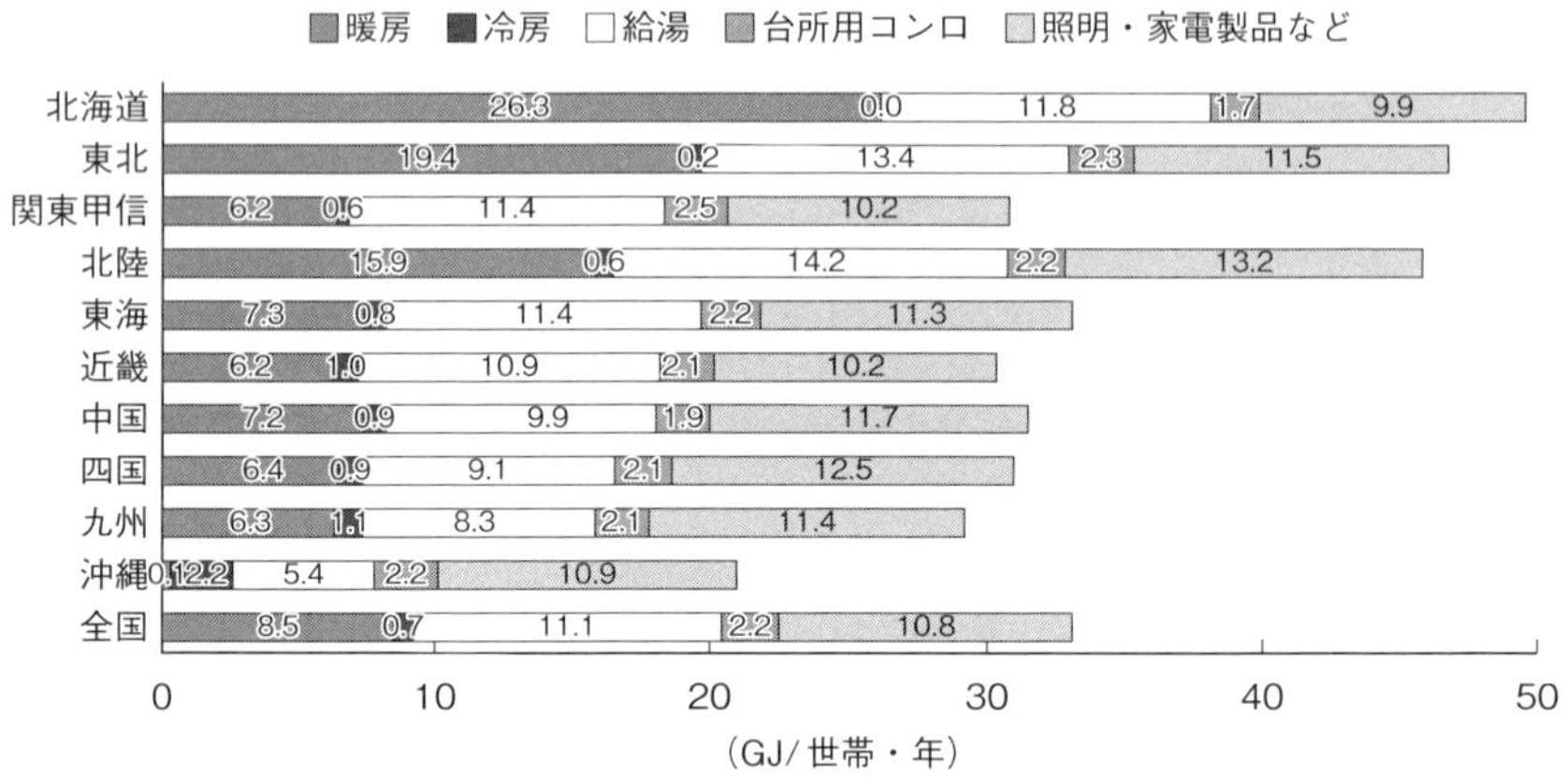

図2－2　地方別世帯当たり年間用途別エネルギー消費量（2017年度）

出典　環境省平成29年度 家庭部門のCO_2排出実態統計調査

それに対して暖房は8・5GJ／世帯・年で25%を占めます。地方別に見ても沖縄以外はすべての地域で暖房の方が大きいのです。特に北海道ではエネルギー消費の半分を超え、東北、北陸でも半分近くを占めるなど、寒冷地で大きくなっています。

エネルギー消費を減らすためには暖房エネルギーを減らしていくことの方が、冷房を減らしていくことよりも重要になるということがわかります。そして、暑い日には無理せずエアコンを使っていただきたいと思います。

なぜ冷房は暖房より使うエネルギーが少ないかというと、ひとつは加温や冷却を要する温度差の違いです。冷房は外気温35℃を25℃まで下げても10℃の差ですが、暖房は外気温0℃を20℃まで上げるには20℃の差になります。もうひとつはエネルギーを使う時間です。夏の暑さは強烈ですが、冷房を入れるのは2ヵ月程度。それに対して暖房は少なくとも4ヵ月は入れるでしょうから、長いのは暖房期間です。死亡者という意味では、冬場に家の風呂で亡くなる人が1万人以上いるのです。熱中症の10倍です。これは家が寒いゆえに起きている事故なのです。やはり冬は暖かくしなければいけないし、そのために必要なエネルギーのことを真剣に考えなければなりません。

夏涼しい家にすることはもちろん大事です。しかしだからと言って、徒然草の「冬はいかなる所にも住まる」というように冬をおろそかにすることはできません。冬の暖房の省エネ対策こそが、エネルギー自給にとって大きなポイントになるのです。

4 日本の寒い家は命の危険をもたらす

日本の住宅は寒すぎて命をも脅かすほどだということが最近話題になってきました。年間1万9000人もの人が家の風呂で亡くなっているということがわかってきたのですが、これは交通事故で亡くなる人よりもはるかに多い数なのです。この風呂での死亡は特に冬に多いことからも、住宅の寒さに原因があるとされています。脱衣所やトイレ、廊下などは暖房を入れることがなく、寒さ10℃を切るような温度になっていることも珍しくありません。この寒い脱衣所で裸になり、そのあまり熱い湯の中につかると、その温度差から心臓などに大きな負担がかかり溺死に至ると考えられているのです。こうした自宅の風呂場での溺死は不慮の事故として扱われ、家族も運が悪かったか、本人の体に原因があったと考えがちです。しかし、図2－3を見てください。北海道では冬だからと言って溺死者が増えてはいないのです。北海道は日本で最も寒い地域ですが、それゆえ、早くから高断熱高気密住宅の普及が進んできた地域でもあります。その結果、本州以南の住宅よりも暖かい室内環境だということが指摘されています。こうしたことからも、お風呂での事故が起きる危険要素は住宅の断熱性能にあると言えるのです。日本ではまだ家全体を暖房するという習慣がないため、浴室やトイレ、廊下は寒いままです。こういう習慣になったのは、と

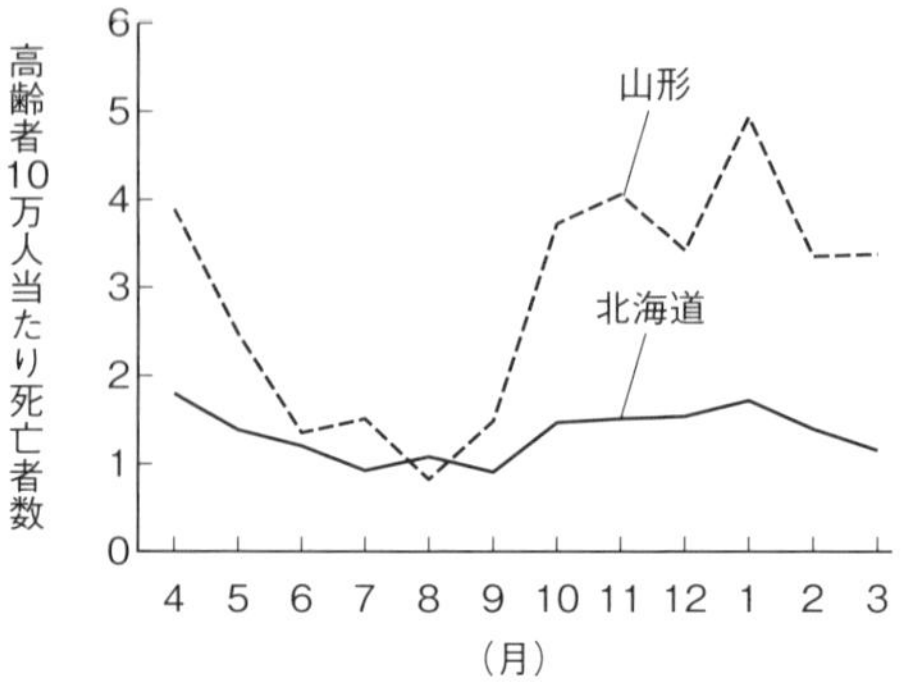

図2−3　山形県と北海道の溺死者数の違い

出典　人口動態調査 2011 ~ 2016 年度平均データより作成、厚生労働省

ても家全体を暖房できるようなつくりでなかったからなのです。

溺死だけではありません。様々な病気も含めた死亡者が冬に増えます。死に至らずとも、冬は風邪やそれ以外の病気も増えます。これは外が寒いからというだけではなく、室内の寒さが原因になっている可能性が高いのです。外へ出る時には厚着をしますし、時間として長く過ごすのは外よりも室内の方がほとんどだからです。

また、窓のように寒い部分があると、結露が発生します。結露が発生すると、カビもできます。このカビが原因になってアレルギー症状が出ることもあります。実際、断熱性能の高い家に移り住んだ人ほど、アレルギー症状が軽減されるということも確認されています。

日本サステナブル建築協会は２０１５～２０１８年度にかけて、医学・建築環境工学の学識者からなるスマートウェルネス住宅等推進調査委員会を設置し、断熱改修を予定する住宅に居住する方４１３１人と、断熱改修を実施した方１１９４人について健康調査を行いました。その結果、室温が低いほど血圧、総コレステロール値、ＬＤＬコレステロール値が高く、心電図の異常所見のある人、夜間頻尿症状のある人、糖尿病で通院している人、聴こえにくさを経験した人、骨折・ねんざ・脱臼を経験した人などの割合が多いことがわかったのです。こうした結果を見ると、家の寒さは万病のもとだということがわかります。

5　省エネは我慢、快適はぜいたく？

日本人は冬になれば家も寒くなるものだと思い込んでいます。だから省エネというと我慢が必要だと思ってしまうのです。あるいは、やっぱり昔のような暮らしがエコで、そこに戻らねばというような声も出てきます。そのため、省エネというと冷暖房をできるだけ控えることだという認識が一般的になっているように思われます。そして、省エネができないのは我慢が足りない自分の弱さのせいだと思い、家が悪いからだとは考えないのです。たとえ家が寒いと自覚しても、建てた自分が悪いとあきらめてしまいます。アパートが寒くても、大家さんに文句を言ってもどうにもならないとあきらめてしまいます。欧州では寒い家は賃貸でも訴訟になるそうです。家は暖かくて当然、寒くなるような家は欠陥住宅だと考えられているからです。

我慢をして、我慢ができなければ自分を責めなければいけないような省エネは、仮に地球のためと言われてもなかなかやる気になれないものです。こうしたことが省エネをネガティブなイメージにしてあきらめムードを高めているのではないでしょうか。そうしたあきらめムードは、地球温暖化対策のような問題にも及んでいるように思います。

世の中、いろんなものが進化して便利に豊かになっています。車にも乗るし、スマホも使うし、海外にだって行きます。スポーツの世界も根性だけでやる時代ではなくなっています。寒さ、暑さを昔ながらに我慢するというのはあまりにも時代遅れではないでしょうか。省エネは大事ですが、合理的に、科学的に考えるべきですし、快適性を求めていかなければ広がらないでしょう。

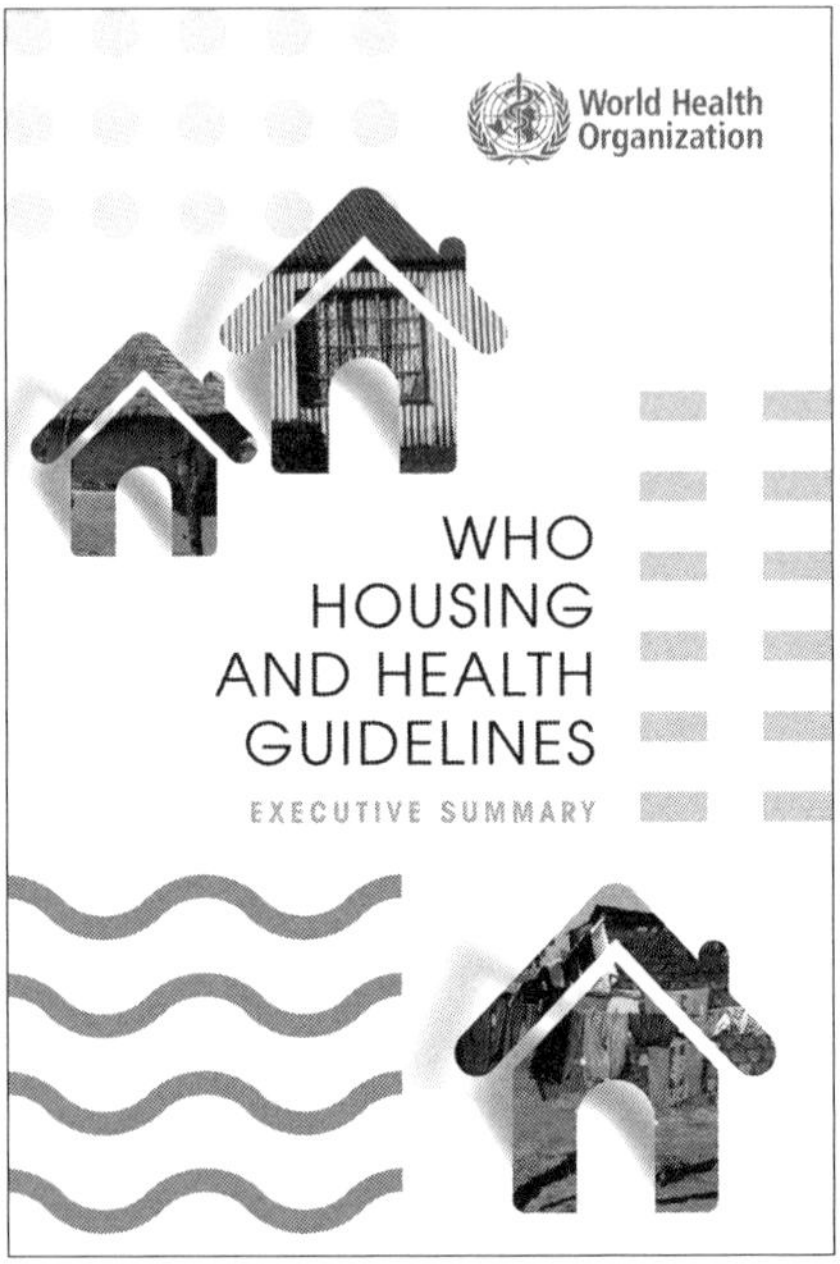

図２－４　世界保健機関（WHO）「住宅と健康のガイドライン」

省エネルギーと快適性の両立は可能ですから。

先ほどのように風呂場が寒くて死に至る事態まで起きる原因は家の中の大きな温度変化ですが、これは風呂場だけではありません。トイレや廊下、玄関、夜しか使わない寝室など、あちこちです。暖房を入れている部屋は暖かいけれど、暖房を入れていない部屋は寒い。人がいつもいるところは暖房を入れるけれど、いつもいないところはもったいないから入れないということだと思います。日本ではこれが当たり前になっていますが、海外ではそうではありません。世界保健機関（WHO）は２０１８年、住宅と健康のガイドライン（図２－４）を示しました。このなかで冬の健康を守るための安全でバランスの取れた室内の温度として18℃を強く推奨しています。10℃を切るような場所がざらにある日本の住宅事情において、18℃というのは高い目標のように見えます。しかし、この温度は単に快不快の問題ではなく、健康問題としてとらえられているのです。家全体を暖房するというのはぜいたくなことではありませんし、家というのはそういうやすらげる場所でなければいけないはずです。ただ、昔のような家ではそれは無理でした。しかし、今は省エネルギーも考えながら家全体を暖房することは可能です。

6 あなたの快適な温度は？

皆さんは自分にとって快適な温度が何度かと聞かれて答えられるでしょうか。正確に答えられる人は少ないと思いますが、少し似た質問で、暖房の温度設定を何度に設定しているかなら答えやすいのではないかと思います。一般的に省エネのために推奨されている冬の設定温度は20℃ですが、もっと高めに設定している人は多いと思います。かといってその設定温度がその人にとっての快適温度かというと、寒いから強運転にするために温度設定を上げているというところかと思います。いずれにしても温度についてはかなりアバウトな感覚でしかとらえていないということかと思います。

それはなぜかというと、断熱性の悪い家では暖房を入れている時と入れていない時の温度変化が激しく、同じ部屋の中でも窓際の寒いところからストーブの真ん前まで温度分布が非常に大きいからです。そんななかで温度設定や快適な温度を厳密に言うことに意味がなくなってしまうし、自分にとって快適な温度が何度かなどというのはわかりようがないのです。

しかし、人間の温度感覚というのは実はとても繊細で、1℃の違いは確実に体感されます。高断熱住宅に住み始めるとそのことがすぐにわかります。高断熱住宅に住んでいる方の室内温度で多いのは21～22℃です。場所による温度差、時間による温度差が非常に小さくなっています。我が家の場合が図2－5のグラフですが21℃から23℃の間で保たれていて、トイレだけが20℃を少し切るぐらいです。20℃は一般的に推奨されている温度ですが、じっとしているとやや寒く感じ

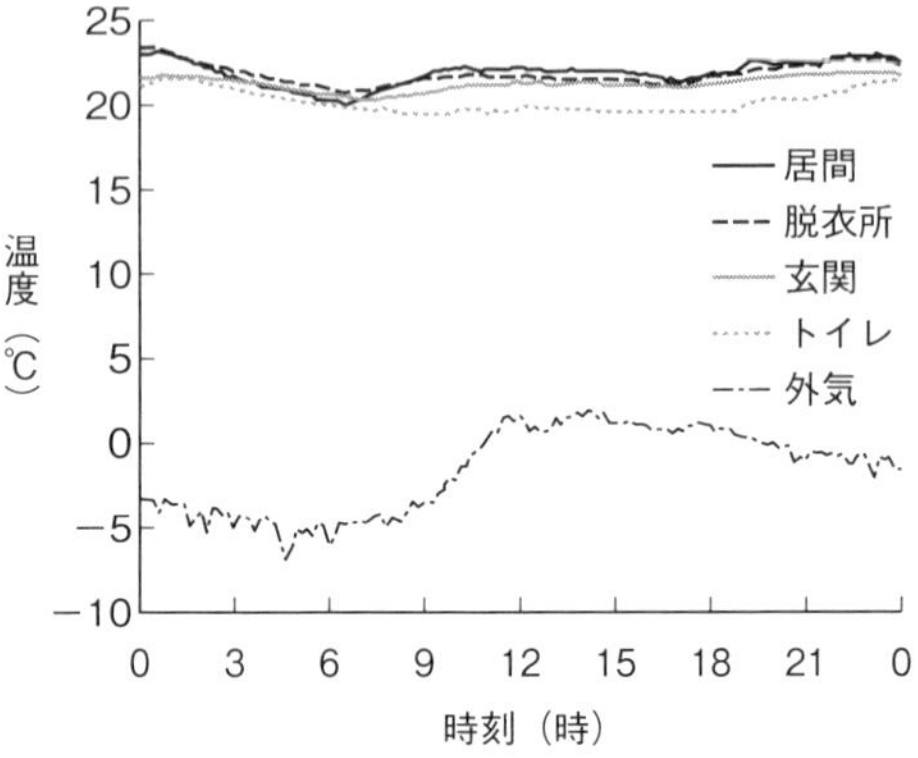

図2－5　我が家の冬（2019年2月14日）の温度変化

るのです。当然、快適な温度自体は個人差や着衣の状態などで違ってきますが、そういう1～2℃の温度差のなかで生活していると自分の快適温度がわかるようになり、その温度にしっかり調整することで安心して穏やかに過ごせるようになるのです。

夏の省エネ対策として推奨されている室温が28℃です。実はこの温度が本当に適正なものか、根拠のあるものかという議論があります。28℃というのは、確かに「建築物における衛生的環境の確保に関する法律」、「労働安全衛生法」の「事務所衛生基準規則」にも書かれているのですが、１９６０年代の調査研究がもとになっています。しかし、そこでも28℃は許容限度としての水準であって、推奨されているのは26℃です。ビルの空調も昔から26℃を設定温度として設計されてきました。これらは基本的に会社のオフィスを中心とした執務空間での話です。職場でもさすがに夏はノーネクタイというのが日本でも定着してきましたが、家の中ではかなり薄着の方が多いのではないかと思うので、28℃というのは目安にはなるかと思います。当然個人差はあると思いますが、私自身、家の中でTシャツ1枚で過ごす感じでは28℃以下であればなんとか冷房はなくても過ごせる、寝る時もなんとか寝苦しくはならないぎりぎりのところかと感じます。これは風がない場合ですが、風が吹いたり、扇風機を回せば少し楽になります。そして、風がなくても27℃と1℃下がるとずいぶん楽になります。さらに26℃だと快適で過ごしやすいというのが私自身も実感する温度です。人間の温度感覚は夏も冬と同じように繊細なものなのです。そして今は熱中症という危険も出てきたので、暑くなればエアコンを使うことは決してぜいたくではないと思います。

7 高気密住宅は不健康？

高断熱はいいけれど、高気密になると風通しが悪くなるのではと思う人がいます。そんなこともありません。気密にしても、窓をなくすわけではありませんから、窓を開ければいいわけです。高気密は不健康な家だと言う人もいます。高気密というと、何か必要以上に不自然な人工環境をつくりあげ、息をするのもままならないようなイメージを思い浮かべるからでしょうか、鵜呑みにしている方がよくおられます。一見まことしやかに聞こえる話ですが、まったくの誤解です。

気密ということばを簡単に説明すれば、住宅にすき間が少ないということです。すき間は、気密シートや気密テープを張ったりすることでなくします。いろんなところのすき間を見つけてふさいでいくのですが、それでも完璧にすき間をなくすことはできません。さて皆さん、住宅にすき間は多い方がいいでしょうか、少ない方がいいでしょうか。多い方がいいと答える人はいないと思います。それは、すき間が多いと、すき間風が入って冬は寒いということを知っているからだと思います。つまり高気密の方がいいということは誰しも経験的にわかっているのです。気密性をどんどん上げて、息ができなくなることはありません。今は換気設備を必ず入れますから、新鮮な空気が常に入るようにつくられています。停電が起きたら換気ができないと言う人もいますが、その時は窓を開ければいいわけです。

高気密はだめだと言っている人も、低気密がいいと言っているかというとそうでもないのです。非常に感覚的な話をしているということなのです。気密性能は建物ごとに測ることができますから、高気密がだめだとすれば、どの程度の気密性能が良いかを決め、そうなるように施工管理をしていなければいけないことになります。しかし、そんなことをしているところはありません。気密性能を上げる工夫や努力をしていない、成り行きに任せているだけということでしかないのです。

家の中で寒く感じるのはどこでしょうか。そして、すき間風を感じるのはどこでしょうか。多くの場合、床です。なぜそうなるかというと、まず暖房で暖かくなった空気は上の方へ上がっていきます。そして、天井の方のすき間からこの暖気が逃げていき、代わりに床のすき間から冷たい外の空気が入ってくるからなのです（図2―6）。足元がすうすうするというのは、気密性の低い住宅の典型的な症状なのです。さらにどんどん暖房していくと、天井の上の方だけが暖かくなり、足元は寒いが頭の方は暑すぎてぼうっとするというような、とても不快な状況になるのです。

気密性能を上げた方がよいのは寒くなるすき間を減らすため以外にも理由があります。住宅の中の話ではなく、今度は壁の中の話になります。昔の家であれば壁の中は土で埋め込まれた土壁でした。今は壁の中に土を入れることはなくなり、壁の空洞の中に断熱材が入っています。環境に良さそうな土壁ですが、断熱性能は一般的な断熱材であるグラスウールの10分の1もありません。気密性能が悪いと、部屋の中から湿気が壁の中に入り、冷やされた湿気は結露して水になる

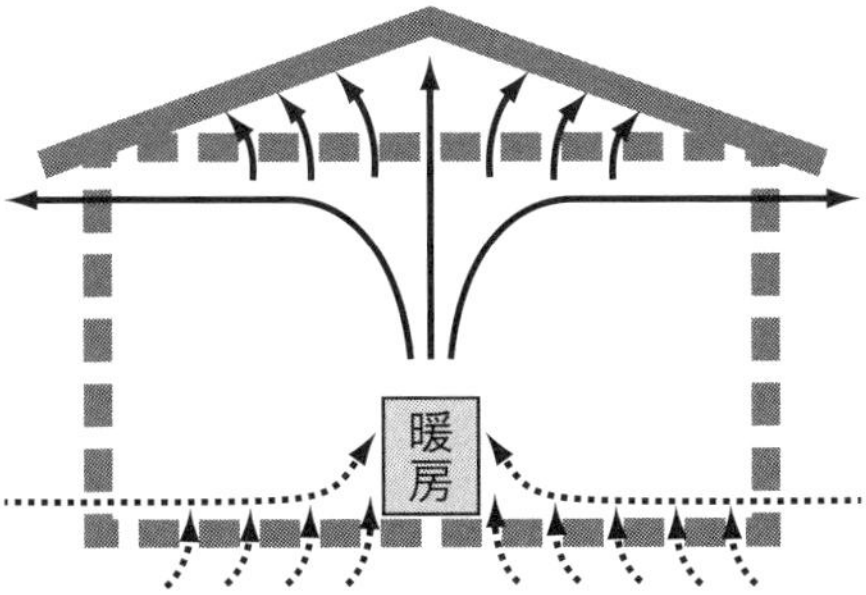

図２－６　気密性の低い住宅での暖房

のです。これを壁体内結露と呼びますが、これによって壁の中にカビが生え、木が腐り始めるのです。湿気を通さない断熱材もありますが、安価で燃えない断熱材として一番よく使われるグラスウールではこうした問題が起きます。それを防ぐために気密性を高め、部屋の中の湿気が壁に侵入しないようにするのです。また、万が一、壁の中に湿気が入ったとしても、断熱材の外壁側からは湿気が抜ける透湿シートが張られています。工事現場で、まだ外壁の仕上げが張られていない段階で見られる白いシートです。

気密性能を上げるもうひとつの目的は換気です。換気は家の中の汚れた空気を外に出すのが目的です。汚れる原因は様々で、人の呼吸によって出る二酸化炭素や、建材に含まれる有害物質などです。かつて、この建材に含まれる化学物質が人体に有害だということで、かつてシックハウスが大きな社会問題になりました。その結果、２００３年に建築基準法が改正され、換気設備が義務化されるとともに、有害物質を含む建材がほとんど使われなくなりました。一定の換気を確保することは大事です。換気設備は外の空気を取り入れる穴と、部屋の中の空気を出す穴が壁に設けられ、ファンを取り付けて排気するようにします。換気は家全体にまんべんなくきれいな外の空気が行きわたるようにしなければなりません。例えば、ビニールハウスで考えてみましょう。ビニールハウスの両側の妻面を使って換気をする場合、片方の妻面にファンを取り付けて空気を排気し、もう片方の妻面には空気を取り入れる窓をつけたとします。ビニールハウスがきちんと施工されてすき間や穴がなければ、端から端まで空気が流れていくことになります。ところが途中ですき間や穴が開いていたりすると、外の空気を取り入れるためにつくったファンとは反対側にある妻面の窓からはあまり空気が入ってこなくなります。つまり、計画した通りの換気ができない部分が出てくることになるのです。こうした現象を防ぐためにも気密性をしっかりと確保することが重要だということなのです。

8　暖房依存の家から「断熱」で暖まる家に

日本の家にはたくさんストーブがあります。部屋に1台ずつあるだけでなく、灯油ストーブ、ガスストーブ、電気ストーブ、そのなかでもファンヒーターや遠赤外線、セラミックヒーター、オイルヒーターなどなどいろいろあって、広告にはいかにも暖まるようなことが書いてあるのです。しかし、これらはどれも省エネではありませんし、いろいろある電気ストーブも特別暖かいものがあるわけではありません。それでも、寒い家に住んでいるとつい買い足したり、もしかしたら今より暖かいかもしれないと思って買い替えてしまったりと、暖房器具に頼ってしまうのです。

断熱気密性能の悪い家では、暖房をしていない就寝中や留守中に家の中がどんどん冷えていき、外気に近い、10℃を切るような温度になっていきます。そこから20℃以上に温度を上げなければいけないわけですが、寒いので当然急いで暖めたいわけです。そうすると必要になってくるのは強力な暖房です。20℃の室内を20℃に保つのに必要な暖房能力よりも、10℃を20℃に短い時間で上げるために必要な暖房能力は大きいのです。暖房を強力にするための方法は高い温度にすることと、温風の風量を上げることです。灯油ストーブの場合は吹出口で100℃を超える温風が出ています。温度差が大きくなればなるほど浮力も大きくなるので、寒い部屋の中では、この高温の温風が大きな浮力を持って天井に上昇していくことになるのです。これも気密の低さと相まって、暖房しても足元はなかなか暖かくならない原因となります。また、強い風量は直接それが肌に当たると乾燥を引き起こし、風の音も大きくなります。そういう家では、壁掛け式のエアコンで上の方から温風を出しても床まで暖まりません。だから、寒い家に住んでいる人はよく床暖房をほしがるのです。

結局、断熱材がろくに入っていない、すき間だらけの家で暖房に頼っていても、先ほど説明したようにエネルギーをどんどん垂れ流していくばかりなのです。もちろんお金も、そして地球温暖化を促す二酸化炭素もです。やはり、断熱気密をしっかりして根本を変えていかなければなりません。高断熱高気密であればたくさんの暖房は必要ありませんし、床暖房などなくても、冬でも裸足で過ごせます。また、起床時や帰宅時もそこまで温度は低くなっていないので、大きな出力の暖房は必要ないのです。日本の住まいは、暖房で暖めるのではなく、断熱で暖まる家にしていくという視点が必要です。

断熱で家が暖まるようになってくると、暖房機器もそれほどパワーの大きなものはいらなくなり、高温大風量の灯油やガスの温風ストーブは必要なくなってきます。エアコンでも暖房が効くようになってきます。エアコンの風は灯油のファンヒーターも同じですが、直接肌に当たると不快です。温風も多くの人にとっては当たり前のこととなっているかもしれませんが、ヨーロッパでは温風の暖房はまずありません。また、断熱性能が上がると遮音性能も上がるので、部屋の中は静かになります。その分、エアコンの風の音も結構大きく感じます。ヨーロッパなどで一番多いのは温水方式の暖房で、お湯をつくって部屋の温水パネルに流して輻射《ふくしゃ》で暖めるという方法です。我が家でも、この温水暖房を併用していますが、薪ストーブに引けを取らないほど快適なもので、風はなく、一切音もしません。静けさのなかにある暖かさは、暖房をしていないのかと錯覚するような感じで、冬であることを忘れてしまいそうになります。

温水暖房は日本でもセントラルヒーティングと呼んで導入された時がありましたが、当時の日本の住宅は断熱性能が低かったため、暖まらない、暖房費がかかると不評であまり広がりませんでした。しかし、断熱性能を上げれば最高の暖房になります。

コラム 2

エネルギーにお金をかけるか、家にお金をかけるか

エネルギーにお金を使っても垂れ流すばかりですが、実際、ご自宅の光熱費はどれぐらいかかっているでしょうか。家計簿をしっかりつけていないと意外と即答できないかもしれません。当然個人差もありますし、地域差もあります。総務省が行っている家計調査から電気、ガス、灯油のエネルギー支出を見ると、全国平均では年間20万円となっています（表2―1）。県庁所在地別に見ると北日本、特に日本海側の光熱費が多いことがわかります。上位の青森市、山形市、札幌市は年間

表2－1　家庭のエネルギー支出都道府県庁所在市ランキング

順位	市名	電力（円/年）	灯油（円/年）	都市ガス（円/年）	LPガス（円/年）	合計（円/年）
1位	青森市	141,995	76,161	4,022	40,687	262,865
2位	山形市	149,657	45,180	14,693	50,467	259,997
3位	札幌市	132,889	71,073	21,659	33,943	259,563
4位	盛岡市	139,451	48,436	22,601	32,730	243,217
5位	秋田市	133,024	50,809	45,610	10,811	240,254
6位	新潟市	139,884	23,340	69,480	5,218	237,922
7位	福島市	150,924	29,844	23,226	32,624	236,618
8位	富山市	157,889	26,690	31,268	16,670	232,518
9位	金沢市	156,736	20,530	27,526	20,798	225,591
10位	福井市	163,204	13,676	17,055	30,914	224,849
	全国	127,346	14,407	37,833	21,913	201,500

注　総務省家計調査による二人以上の世帯（2015年～2019年の平均値）

合計が25万円を超えます。そのうち電気が13万～15万円ほどで、残りが灯油やガスです。20万円を50年払い続ければ1000万円、30年とみても600万円です。これはエネルギー単価が変わらない場合ですが、化石エネルギーは埋蔵資源を消費するものですから基本的には使っていけば減り、高くなっていくものです。実際には将来、もっと光熱費は上がる可能性が高いのです。

そして、断熱にお金をかけることで得られるメリットは光熱費という直接的なお金が減らせることだけではありません。そういうエネルギー以外のメリットのことをNEB（Non Energy Benefit）と言います。冬でも寒い思いをすることなく快適に過ごせるというメリットはお金になって見えるものではありませんが、その快適さを経験した人なら、少々の投資は惜しまないだろうと思います。そして、寒さや暑さに起因するヒートショックや熱中症、その他の健康リスクを軽減するというメリットは、医療費の軽減という経済的なメリットにもつながるものなのです。

家はとても高価な買い物です。しかし、エネルギーにいくらお金をかけても消えていくだけで、何も残りません。それどころか地球温暖化の原因を増大させ、子供たちや子孫に大きな負の遺産を残してしまいます。エネルギーにお金をかけるのか、家の省エネ対策にお金をかけるのか、建てた後の光熱費と健康や環境のことを考えれば答えは明らかなはずです。

03

省エネ住宅を建てるポイント

1　省エネ住宅の断熱性能

断熱材なるものを壁などに入れることはたいていの人は知っています。省エネのことを気にされる方の質問で多いのは、どんな種類の断熱材がいいのかというものです。断熱材として優れた素材を採用していることを期待されてのことだと思います。あるいは、断熱材の素材自体が環境に良いものを選びたいという思いでしょう。しかし、実は断熱材にはそれほど多くの種類があるわけではなく、新素材が次々と開発されているわけでもありません。図3―1に示したのはよく使われる断熱材の性能です。図の熱伝導率というのは、同じ厚みの時にどれだけ熱が伝わるかという指標なので、数値が大きいほど熱が逃げていきやすい、つまり寒くなりやすいということです。

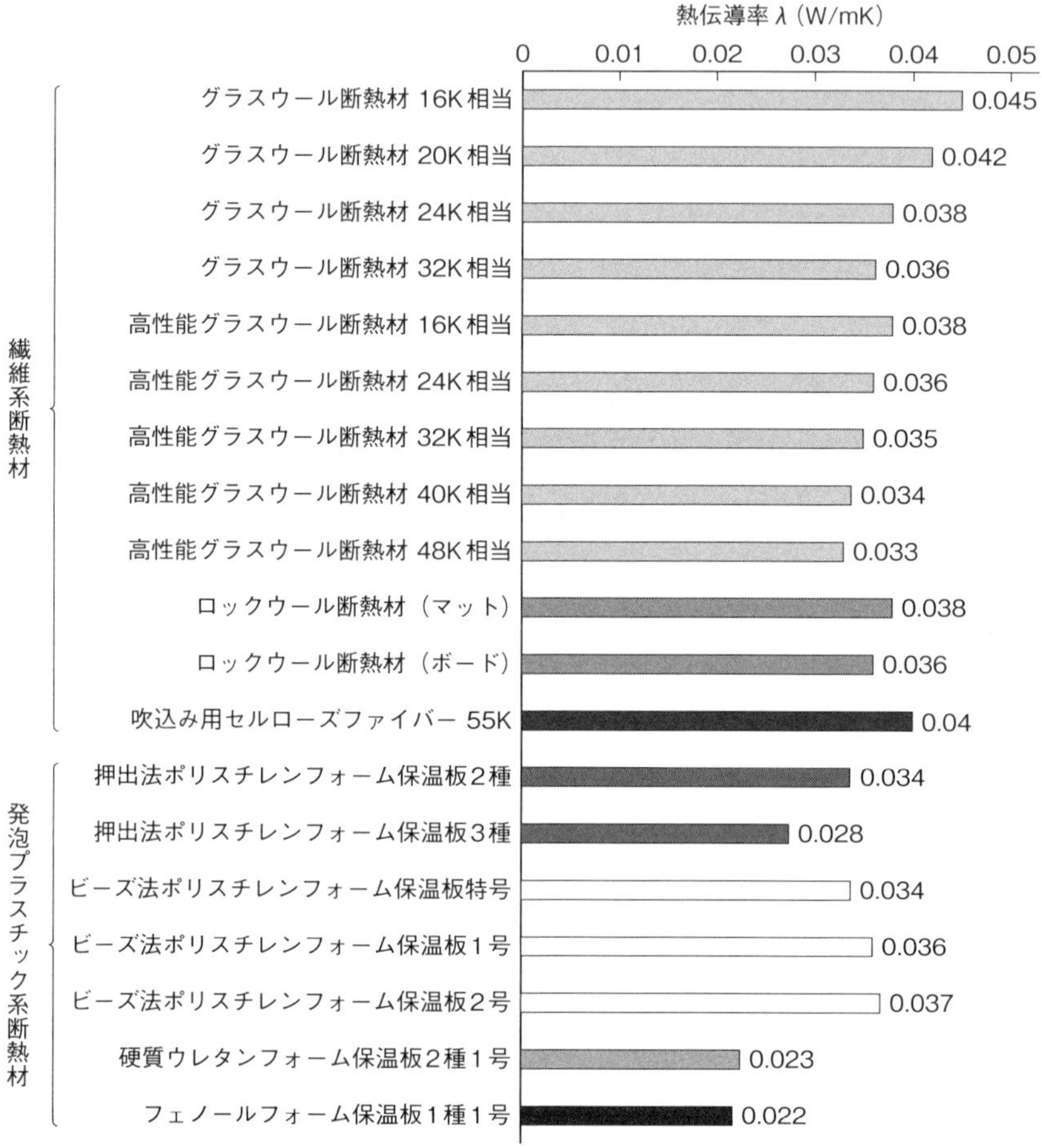

図３－１　断熱材の種類と熱伝導率

出典　データは平成28年省エネルギー基準に準拠したエネルギー消費性能の評価に関する技術情報（住宅）、国立研究開発法人 建築研究所

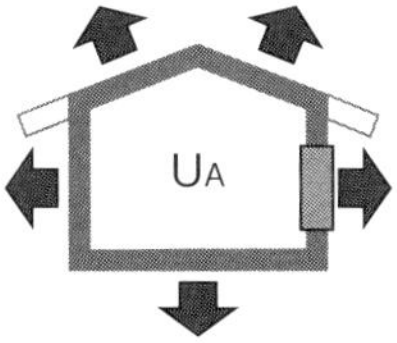

U：ユー
A：エー（average：平均）

地域区分	1	2	3	4	5	6	7	8
外皮平均熱貫流率の基準値：U_A［W/（m^2・K）］	0.46	0.46	0.56	0.75	0.87	0.87	0.87	－

$$\text{外皮平均熱貫流率 } U_A = \frac{\text{単位温度差当たりの外皮熱損失量} q}{\text{外皮の部位の面積の合計} \Sigma A}$$

地域区分	都道府県名
1、2	北海道
3	青森県、岩手県、秋田県
4	宮城県、山形県、福島県、栃木県、新潟県、長野県
5、6	茨城県、群馬県、埼玉県、千葉県、東京都、神奈川県、富山県、石川県、福井県、山梨県、岐阜県、静岡県、愛知県、三重県、滋賀県、京都府、大阪府、兵庫県、奈良県、和歌山県、鳥取県、島根県、岡山県、広島県、山口県、徳島県、香川県、愛媛県、高知県、福岡県、佐賀県、長崎県、熊本県、大分県
7	宮崎県、鹿児島県
8	沖縄県

※同一県内であっても地域区分が異なるので、詳細は国土交通省のホームページ等で確認ください。

図3－2　建物の断熱性能を表す外皮平均熱貫流率（U_A）とその基準値

外皮とは、屋根、天井、壁、開口部、床、土間床、基礎など熱的境界となる部分。その外皮から逃げる熱量の合計を全外皮面積で割って求めたものが外皮平均熱貫流率（U_A）

つまり大事なのは断熱材の種類もさることながら、断熱材の厚さなのです。素材として最もよく使われているのはグラスウールです。不要になったガラスを溶かして繊維状にしたもので、リサイクル品です。木質繊維や、羊毛など、自然素材もありますが、高価で、断熱性能がグラスウールなどにくらべて良いわけでもありません。その他、同じ厚みで高い断熱性能を発揮するのがプラスチック系の断熱材です。梱包材としてよく使われるポリスチレンフォームもそのひとつです。その他、ウレタンフォームやフェノールフォームなどがあり、グラスウールの半分ほどの厚さで同等の断熱性能を発揮しますが、コストは高くなります。

建物が外に接している壁、天井、床、そして窓は外皮《がいひ》と呼ばれます。この外皮から冬は熱が逃げることで寒くなりますし、夏は熱が侵入してくることで暑くなります。断熱性能は、この外皮全体の性能を表す指標である外皮平均熱貫流率（U_A値）を使います。熱の逃げる量を表現しているので、この数値が小さいほど省エネであり、冬は暖かく、夏は涼しくなるということです。このU_A値が住宅の建物としての断熱性能を表すものさしなので、常にU_A値をチェックすることが大事です。

このU_A値が住宅の省エネ基準として形を変えつつも使われてきましたが、外皮の断熱性能については基本的に１９９９年に定められた基準が使われています。、相当古い基準で、もはやこの基準を満たしているからといって、省エネ住宅だと言えるものではないのです。

この低い基準さえも義務化できないでいる間に欧米諸国の建築は省エネがどんどん進み、日本の建築の省エネ性能は世界に取り残されるような状況になってしまいました。そんな状況に対して、２００９年、ようやく民間レベルでより高い断熱性能の水準を目指す動きが出てきたのでした。それが後で説明するＨＥＡＴ20というものです。

図３－３　トリプルガラスの窓

2　省エネ住宅の鍵を握る窓

窓が大きいのは先ほども説明しましたように日本の住宅の特徴でもあります。ただし、冷える原因にもなり、省エネという意味では最大の弱点にもなってきました。窓はガラスだけでなく、サッシも冷える部分です。日本ではアルミサッシに単板ガラスという時代が長く続き

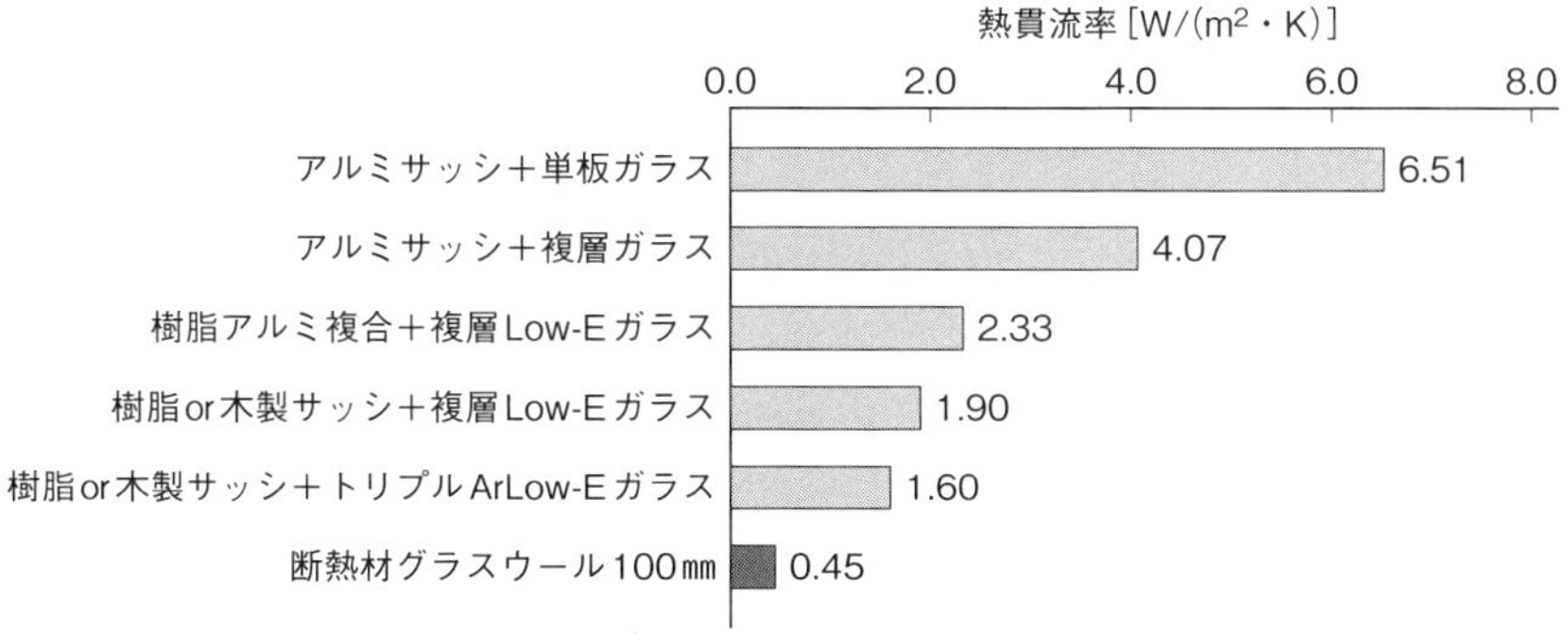

図3－4　窓の断熱性能の進化

注　Ar：アルゴンガス入り、Low-E：Low Emissivityの略で、特殊な金属膜をコーティングして遮熱・断熱性能を高めたガラス

出典　図3-1と同じ

ました。欧米へ行くとアルミサッシはほとんど見かけることはありません。木か樹脂プラスチックです。ガラスも最低2枚のペアガラスで、3枚のトリプルガラスを見かけるのも珍しくありません。欧州の建物は日本とくらべて古いものが多いですが、ほとんどの建物がそうなっています。しっかり窓をリフォームして入れ替えているのです。

　窓の断熱性能はかつてとはくらべものにならないぐらいよくなりました。上のグラフには壁とトリプルガラスの断熱性能を比較できるようにしましたが、窓が壁の断熱性能に近くなってきているのです。窓の断熱性能が上がってくることで、窓の設計に対する考え方が大きく変わってきます。先ほど説明したように窓は家の中で断熱が最も弱い部分です。そのため、家全体の断熱性能を上げようとすると、窓は小さくする方がよかったのです。実際、初期の高断熱住宅ではそうした傾向にありました。しかし、その一方で晴れると窓からは日が入り込み、家の中を暖めてくれる部分でもあります。外は寒くても、晴れていれば家の中では日向ぼっこができて暖かいという経験はあるでしょう。これを日射取得と言います。この日射取得を大きくするためには南の窓は大きい方がいいのです。それでも昔の断熱性能の悪い窓では、夜になれば冷えるマイナス効果の方が大きく、窓は大きくしない方が省エネになったのです。そして、たとえ南からの日射で暖かくなっても、気密性の悪い住宅では暖かくなるのもその時だけのことで、暖まった部屋の空気もすぐにすき間風に流されてしまっていたのです。しかし、今は窓の断熱性能が格段に上がりました。南の窓は太陽という再生可能エネルギーによる暖房源です。特に日照条件の良い地域ではこの南面からの日射取得を最大限活かせるように、南に大きく窓を取れるような設計が省エネに効いてくるのです。

今まで、省エネ住宅をつくろうとしても窓がネックでした。断熱材を厚く入れるのは大工さんの腕ひとつでできたのですが、窓はメーカーがつくってくれなければ、海外から輸入するしかなかったのです。日本でも、最近の新築ではガラスだけはさすがにペアになり、Low-E（ローイー）と呼ばれる性能の良いガラスも使われるようになりました。そして、樹脂のサッシも普及してきて、ガラスもトリプルを各社が出すようになりました。これで日本の省エネ住宅は格段につくりやすくなったわけです。

本来、夏に風を取り入れることも、冬に太陽を取り入れることも、再生可能エネルギーだと言えます。窓は再生可能エネルギー取得の装置だと考えて入念に設計しなければいけません。

3　健康・快適かつ省エネを実現する住宅の断熱水準

断熱性能を高めていくと家全体を暖めることが可能になってきますが、省エネ基準の断熱程度では今までの居間だけ暖めるような暮らしにくらべてエネルギー消費は増えてしまう可能性があります。快適性を向上させながら、エネルギー消費を減らすためには省エネ基準を超える断熱性

表3－1　HEAT20における冬期間、住宅内の体感温度が15℃未満となる割合

外皮性能グレード	1、2地域	3地域	4～7地域
（参考）平成25年基準レベルの住宅	4%程度	25%程度	30%程度
G1	3%程度	15%程度	20%程度
G2	2%程度	8%程度	15%程度

注　体感温度の考え方：ここで示した体感温度とは作用温度であり、一定の暖房条件のもと、通年にわたる住空間の有効利用、冬季厳寒期の住宅空間内において表面結露・カビ菌類による空気質汚染や健康リスクの低減なども踏まえ設定したものである

出典　2020年を見据えた住宅の高断熱化技術開発委員会ホームページ

表3－2　HEAT20における冬期間の最低の体感温度

<table>
<tr><td>外皮性能グレード</td><td>1、2地域</td><td>3地域</td><td>4～7地域</td></tr>
<tr><td>（参考）平成25年基準レベルの住宅</td><td>概ね10℃を下回らない</td><td colspan="2">概ね8℃を下回らない</td></tr>
<tr><td>G1</td><td>概ね13℃を下回らない</td><td colspan="2">概ね10℃を下回らない</td></tr>
<tr><td>G2</td><td>概ね15℃を下回らない</td><td colspan="2">概ね13℃を下回らない</td></tr>
</table>

注　体感温度の考え方：ここで示した体感温度とは作用温度であり、一定の暖房条件のもと、通年にわたる住空間の有効利用、冬季厳寒期の住宅空間内において表面結露・カビ菌類による空気質汚染や健康リスクの低減なども踏まえ設定したものである

出典　一般社団法人20年先を見据えた日本の高断熱住宅研究会ホームページ

能が必要になります。では、いったいどの程度の断熱性能を目指すべきなのでしょうか。その目安を示してくれるのが、ＨＥＡＴ20と呼ばれる水準です。

これは、「２０２０年を見据えた住宅の高断熱化技術開発委員会」という学識経験者のグループが検討してつくりあげたもので、省エネ基準よりも高い断熱性能の水準をＧ１、Ｇ２と2段階にして示しています。ここで目標とされたのは、健康を確保するために冬の体感温度が15℃未満になることを極力避けるということでした。それは、朝方などの暖房をしていない時、そして暖房をしている場所ではなく、浴室やトイレ、廊下などの暖房をしていない場所、そういう時間や場所においても15℃以上を確保することを目指しているのが重要なところです。前に紹介したＷＨＯのガイドラインでは18℃を推奨しているので、15℃以上で十分かという問題はありますが、それでも今の日本の住宅事情からすれば、まずはこういう最低温度を住宅性能として設定するということに意味があります。確かに断熱性能の低い住宅で

あっても、暖房を入れている部屋だけはその時暖かくはなりますが、暖房を切るとすぐに冷えるし、暖房を入れていない廊下やトイレは寒いままというわけです。建物の断熱性能が発揮されるのは、家の中でも暖房していない場所や時間で、温度低下をどこまで防げているかというところに違いが出るのです。表3－1と表3－2が、断熱性能をG1、G2にすることで15℃未満となる割合をどこまで減らせるかや最低温度を示したものです。また、表3－3にエネルギー消費につながる暖房負荷の削減率が示されていますが、快適性は向上しているにもかかわらず、G2では30～50％削減できることがわかります。

そして、HEAT20の推奨する外皮平均熱貫流率（U_A値）は、表3－4の通りです。法律上の基準ではありませんが、これが国の定めた基準を超える目標として定着しつつあります。では、このHEAT20の水準を満たすにはどの程度の断熱材を入れることになるのでしょうか。断熱性能を上げるには基本的に断熱材を厚くすればいいわけですが、断熱材の種類によっても異なります。ここでは最も一般的で、安価な断熱材であるグラスウールを例に、高い方の水準であるG2のための壁の断熱材の厚さを見てみます（表3－5）。東京以西（6・7地域）は105㎜＋45㎜、それ以外（1・2・3・4・5地域）では105㎜＋100㎜となっています。我が家の断熱仕様は16ページの図1－2に示していますが、U_A値が0・28なのでG2水準に該当します。

断熱材の厚みはその施工方法に関わってきますので、壁の中の収まりを考える必要が出てきます。図3－5のように柱を挟んで外の壁と部屋の中側の壁がつくられるので、壁の厚みは柱の太さで決まります。柱の太さが10㎝程度ですから、壁の中に収められる断熱材も10㎝程度となるのです。少し前だと天井も同じように10㎝程度の断熱材を入れていた住宅が多かったのです。しか

表3－3　HEAT20における暖房負荷削減率（2013年基準レベルの住宅との比較）

外皮性能グレード	1、2地域	3地域	4～7地域
G1	約20%削減	約30%削減	約30%削減
G2	約30%削減	約40%削減	約50%削減

出典　一般社団法人20年先を見据えた日本の高断熱住宅研究会ホームページ

表3－4　HEAT20の地域別外皮平均熱貫流率U_A値［W/（m^2・K）］

地域区分	1	2	3	4	5	6	7
省エネ基準	0.46	0.46	0.56	0.75	0.87	0.87	0.87
G1水準	0.34	0.34	0.38	0.46	0.48	0.56	0.56
G2水準	0.28	0.28	0.28	0.34	0.34	0.46	0.46

表3－5　HEAT20のG2断熱仕様例

地域	1・2・3 北海道・北東北など	4・5 南東北・北関東など	6・7 沖縄県を除く東京都以西
外皮平均熱貫流率（U_A値）	0.28W/（m^2・K）	0.34W/（m^2・K）	0.46W/（m^2・K）
天井	吹込GW 18K 400mm	吹込GW 18K 400mm	吹込GW 18K 300mm
壁	HGW 16K 105mm ＋ HGW 16K 100mm	HGW 16K 105mm ＋ HGW 16K 100mm	HGW 16K 105mm ＋ XPS 3種 45mm
床（根太床の時）	XPS 3種 75mm ＋ HGW 16K 100mm	XPS 3種 75mm ＋ HGW 16K 100mm	XPS 3種 45mm ＋ HGW 16K 65mm
サッシ	樹脂製サッシ	樹脂製サッシ	樹脂製またはアルミ樹脂複合製サッシ
窓ガラス	ダブルLow-E 三層複層（G9以上×2） 日射取得型	ダブルLow-E 三層複層（G7以上×2） 日射取得型	Low-E 複層（A10以上） 日射取得型

注　GW：グラスウール断熱材　　HGW：グラスウール断熱材高性能品
XPS：押出法ポリスチレンフォーム断熱材
HEAT20設計ガイドブック＋PLUSより抜粋

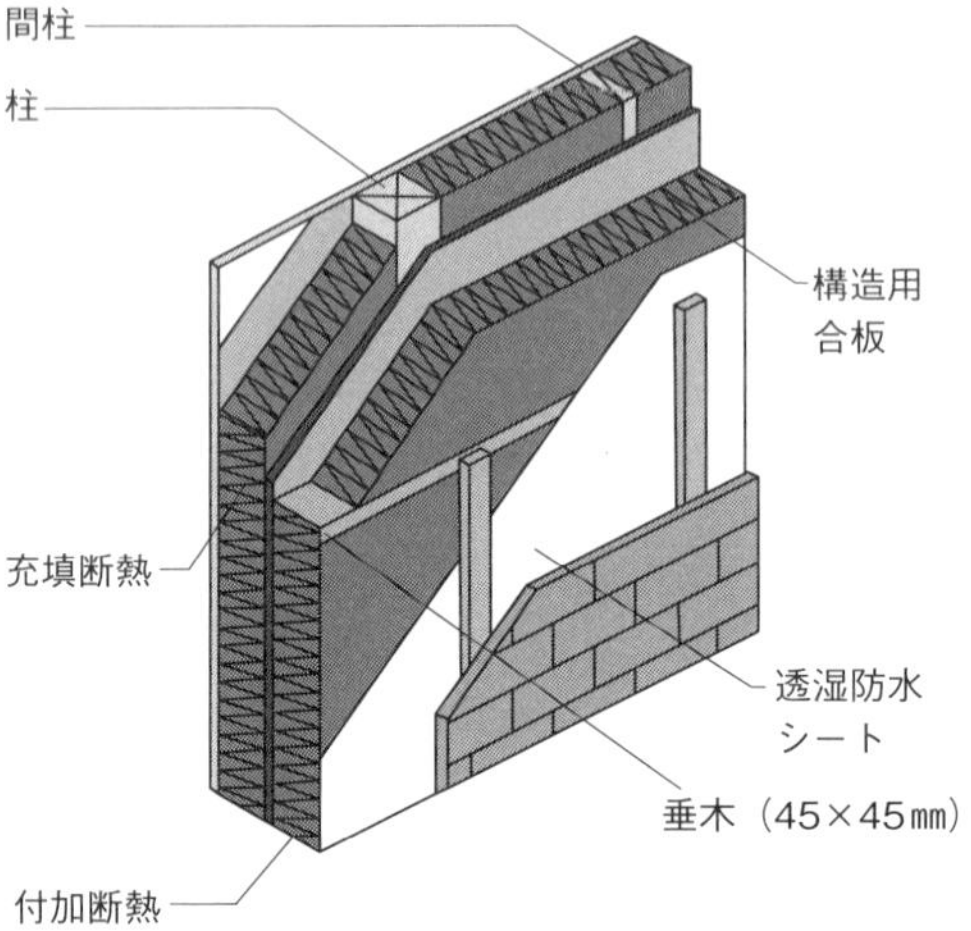

図3－5　壁の付加断熱

し、壁と違って天井と屋根の間には大きな空間がありますから、もっと多く入れるのはそれほど難しいことではないわけです。現在の省エネ基準ではたいてい20㎝ほど入れますが、40㎝程度を入れることも十分可能です。

住宅の省エネ基準もほとんどが壁にはグラスウール10㎝程度の断熱材を入れればいいようになっているのですが、そのなかで、唯一10㎝を超える断熱材が求められる地域が北海道です。省エネ基準は地域によって求められる水準が異なっていますが、北海道は一番高い水準が求められる地域区分なのです。北海道でどうやって10㎝を超える断熱材を入れてきたのかというと、柱の外側にも断熱材を足したのです。これを付加断熱と呼びます。基準では柱の外側に5㎝の断熱を付加し15㎝とするのが一般的です。この付加断熱部分を10㎝とすれば合計20㎝になります。この程度のことであれば、それほどコストアップにはなりませんし、北海道で十分な施工実績があります。最近は本州でも熱心な工務店は20㎝の断熱材を入れるようになってきました。もちろん30㎝ということも考えられると思いますが、20㎝以上になってくると効果の出方が小さくなってきます。という意味では、壁に20㎝というのはコストパフォーマンスとしてもバランスの取れた断熱材の入れ方だと思います。

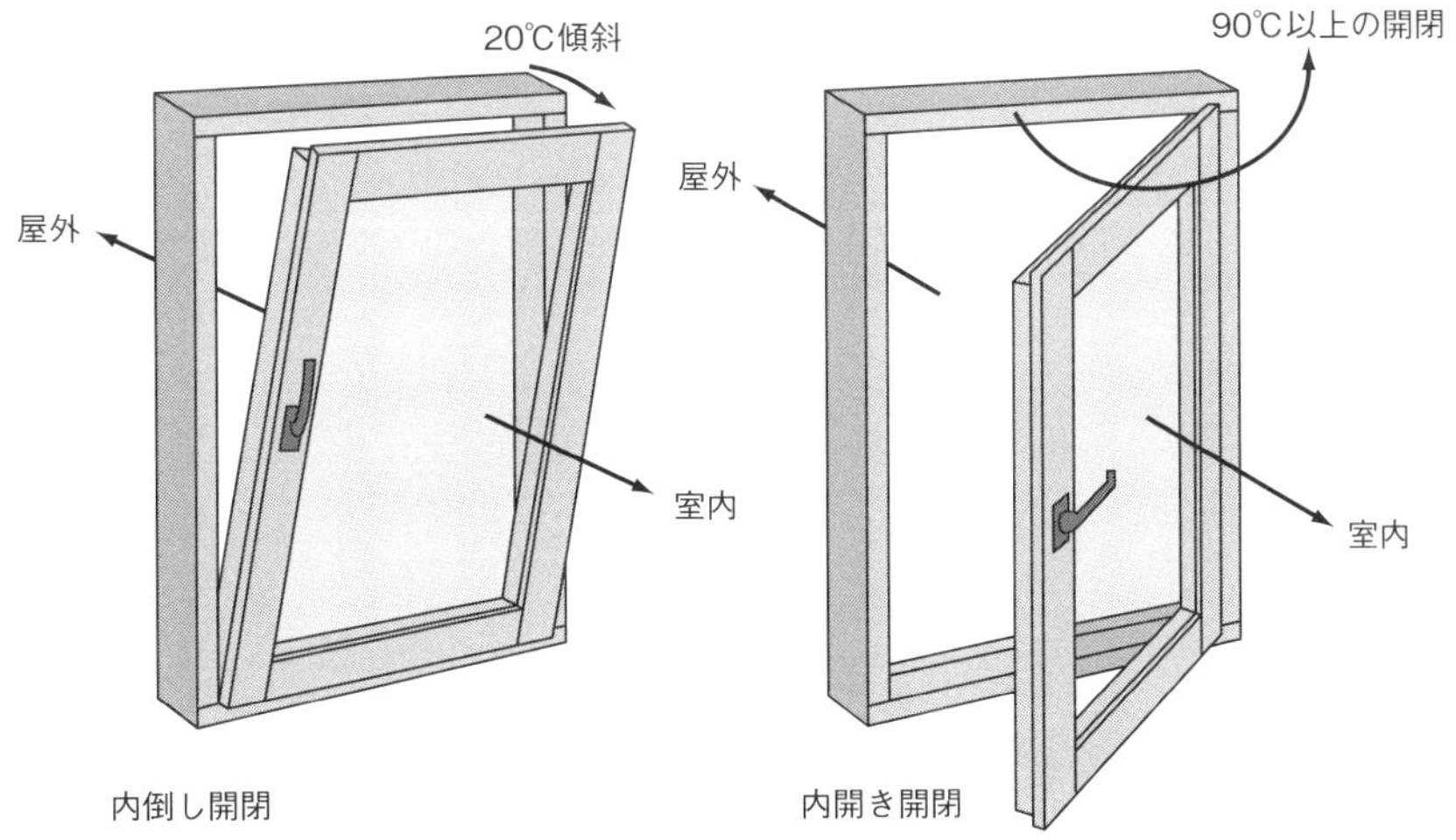

図3－6　ドレーキップ窓

ここまでＨＥＡＴ20という国が定めた断熱性能の基準を上回る住宅のつくり方を紹介してきましたが、地方自治体で独自の制度を設けてＨＥＡＴ20レベルの住宅を推奨しているところもあります。例えば山形県では２０１８年から、省エネ基準を上回る独自の健康住宅としての断熱性能基準を設け、利子補給で上限１００万円の補助を出しています。こうした省エネ基準以上の住宅に対して地方自治体が補助金を出すというのは画期的な取り組みで、まだ全国的にも珍しいものですが、住宅の省エネ性能をしっかり上げていくためにはこういう支援が大事になってきます。

4　夏に夜の冷気を取り入れる窓

風は入る窓と出ていく窓の2つが必要になります。通常、家の中で一番大きな窓は南側に設けられるので、一番いいのは反対の北側まで抜ける窓があることですが、北側には台所や風呂、トイレなどを配置することが多く、なかなか大きな窓は設けられません。東西の方向も大きな窓を設けにくい場合がほとんどです。昔のような大きな家だと窓も大きく取れたのですが、現代のコンパクトな家ではそこまで窓は取れないのが実情です。

風がなくても家の中と外の温度差によって、家の上部から熱くなった空気を排気するというのもよく言われる話ですが、実際にはそううまくはいきません。冬だと内外温度差は20℃程度になるので、かなり強力な浮力で室内の空気が排気されます。しかし、夏の日中は家の中の温度が外よりも低くなっているはずなので温度差による空気の流れは発生しません。温度差による空気の流れが発生するとすれば、外気温が下がる夜間なのです。この夜間の外気をどこまで取り込めるかが夏の冷房を減らすには大事だと言えます。夜、外気が20℃ぐらいまで下がる地域であればいいのですが、25℃程度までしか下がらない地域では大きな温度差は生まれません。風があればいいのですが、風がなければ扇風機を外において回すぐらいのことをする必要があります。外の気温は太陽が昇り始める朝方まで冷えていきますから、寝ている間も窓を開けっぱなしにできるようにします。反対に、太陽が昇り始めたら外の気温はどんどん上昇してきます。家の中の温度よりも外の方が暑くなったら、窓を開けていても熱い空気が入ってくるだけになるので、窓は閉めます。断熱性が良ければ窓を閉めておけばすぐには暑くなりません。午前中ぐらいはエアコンを入れずとも28℃以下を保つことができます。これが新しい省エネ住宅での夏の過ごし方になるのです。

ここで気になるのは寝ている間も開け放しておける窓です。やはり防犯のことなどを考えると全開にはせず、すき間をあけたままロックできるものがいいことになります。そうしたことが簡単にできるのがドレーキップと呼ばれる形式の窓（図3－6）です。よくある引き戸ではなく、開き戸ですが、横方向に開くだけでなく、上部も傾斜をつけて10㎝ほど開くようになっているのです。夜は上部だけ開けておけば、外の空気は入っても、泥棒は入れません。

5　夏の庇はもっと長く

風通しと並んで日本の家の大事なアイテムとして語られるのが庇です。南面の庇は夏の日射をさえぎる役目を果たすことから、冷房の省エネ対策としても有効です。夏は庇で日射をさえぎっても、冬は太陽の高さが低くなるので庇にさえぎられることなく入ってくる優れものと言われま

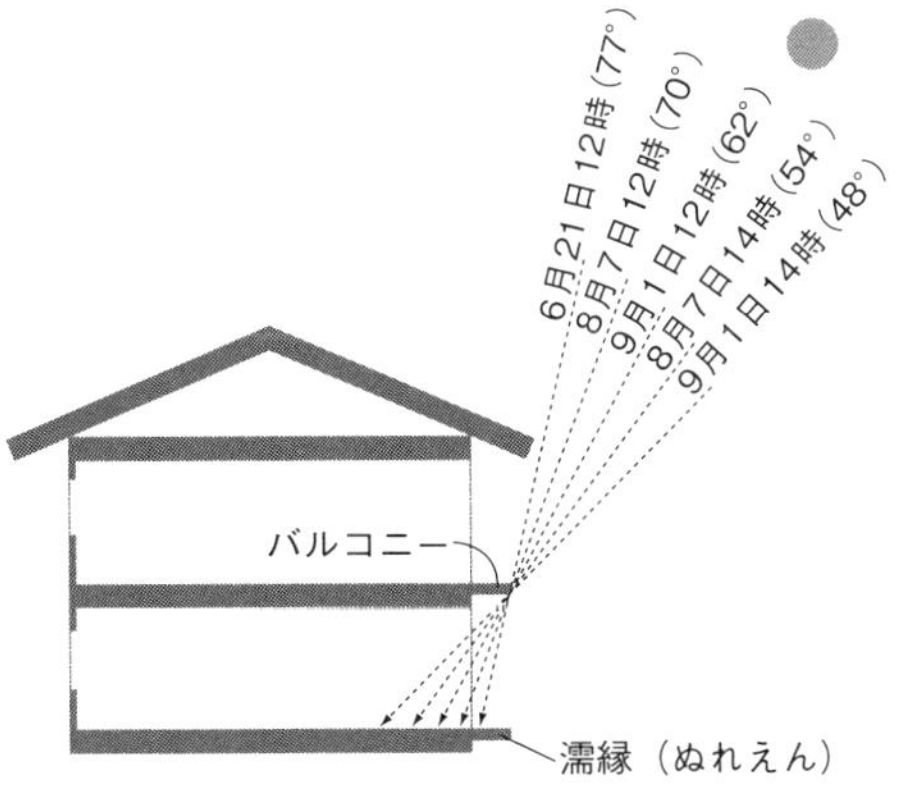

図3－7a　夏の太陽高度の変化と庇・バルコニーによる日射遮へい効果

（　）内は東京における太陽高度

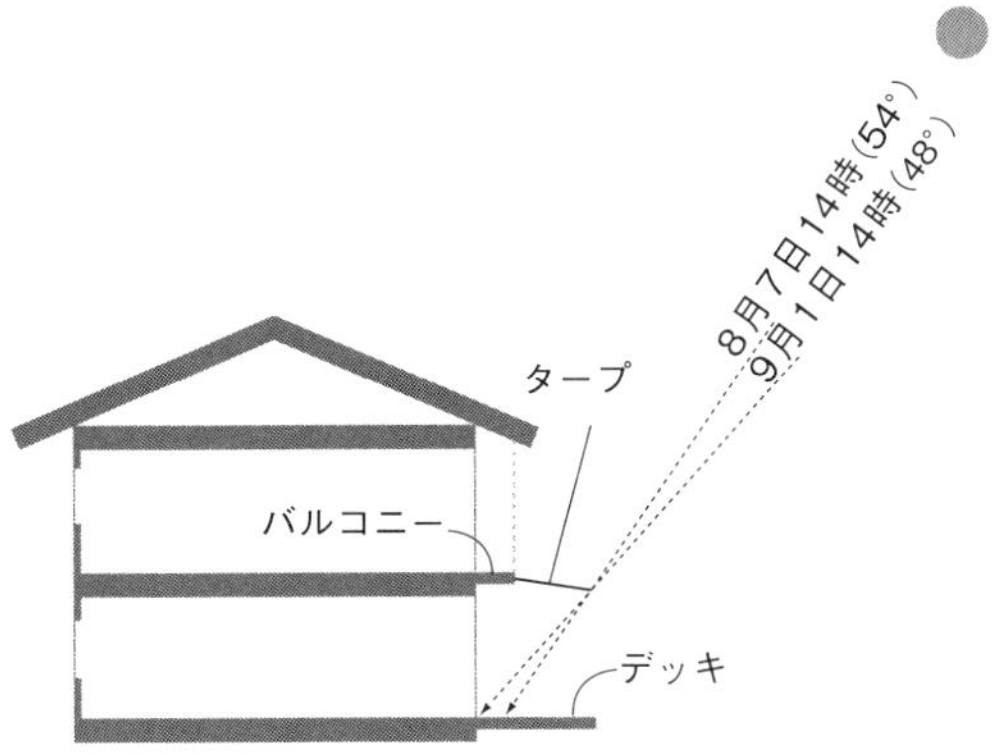

図3－7b　8月以降の太陽高度と庇・バルコニーにタープを付けた時の日射遮へい効果

す。もう少しこの状況を正確に見てみましょう。

よく太陽の動きで説明に使われるのが夏至と冬至です。夏至は太陽の高さが一番高くなる日で、東京だと夏至の12時の太陽の高さは77度です。それに合わせると庇の長さは高さの0・23倍あれば部屋の中に直射日光は入らないことになります。例えば、床から庇までの高さが2・4mだとすれば54㎝です。しかし、夏至というと6月21日で、まだ初夏のような時期です。7月、8月ともっと暑くなっていきますし、9月でも残暑の厳しい日があります。そして、暑くなるのは12時ではなく、14時頃です。つまり、太陽の高さは夏至の12時よりもっと低くなっているのです。8月7日の14時で54度、9月1日の14時で48度です。48度というと、庇までの高さと、庇の長さを同じくらいにしてようやく日射をさえぎれるということです。つまり、2m以上の庇がほしいということになるのです。そんなことをすれば今度は冬に日射が入らなくなるし、暗くなるのでやりたくはないわけです。

そこで有効なのは、簾です。日本の家の重要アイテムが使えるわけです。簾は日射をさえぎりますが、部屋の中から外が見えなくなるわけではありません。透けて外が見えるので、外の気配は感じることもできます。それでももっと外の景色を見えるようにしたいから簾は使いたくないと思う人もいるでしょう。まだ暑くならない朝ぐらいは簾がなくてもいいので、簾を上げればいいのですが、それが面倒だと言う人もいるでしょう。もうひとつエコ住宅や省エネ住宅の書物によく出てくるのが広葉樹を南に植えて、夏は木陰をつくり、冬は葉っぱが落ちて日が入るというものです。しかし、木はそんなに簡単ではありません。新築当初から、ケヤキのようなしっかりと木陰をつくるような大きな木を植えるのはお金もかかりますし、その後の成長で大きくなりす

写真３－１　我が家の夏の日射をさえぎるためのタープ

ぎるということもあります。もちろんそんな大きな木を植える庭があるかというのもあります。少し小さめの木を探すと、そこまで南面を覆うことができるような枝ぶりの木がないことや、葉っぱの大きさや密度をよく見ると、日射を完全に遮《しゃ》へいする樹種はそんなにはありません。むしろ庭に植える木をいろいろ見ていくと、木洩れ日も気持ちよく、花の色や実など、日射遮へい以外に木に求めたいことはたくさん出てくるのです。

我が家では、夏になると庇からタープ（防水布）を張ります。庇を長くしたのと同じように日射をさえぎりますが、白い布なので暗くはなりません。また、1階の窓の外にはデッキや濡縁があったり、2階はバルコニーがあったりすることがよくあります。庇があってもこの部分には直射日光が当たり高温になります。60℃を超える高温になるので、そこからの照り返しも大きくなってきます。こうした照り返しを和らげるためにも、簾や布などを使って南面の日射遮へいを大きくとることは有効です。日差しの強い夏は人が帽子をかぶったり、日傘をさしたりするのと同じように、家も夏になれば日除けを装

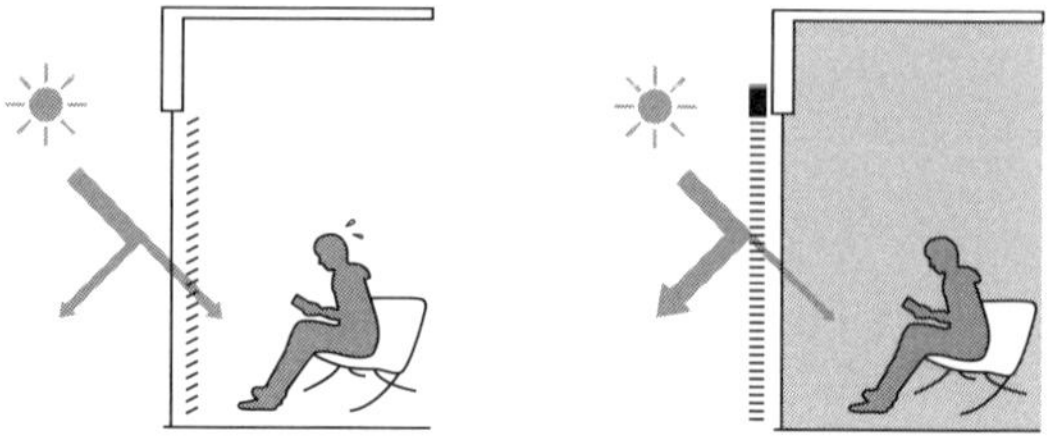

図3－8　通常のブラインド（左）と外付けブラインド（右）

いに変えるというようなことは合理的な住まい方なのです。

住宅でよくいやがられるのが西日です。夏場午後過ぎは気温が一番上昇して、やがて部屋の中も暑くなってきます。その頃には太陽が西の方に移動し、低い位置になっているため、部屋の中に日差しが入りやすいからです。朝の東の太陽がそこまでいやがられないのは、まだ気温がそれほど上がっておらず、朝の太陽もさわやかに感じるからですが、少しでも涼しくしようと思えば東の日射も入れない方がいいのです。しかし東西の窓に庇を設けても、日射をさえぎる効果はほとんどありません。太陽の高さが低くなっているので、庇の下から日差しが入ってくるのです。そのため、カーテンを閉めたり、ブラインドを下げたりするのが一般的な対処だと思います。しかし、この方法もあまり効果がありません。というのは、通常これらカーテンやブラインドを窓の部屋側につけているからです。これでは窓から太陽の光は部屋の中に入り、カーテンやブラインドを温め、ほとんどの熱は部屋の中に入ってしまうからです（図3－8）。かといって、カーテンやブラインドを窓の外側につけられないではないかと思われるかもしれません。

しかし、それを実現するものがあります。簾です。最近は、ゴーヤや朝顔などグリーンカーテンと呼ばれるものを植える方も見かけるようになりましたが、これも窓の外にブラインドをつけるのと同じ意味があります。

なお、嫌われる西日ですが、冬の西日も暖房源になります。西日は嫌だから西側には窓をつくらないということではなく、夏は簾をかけてやればいいわけです。

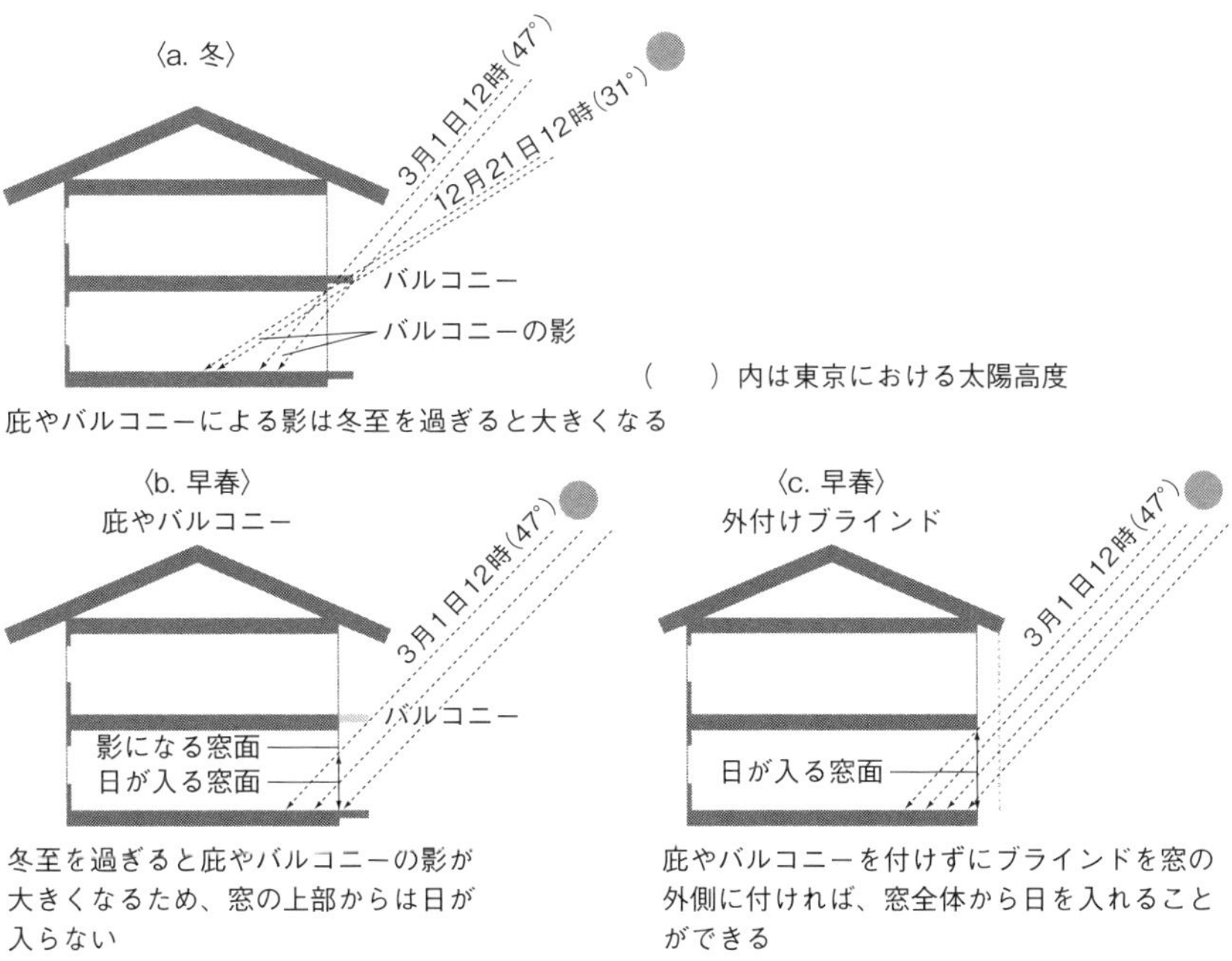

(　　) 内は東京における太陽高度
庇やバルコニーによる影は冬至を過ぎると大きくなる

冬至を過ぎると庇やバルコニーの影が大きくなるため、窓の上部からは日が入らない

庇やバルコニーを付けずにブラインドを窓の外側に付ければ、窓全体から日を入れることができる

図3－9　太陽の角度と庇・バルコニー

先ほどの「ブラインドは本来窓の外側に置くべき」ということは、実は昔から建築の教科書に書いてありました。でも、風が吹いたりするから、現実には難しいねと単なる理屈のように受け流されていました。ところが、ドイツなどヨーロッパへ行くと、外付けブラインドがあちこちにあるのです。風が吹いても大丈夫なように工夫がされ、風速計なども設置されて強風時には自動的にブラインドが上がるようになっていたりするのです。当然のことながら、安いものではありません。最初見た時は、日本よりはるかに涼しいはずのヨーロッパでそこまでやるのかと感じました。

確かに、ヨーロッパはもともと冷房が必要ない地域がほとんどでした。ところが、最近の温暖化の進行によって熱中症などの被害が出てきて、冷房が必要になってきたのです。しかし、エアコンなどの冷房設備を入れるのにお金をかけるのなら、まず外付けブラインドを付けてエアコンのいらない家にしようという発想になるのです。つまり、エアコンか外

写真３－２　我が家では冬の日射を取り入れるために２階バルコニーの床板を取り外している

付けブラインドかという選択になるのです。日本の場合、エアコンがまずありきなので、さらに外付けブラインドという話にならないのです。しかし、省エネという意味ではどちらがいいかは明らかです。日本でも外付けブラインドという選択肢がそろそろ出てきてもいいと思います。

6　冬の庇はもっと短く

太陽からの日射は夏は入れたくないものですが、冬は逆に極力たくさん取り入れたいのです。基本的には先ほど説明した庇がうまくこの役割を果たしてくれています。適切な長さに設計した庇が南面にあれば、夏は太陽をさえぎり、太陽の高さが低くなる冬はある程度日射が入ってきます。東京あたりで言うと冬至の南中高度は約30度なので、断面図を使ってこんな角度で太陽が入ってくると説明されるわけです。1階の庇は、2階のバルコニーである場合が多いですが、この長さが1mの場合、庇がついている壁面に沿って下に60㎝の影ができることになります。確かにこれぐらいであればあまり気にする必要はないでしょう。しかし、これは冬至12月21日前後のことであって、2

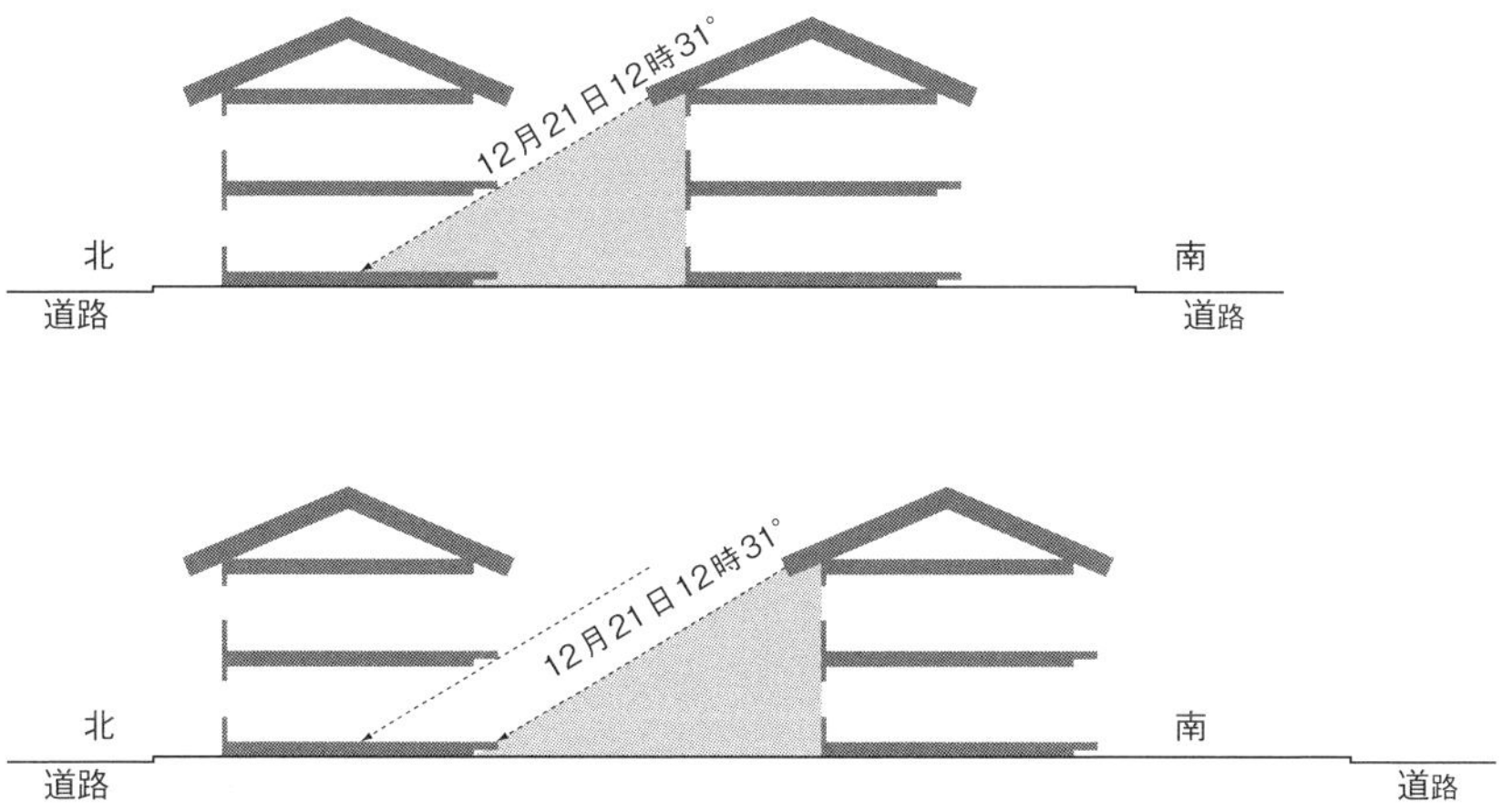

図3－10　冬の太陽と建物の距離

月に入ると40度近く、3月に入れば45度を超えてくるので、庇から下に1mの影ができるようになってきます。南の窓は冬の暖房源だと考えてほしいのです。本当はガラス部分全面から太陽を取り込みたいです。2月、3月までのことを考えると、よほど庇が短くない限り、庇によってさえぎられる日射が無視できなくなってきます。かといって、庇をなくすと夏の日射が入ってきます。この相反する課題を解決するには、夏は庇を出し、冬は庇をなくすのがいいということになります。しかし、そんなことができるのでしょうか。2階の屋根の庇を可動式にするのは簡単ではないのですが、1階の庇はバルコニーになっている場合が多いので、このバルコニーの床板を外せるようにするといいわけです。実際に我が家では冬になると床板を外し、春になるとまた入れるということをやっています。小さいお子さんがいる場合は少し危ないかもしれませんが、大きくなれば大丈夫でしょう。

さらに同じようなことは東西の壁のつくり方にも言えるのです。南面に庇があっても、朝夕の太陽は脇から入ってきます。そうした日差しをさえぎるために、南の庇と同じところまで東西の壁を袖のようにせり出すのです。袖壁とも呼びます。しかし袖壁を設けると、夏の日差しをさえぎることができますが、冬の日射もさえぎってしまいます。夏の冷房削減効果よりも、冬の日射取得減少の方が大きくなります。そこで先ほどの取り外し式バルコニーと同じように、取り外し式の袖壁ができるといいということになるのです。私自身、そこまではできませんでしたが、工夫のしがいはあると思います。

こうした、夏、冬の日射の課題を解決していくための最良の工夫を考えていくと、思わぬところに行きつきます。先ほどの外付けブラインドです。図3―9Cのように庇をやめて外付けブラインドだけにするとどうなるでしょうか。外付けブラインドは窓の外側に設けますが、窓面に近い位置に設置することになるので、夏も東西の脇から入る日射がほとんどなくなります。また、冬は庇がなければ窓全面から太陽を取り入れることが可能となるのです。バルコニーはなくなりますが、実際にバルコニーを使う場面はそう多くないと思います。バルコニーの費用がいらなくなる分を外付けブラインドに回すことができることにもなります。こうした庇のない建物の姿は、今までの日本の住宅とは違ったものになってくるだろうと思います。しかし、地球温暖化が進んでいくと、これもまたひとつの姿になっていくのかもしれません。

冬の日射のあくなき追求と、窓や庇の設計の奥深さがおわかりになったでしょうか。しかし、こうした日射が得られる前提は、敷地そのものの日照が保証されていることです。いくら大きな南面の窓があっても、目の前に大きな建物があれば日は入りません。一番影が長くなる冬至の南中高度は30度なので、建物の高さの2倍近くの長さの影ができます。2階建ての住宅の高さが5mだとすると、10mの長さの影ができることになります。南側に住宅が建っているとすれば、それだけの距離を取って家を建てられるかということになるのです。敷地の南が道路の場合は道路幅で距離を稼げますが、北側道路で南側は隣の家という場合は厳しくなってきます。都市部の敷地はどうしても狭い場合が多いでしょうから、そういう条件では太陽のエネルギーは使いにくくなります。

7 今ある家を断熱リフォーム

新築で家を建てるチャンスは一生に一度あるかどうか。何度も新築の家を建てる機会に恵まれるのはごく一部の人に限られます。すでに家を建ててしまった人にとっては、リフォームで省エネルギー性能を上げていくことも考えていかなければなりません。日本全体のエネルギー問題や地球温暖化対策を進めていくには新築だけを省エネ住宅にしていても効果は限定的で、すべての住宅が新築に入れ替わるのを待っていたら50年はかかります。そこまで地球温暖化は待っていてくれません。それでも日本の住宅の寿命は短いと言われているので更新は早い方です。ヨーロッパの住宅では築100年は当たり前と言われていますから、省エネ対策も既存の住宅が大きなターゲットになっているのです。それからすると、日本の住宅は中古市場もリフォーム市場もまだまだこれからだと言えます。最近になってようやく空き家問題が社会問題になり、空き家をリノベーションしようというような話もだいぶ出てきました。

比較的新しい家ならある程度省エネにはなっていそうなものですが、必ずしもそうではなく、本当に省エネ性能の高い暖かい家に住んでいる人はまだまだほんの一握りと言えます。例えば、1980年頃以前は住宅の省エネ基準もなかった時代ですから、その頃建てられた築40年以上の

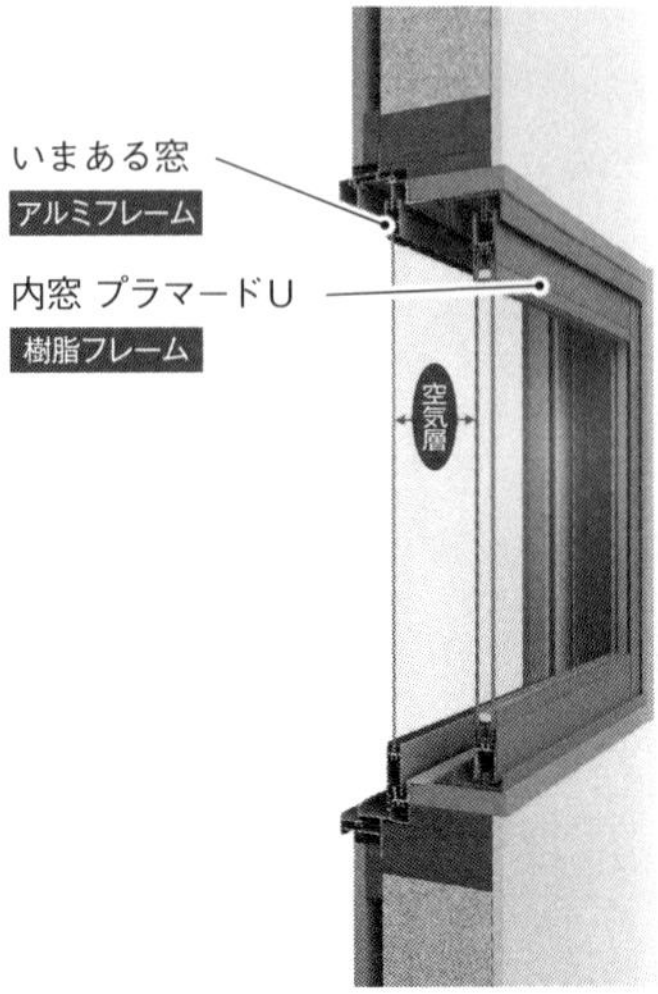

図3－11　内窓の取り付けによる窓の断熱リフォーム

出典　リクシルホームページ

住宅には断熱材が入っていない可能性が高いでしょう。そういう古い住宅はある程度見た目で想像がつくのですが、築20年程度で見た目はそう古くない住宅で、窓ガラスはペアガラス、断熱材も入っていると工務店から聞いているというような住宅でも、寒い住宅が相当あります。自分の家の断熱材を見たことがある人はどれぐらいいるでしょうか。普通は見ることもないですが、見たことがあっても、正しく入れられているかまでは普通の人にはわからないでしょう。私もいろいろな住宅の屋根裏に入ったり、床下にもぐったりしましたが、断熱材が抜けている部分があるのはよくあることです。例えば、バスユニットの周りや階段の下など、断熱材を入れ損ねたと思われるような住宅がざらにあります。風呂や階段が寒いのは断熱の施工ミスである可能性もあるのです。断熱施工技術が未熟な場合もありますし、見えない部分は手を抜いても大丈夫だろうという心理が働きやすいものです。

今ある住宅に太陽光発電を入れたり、エアコンや給湯機を省エネ性能の高いものに入れ替えるというのは見える部分なのでやりやすいのは確かです。しかし、断熱材を後から入れるというようなことはできないだろうと思う方は多いでしょう。実は、今住んでいる家を断熱改修していくことは可能です。

家の中の断熱で一番弱いのは窓であるということを説明しました。一番簡単で、効果を上げやすいのは窓の断熱リフォームです。今ある窓の内側にもうひとつ新しい窓を追加する「内窓」と

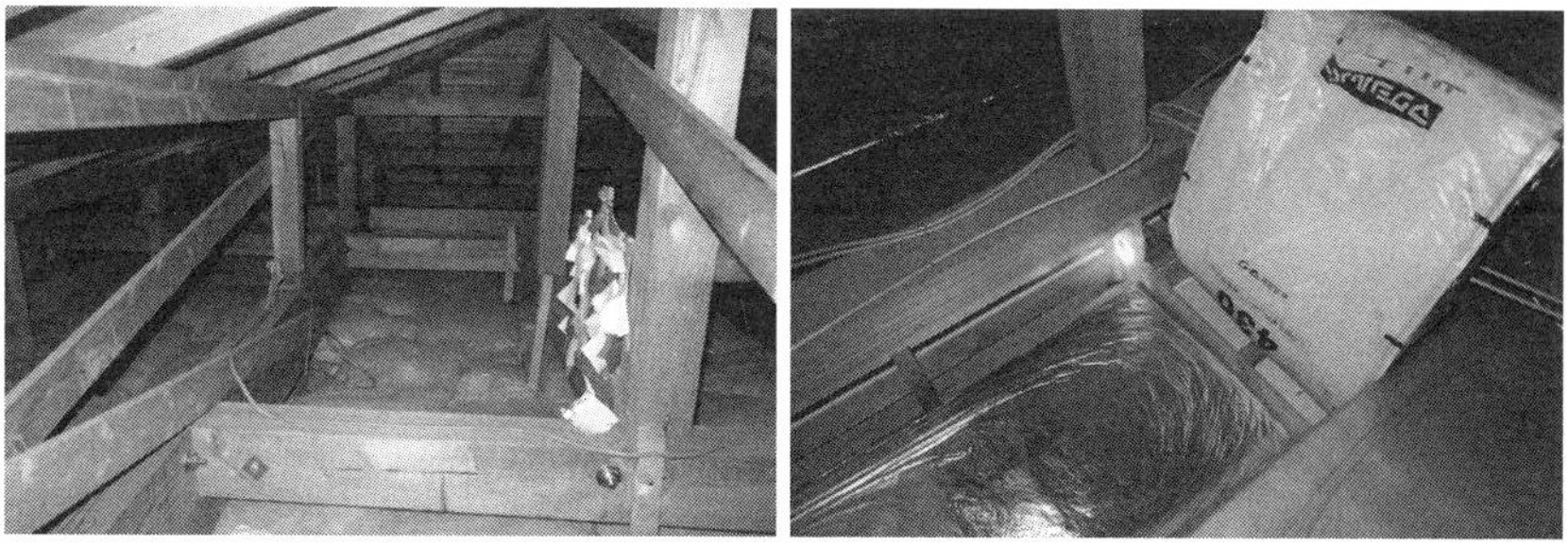

写真3－3　屋根裏（左）と断熱材（右）

呼ばれるものです。窓を開けるのに、2回サッシを開けないといけないという手間は増えますが、内窓のサッシにはプラスチックのものを使い、ガラスはペアを入れることもできますから、かなり断熱性能がよくなります。結露がなくなるか、大幅に減るので、効果が目に見えます。近くの窓サッシ店に頼めば、それほど時間もかからずできます。キッチンやお風呂の小窓は約6万~10万円で済むようですが、ベランダや庭に続く大窓は、その3倍の費用がかかるようです（リクシルのホームページより）。

では断熱材はどうするかですが、断熱材で一番簡単、つまりコストも安いのは天井です。天井の断熱は屋根裏に上がることができるので、断熱材を追加するのはそれほど難しくないのです。さらに言えば、ＤＩＹでもできます。ご自宅の屋根裏に入ったことはあるでしょうか。どうやったら入れるかがわからない人が多いと思いますが、天井の点検口を開けて入ります。点検口は50cm角ぐらいの大きさで、場所は押し入れなどの天井にあることが多いです。屋根裏に入ると屋根の骨組みがありますが、その下に袋状の断熱材が敷いてあるのが少し前の住宅では一般的です。ほとんどの場合、その断熱材は厚さ10cm程度ですが、その上に断熱材を足して20cmとか30cmにすればよいわけです。屋根裏は比較的高さもあるので、もっと厚くすることもできます。屋根裏の梁などの上を頭をぶつけないように屈みながら歩いていくこともできるので、素人でも少し気を付ければ自分でも作業はできます。気密性を上げるためにシートを張ることもできます。床下も断熱材を入れればいいことにな

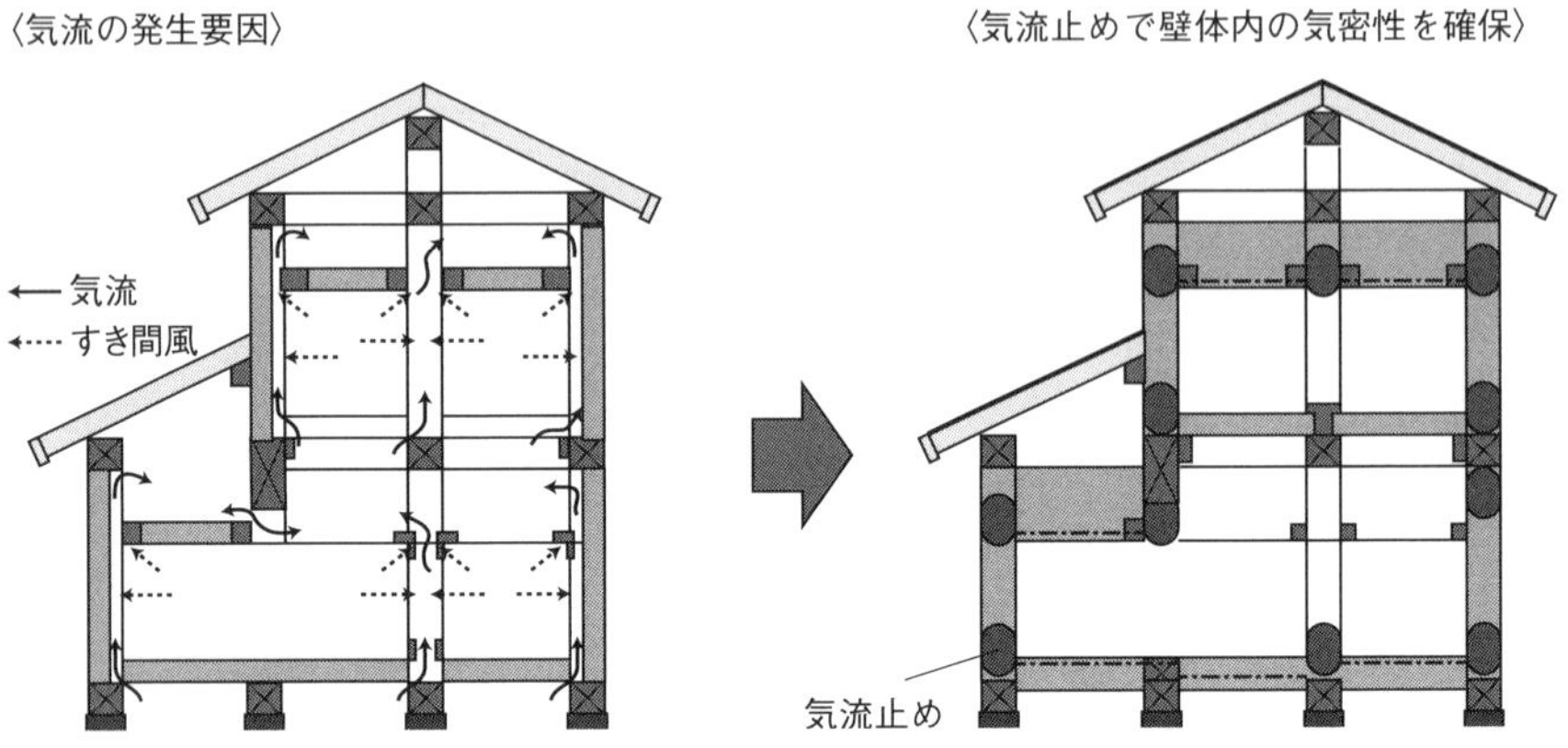

図３－12　気流止めによる断熱リフォーム

りますが、40㎝ほどの高さなので屋根裏のように立って歩くことはできません。狭い床下に潜りながら断熱材を入れる作業になります。床下への張り込みになるので、天井のように載せるだけというわけにはいきません。断熱材が落ちてこないように止める工夫など、素人には少し難しくなります。

そして壁ですが、壁は天井や床と違って人が入れるスペースがありません。そのため、壁の中に断熱材を入れるには、壁をはがさなければなりません。内装を全面的にリフォームするのであれば、それもついでにと考えてもいいかもしれません。内装をリフォームする必要がないのなら、壁の外側に新たな断熱材を張り込むという方法もあります。どちらにしても、こうした工事を素人が行うのは難しくなってきます。

壁の断熱材についてはもうひとつ大事なポイントがあります。それは壁の中の気流を止めなければいけないということです。そもそも断熱材はどういう役割を持っているかというと、グラスウールなどの繊維系断熱材にせよ、発泡スチロールなどの発泡系断熱材にしろ、断熱材は空気の動きを止めるためにあるのです。空気そのものが本来断熱効果の高いものなのですが、それが動くことによって熱も移動してしまうのです。壁の中に断熱材が入っていたとしても、古い住宅だと10

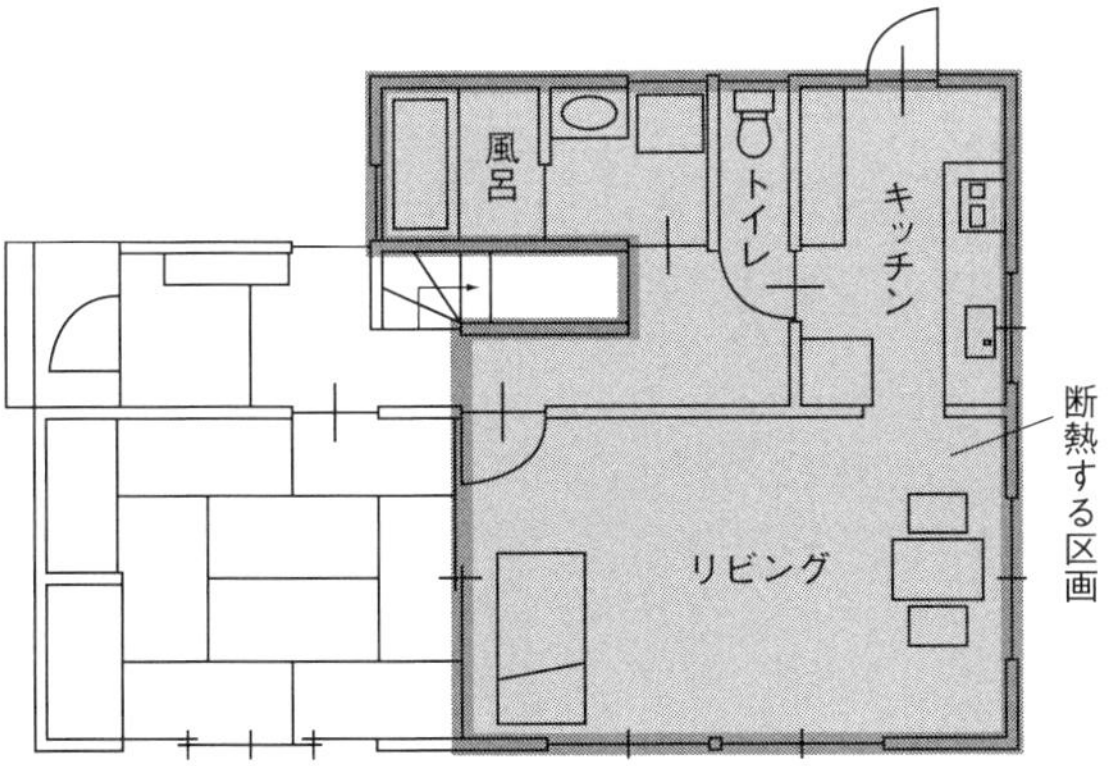

図３－13　ゾーン断熱による断熱リフォーム

出典　旭化成のネオマフォームのホームページを参考に作図

㎝ほどの壁の中に５㎝ほどの断熱材しか入っていないことがよくあります。この残された壁の中のすき間を空気が流れていくのです。こうした状況が発生しているかどうかは、壁のコンセントボックスを外して中に手を入れてみれば、空気が流れているかすぐわかるので試してみてください。壁の中で気流が発生していると、断熱材が入っていてもその効果はほとんど発揮できないことになります。そうした壁の中の気流が発生するのは、壁と床下、壁と天井裏がつながって、床下—壁—天井裏という経路ができているからです。壁の上下をしっかりとふさいでいればそうした気流は発生しないのですが、そうした現象が起きることが当時はまだ知られていなかったのです。断熱材を入れない間仕切壁も同じようなことが起きる可能性があります。この気流を止めるには、壁をはがさなくとも、天井裏から壁の上部をふさぎ、床下から壁の下部をふさげばよいのです。これが気流止めと呼ばれる方法です。これによって、壁の中の断熱材をいじることなく、つまりあまりコストをかけることなく本来持っている断熱効果を発揮させることができるのです。もちろん、壁をはがしたり、壁の上に張り込んだりする方が断熱材はたくさん入れられますから、断熱効果は大きいのですが、古い住宅にどこまでコストをかけるかという時に、この気流止めという簡易的な断熱改修も選択肢になってきます。

コストという意味では部分断熱という考え方も出てきます。先ほどのように、窓、天井、床、壁とすべてを改修できればもちろんいいのですが、家全体をやろうとするとそれなりに費用もかかってきます。地方に行くととても大きな家が多く、実際に使っている部屋はその一部というようなこともよくあります。高齢のご夫婦や単身者だけの住まいでは、その家にどこまでお金をかけるのかという現実的な問題もあります。そういう場合には家全体ではなく、必要な部屋だけを先ほどのように断熱改修して、家を分けるという方法が考えられます。一番長くいる居間などを中心に、トイレや風呂場、そこに至る廊下などを連続させて断熱の境界をつくれると、寒い場所を通る必要がなくなります。上の図ではうまく連続させて断熱ゾーンをつくっていますが、実際の間取りがそのようなつながりをつくれるかは、それぞれの家によります。特に問題になるのが廊下です。廊下を介してトイレや玄関につながる間取りが多く、そこがどうしても冷えるのです。いくら断熱をしても、暖房をしていないところは暖かくはなりません。居間と廊下の間の壁を取り払ってワンルームにするというような大胆な発想も必要になってきます。

こうした家の一部を断熱強化するというニーズは非常に高いと思いますが、課題として残るのがドアです。断熱したい部屋や断熱ゾーンとして区切りたい廊下につけるドアは、当然すき間風の少ないものにしたいわけです。外用に使われるドアや戸の断熱性や気密性はいいのですが、これを部屋の中に取り付けると、ドアの枠が床の上に出てくるのです。そうなると、バリアフリーという観点からは望ましくありません。今後、こうした室内用の断熱ドアが開発されてくることを期待したいものです。

コラム3

どこに頼めば省エネ住宅になるか

では、実際に省エネ住宅をつくろうと思った時、一番知りたいのはどこに頼めばいいのかですね。テレビでCMなどを流している大手ハウスメーカーがなんとなく安心かもしれませんが、先ほど説明したように省エネ性能が特別高い会社はほとんどありません。それぞれのメーカーで断熱性能なども標準パターンが決まっていますから、もう少し断熱性能を上げられないかと頼んでも、せいぜい窓を少しグレードの高いものに変えるぐらいのことしかできません。我が家のように壁は20㎝の断熱材にしてほしいと言ってもできないでしょう。そして、価格は地場の工務店よりも高い場合が多いので、コストパフォーマンスとしては地場の工務店の方がいいのです。ところが、そういう地場の工務店はどこがいいのか、どんな会社なのかがわからないという問題があります。最近でこそ、小さな工務店であってもホームページなどで会社の宣伝をしているところがありますが、モデルハウスまで持っているようなところはなかなかありません。そういう時は口コミ情報が頼りになるのだと思いますが、良心的と評判の良い工務店が省エネ住宅に長けているかというとそれはまた別問題です。省エネに勉強熱心でなければなりませんし、経験と技術が必要です。そして、ポイントは住み手の予算や希望に応じて、コストパフォーマンスの高い性能をきちんと示せるところです。

もうひとつ大事なのは施工です。断熱や気密の性能はきちんと施工されていなければその性能は発揮されません。断熱材や気密施工は壁や屋根の中のものなので、完成してしまうと見えなくなります。施工時のミスや手抜きはふさいでしまえばわからなくなるのです。こうしたことを防ぐためにも気密測定が役立ちます。気密測定は、実際に建てられた建物の現場で測定機を使い、建物にあるすき間の面積を推定するものです。気密測定をやって工事の精度を確かめているかどうかは、工務店の断熱気密施工に対する技量を測るバロメータにもなります。先に説明した外皮平均熱貫流率（U_A値）を計算していなかったり、気密測定をやったことがないというような工務店には頼むべきではないでしょう。

04

エネルギーのものさしでくらべる住宅全体の省エネ

1　断熱性能にはものさしがある

環境に良い住宅を指すものには様々な表現が出てきます。エコハウス、省エネ住宅、ゼロエネ住宅などなど。それぞれ似たようなことを言っているようで違うところがあり、もやもやする方も多いでしょう。それは多くの場合、定義のないことばを感覚的に使っていることに原因があります。

自動車は昔から燃費が表示されていて、メーカーはしのぎを削って燃費を向上させています。家電製品も今ではほとんどのものに省エネ性能が表示されています。大量のエネルギーを使う住宅もエネルギー性能を示さなくていいはずがありません。住宅にもそうした省エネルギー性能を測るちゃんとしたものさしと基準があるのです。住宅の省エネ基準がつくられたのは１９７０年代に起きた石油危機がきっかけで、最初の基準ができたのは1979年に制定された「エネルギーの使用の合理化等に関する法律（省エネ法）」に基づくものでした。その基準は建物の断熱性能に関わるもので、その後、1992年、1999年と基準が強化され、2013年には設備の効率性も含めた評価方法へと見直す改正が行われました。そして、2015年には「建築物のエネルギー消費性能の向上に関する法律（建築物省エネ法）」となって、基準が運用されています。

　ところが、家を建てる際にこうした省エネ性能をちゃんと調べている方はあまりおられません。それは、建てる人が不勉強だからなのではなく、工務店や住宅メーカーが明らかにしていない場合が多いからなのです。一品生産の住宅では、規格化された工業製品のように性能を出しにくいということもあります。そして、一般の人はなんとなく、新しい家であればどこに施工してもらってもある程度省エネになっているだろうと希望的観測を持って判断しているのだと思います。しかし、現実はそうではなく、かなり性能に差があります。先ほどのように省エネ性能については基準も定められているのですが、基準の適合が義務化されているわけではないため、省エネ性能の計算をしなくても家は建てられるようになっているのです。また、第三者機関が住宅の性能を確かめて評価する住宅性能表示制度という仕組みも整えられているのですが、あまり活用されていません。先進国ではほとんどの国でこの住宅の省エネ基準の適合が義務化されているのに、日本ではそれが義務化されていないことは以前から問題になっていました。その結果、2012年には国も地球温暖化対策を進めるために2020年には省エネ基準義務化という工程表を示したのです。そして、その実現に向けて全国で省エネルギー施工技術の講習会を開催し、ようやく義務化が始まるかと思われた土壇場の2019年になってそれが覆され、基準の適合義務化では

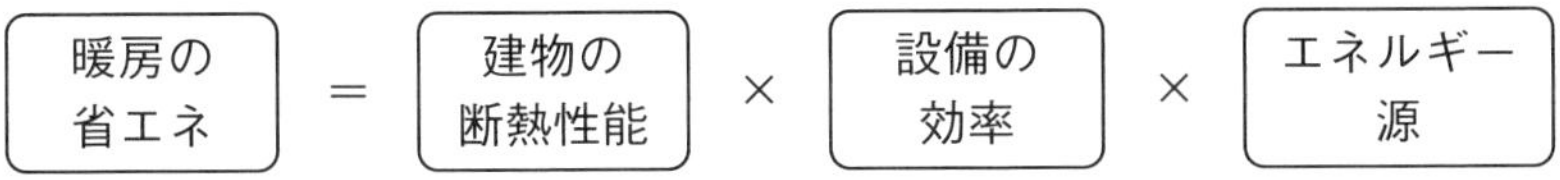

図４－１　暖房の省エネルギー構成要素

なく、基準の説明義務化という形にトーンダウンされてしまったのです。しかしその後、地球温暖化対策に向けた動きが活発化し、住宅分野においても対策が急務という世論が高まり、２０２２年には国会で建築物省エネ法改正案が可決され、２０２５年度から省エネ基準の適合義務化がついに開始されることとなりました。また、「03－3健康快適かつ省エネを実現する住宅の断熱水準」ではＨＥＡＴ20という国の省エネ基準よりも高い性能のことを紹介しましたが、そうしたスペックの住宅をつくる工務店は珍しくなくなっています。国ではこれまでも住宅性能にグレードを付けて評価する住宅性能表示制度を設けていたのですが、この断熱性能の最高グレードが等級４として１９９９年に定められた省エネ基準でした。これもＨＥＡＴ20に相当するような、省エネ基準よりも高いグレードとして、等級５から７までが新設されることになりました。こうしたことから、省エネ基準が２０２５年には義務化されるといいながら、もはやこれは最低グレードだといっても過言ではなくなってきました。

１９７９年に省エネ法が定められた当初は建物の断熱性能だけを評価してきました。そのため、どんな設備を入れてもそこは関係がなかったのです。例えば、非常に断熱性能の高い住宅をつくっているにもかかわらず、非常に効率の悪い暖房を入れたとしても特に問題にはされなかったのです。この典型的な例が北日本のオール電化住宅にずいぶん使われた電気の蓄熱暖房機です。電気だからなんとなくクリーンなイメージがあったかもしれませんが、これが実にたくさんの電気を使う暖房だったのです。しかしその後、地球温暖化の問題が大きくなり、冷暖房以外についても総合的に評価していく必要性が高まったため、２０１３年度から機器効率も反映させて、04－5で説明する一次エネルギーで省エネを評価することになり、暖房などの設備機器の効率も反

図４－２　エネルギー消費性能計算プログラム（住宅版）

映しなければならなくなったのです。つまり、暖房の省エネは「建物の断熱性能」と「設備の効率」と「エネルギー源」によって決まるのです。

また、住宅の中で使うエネルギーは暖房だけではありません。その他の給湯や家電、照明のエネルギーもあり、２０１３年の基準改正からはこうした暖房以外のエネルギーについてもしっかりと省エネを検討しなければならなくなりました。この計算にはＷＥＢ上で公開されている住宅に関する省エネルギー基準に準拠したエネルギー消費性能計算プログラム（住宅版）を使います。

ただ、これらのエネルギーは省エネ型の設備を選ぶことで対処しますから建物そのものとはあまり関係しません。それに対して、暖冷房のエネルギーは、建物そのものの性能や設計に大きく左右されます。暖冷房に影響を与える建物の性能が、断熱性能と日射遮へい、日射取得、通風です。これら4つの要素によって、暖房に必要な熱負荷、冷房に必要な熱負荷が決まってきます。設備は建物の設計後、あるいは完成後でも変えられないことはありませんが、建物そのものを完成した後つくり直すのは大変なことです。そういう意味から、まずは建物の断熱性能をしっかりと高めておくということが重要になってくるのです。

2　エネルギー全体のものさし

ここまで断熱による暖房の省エネについて説明してきました。しかし、図4－1でも説明したように暖房設備の効率によって最終的なエネルギー消費は違ってきますし、そのエネルギー源を何にするかで二酸化炭素の排出量も違ってきます。そして、住宅で使われるエネルギーは暖房だけではなく、給湯や照明、換気、家電などのエネルギーもあり、国の省エネ基準でもそうした住宅全体のエネルギー消費を評価するようになっています。照明は省エネになるＬＥＤが普及しつつあり、家電も冷蔵庫やテレビなどすでに省エネ型のものが販売の中心になっています。ゼロエネルギー住宅を実現していくためには、こうした暖房以外の省エネ対策も重要になってきます。

そして大事なのがエネルギーに支払う金額で、いくら省エネだといっても、あまり高いと実現するのは難しくなります。住宅のエネルギーは物理的なエネルギー量のものさしだけでなく、二酸化炭素や金額というものさしもあり、少しずつ評価も違ってきます。ここでは、こうしたものさしを使って、暖房と給湯について様々な設備を比較していきます。

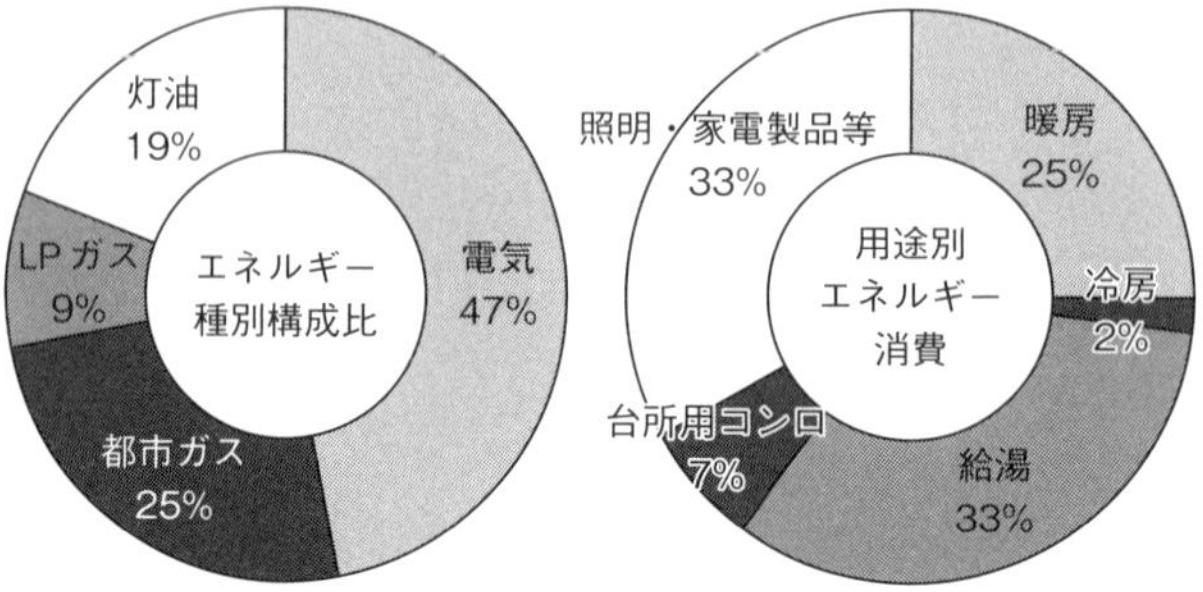

図4－3　世帯当たり年間用途別エネルギー消費構成比

出典　環境省平成29（2017）年度 家庭部門のCO_2排出実態統計調査

3　熱というエネルギー

最初にエネルギーというと何を思い浮かべるでしょうか。ほとんどの人が電気を思い浮かべるのではないかと思います。家電製品に囲まれ、一日に何度もスイッチを入れたり切ったりしているわけですから当然です。それに今はオール電化住宅がずいぶんと増えましたから、エネルギー＝電気というイメージができあがりつつあります。しかし、ガスを使っている人も、灯油を使っている人もまだまだいるはずです。２０１１年の東日本大震災では福島原発が事故を起こし、２０１８年の北海道の地震ではブラックアウトと呼ばれる大停電が起こり、２０１９年には千葉県で台風による大規模停電が起きました。災害のたびに電気の問題が生活に影響を及ぼしてきましたから、電気を意識する機会が増えてきています。住宅で使うエネルギーの種類は、この電気、ガス、灯油の３つです。ガスにはプロパンガスと都市ガスがあります。上の図は環境省による家庭のエネルギー消費実態調査の全国平均です。電気によるエネルギー消費は確かに多く約半分を占めますが、残り半分はガス、灯油です。

それはそれとして、ここではもう少し違った観点でエネルギーを見てもらいたいのです。それは熱という観点です。例えば、都市ガスですが、ガスコ

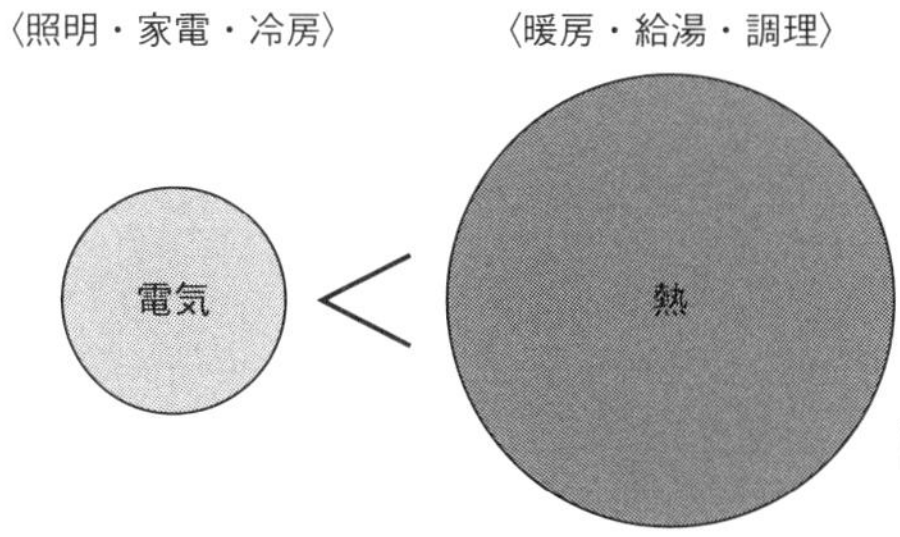

図４－４　住宅のエネルギーは電気よりも熱が大きい

ンロで料理をつくるのに使う、ガス湯沸かし器でお風呂のお湯をつくるのに使いますね。最近はコンロでも電気のＩＨもあるし、お風呂は電気のエコキュートもあります。暖房もかつては灯油やガスが主流でしたが、こたつは電気だし、電気ストーブやエアコンも多くなりました。ここであげた料理も、お風呂も、暖房も、全部加熱にエネルギーを使っていて、電気や灯油であっても最終的に必要なのが熱としてのエネルギーとなります。先ほどのエネルギー種別のエネルギー消費を用途別に分けて表したものが図４ー３右側のグラフです。このなかの暖房、冷房、給湯、台所用コンロはすべて熱で、熱でないのは照明・家電製品等だけです。住宅の中では３分の２が熱、３分の１が熱にしない電気なのです。

　住宅のエネルギーは熱が想像以上に大きいということがわかるかと思いますが、そのなかでも一番大きいのが給湯で、暖房より大きいのも意外ではないでしょうか。風呂のために２００ℓ前後ものお湯を沸かすにはそれなりのエネルギーが必要で、それが暖房や冷房のシーズンものと違って一年中、３６５日になります。日本にいると毎日風呂に入るのは当たり前と思いがちですが、そんなに風呂に入る国はむしろ珍しく、２日おきにシャワーを浴びるという程度で済ます国はたくさんあります。

　海外でもエネルギーを電気と熱、さらには自動車と分けて扱います。エネルギーというと電気の話になりがちですが、エネルギー自給を考える際にもこの暖房や風呂の熱のエネルギーの扱いが重要なポイントになってくるのです。なぜならば、ここで電気というのは家電や照明のように電気以外の選択のないものですが、熱は電気以外にも、灯油、ガス、そして再生可能エネルギーと様々な選択肢が出てくるからなのです。そして、熱はその選択によって、エネルギー効率も違ってきます。

4　オール電化住宅はエコ住宅か？

環境に優しいエコ住宅というと、当然オール電化住宅だと思っている人がたくさんいます。電気にくらべてガスや灯油は環境に悪いというイメージがあるのでしょう。確かに灯油やガスは臭いがあったり、住宅の中で燃やしているので排ガスが出ます。それからくらべると電気は臭いも排ガスもないのでクリーンなように思えます。しかし、電気をつくっている発電所が火力発電であれば、そこでは排ガスが出ているというのはわかるかと思います。原発だとしたら排ガスは出ていませんが、放射能や放射性廃棄物の問題が出てきます。誰でもこういうことは考えればわかるのですが、東日本大震災までは電力会社がコマーシャルなどでオール電化住宅のＰＲを強烈に進めていたので、なんとなくオール電化はいいものなのだと思わされてきたところがあるでしょう。

オール電化住宅にとって何が一番重要だったかというと、熱を電化することだったのです。そのなかでも特にお風呂を沸かす熱の燃料です。電気を売る電力会社は当然のことながら電気をたくさん売りたいわけです。ところが、人口は減少するし、家電の省エネ化もどんどん進みました。何もしなければ売り上げは落ちるだけですから新規需要開拓が必要になります。そこでターゲットになったのが熱、特に風呂だったのです。かつて、電気で風呂を沸かしたり、暖房をしたりというのは電気代がかかるということをみんな知っていました。そこで、お風呂用の電気温水器に使う電気代を安くすることにしたのです。ただし、夜限定です。というのも、昼の電気のピークに重なったりすると供給不足になりますが、夜の発電所には供給余力があったからです。特に原発は昼も夜も出力を変えずに運転するので、使いきれるようにしたいのです。そういうわけでオール電化住宅が強力に推進されてきたのですが、これを見ても熱がいかに重要かがわかると思います。

東日本大震災以降、ほとんどの原発が停止している状態で、電力会社も夜の時間の電気をかつてほど安くできなくなりました。オール電化住宅はそれなりの快適性もありますが、電化すればエコだというわけではないのです。その一方で、太陽光などの再生可能エネルギーの普及は世界でも大きな潮流となっています。電気がすべて再生可能エネルギーでつくられるようになってくれば、オール電化住宅も本当にエコ住宅だと言えるようになるでしょう。

5　一次エネルギーというものさし

電気のことを考える場合、何をエネルギー源として発電したのかが大事だということはわかってもらえたと思いますが、電気で暖房をするのと、灯油で暖房をするのではどちらが省エネになるでしょう。実はこれが結構難しい問題なのです。工務店や住宅の設計をしている人でも、正確に答えられる人は少ないと思います。

まず、灯油、ガス、電気を比較するにはどうやってくらべるといいでしょうか。量を比較しよ

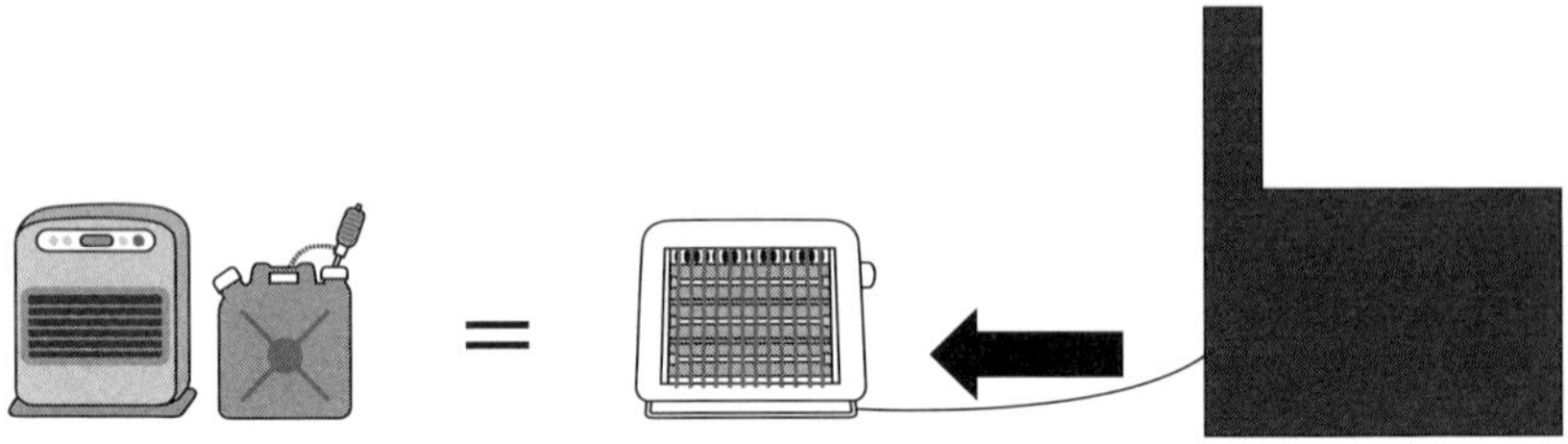

図４－５　一次エネルギーで比較する電気ストーブと灯油ストーブ

うとしても、電気はkWh（キロワットアワー）、ガスは㎥（立方メートル）、灯油はℓ（リットル）など、単位が違います。そこで使うのがエネルギーの単位であるJ（ジュール）という単位です。灯油は１ℓが37MJ（メガジュール）、都市ガスは１㎥が45MJというふうになります。ここで問題になっていたのが電気です。電気１kWhを３・６MJと数える方法と、９・76MJと数える方法があるのです。前者は二次エネルギーと言い、電気１kWhを使って電気ストーブや電気ポットなどが加温できる熱量となります。後者は一次エネルギーと言い、電気１kWhをつくるのに要した発電所で使う石炭石油、天然ガスなどの熱量を指します。発電に投入されるエネルギーはすべて電気になるわけではなく、発電や送電の過程で多くのロスが出るので一次エネルギーは大きくなるのです。一次エネルギーか二次エネルギーどちらを使うかで３倍近くも違うのですが、省エネルギーという場合、どちらを使えばいいか、少し前まではっきり決められていなかったのです。電気で暖房や給湯を行う場合、二次エネルギーで表現した方が少なくなりますから、省エネをアピールしたければそうするわけです。エネルギーの資源を問題にするのなら一次エネルギーを使うのが適切であることは明らかです。ようやく２０１３年に省エネ法が改正されて、初めて一次エネルギーを用いることが定められました。少し古い資料などでは二次エネルギーで電気が計算されているものもまだだ見かけますので注意が必要です。

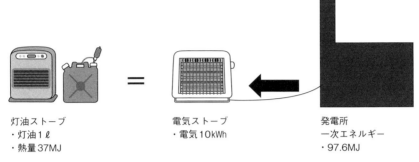

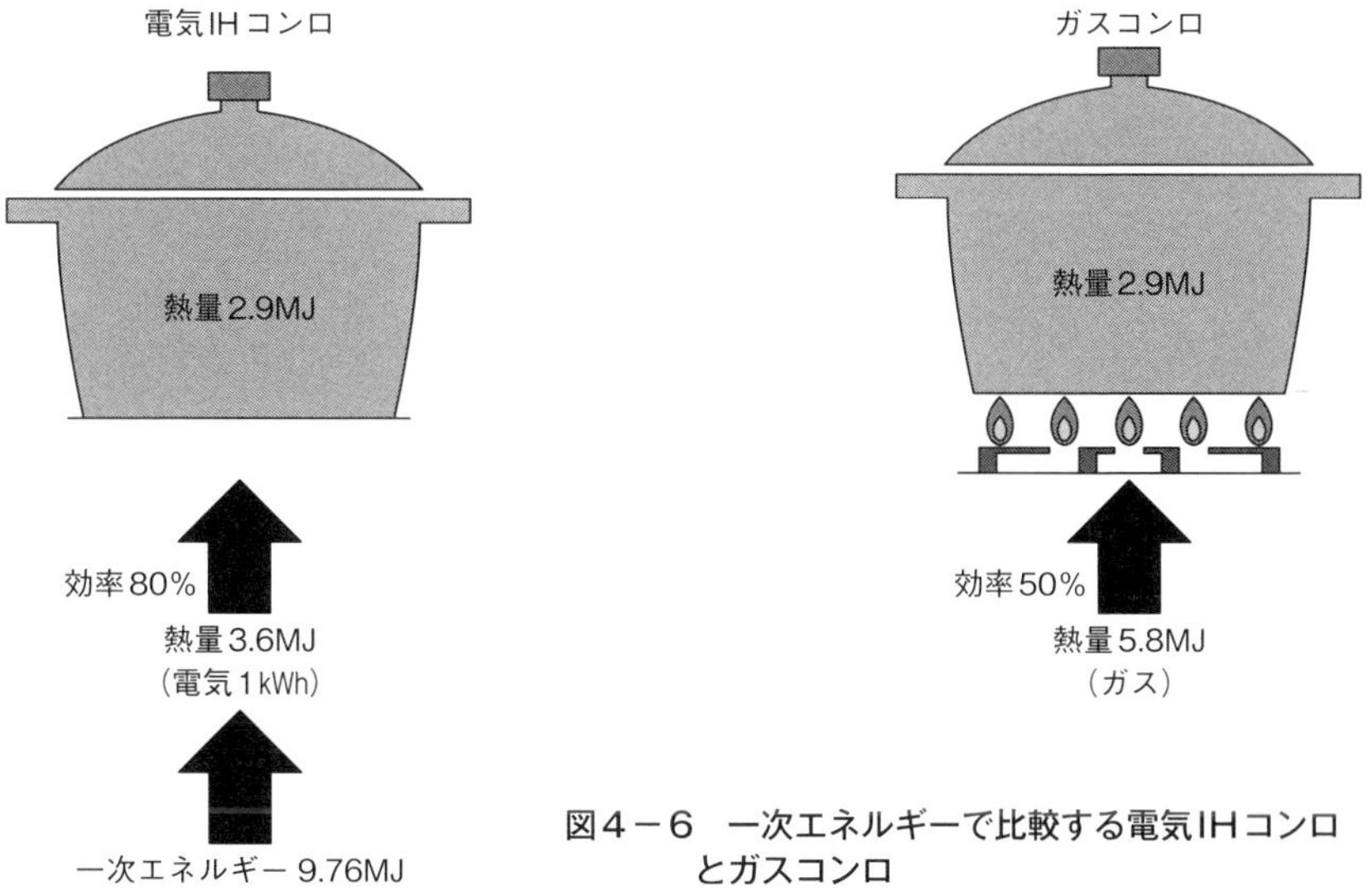

図4−6　一次エネルギーで比較する電気IHコンロとガスコンロ

では、先ほどの電気で暖房をするのと、灯油で暖房をするのではどちらが省エネになるかという問題を、電気ストーブを例にもう少し具体的に説明します。電気ストーブというと、電気を入れると赤くなる遠赤外線ストーブと書かれたものや、赤くはならずストーブ自体が少し熱くなって放熱するオイルヒーターと呼ばれるものなど実に様々なものがあります。ここで電気ストーブと言うのはエアコンではないものを指します（エアコンについてはまた後で説明します）。例えば灯油ストーブで灯油を1ℓ使って暖房できる熱量は、先ほどのJという単位で言うと36・7MJになります。電気は先ほどの二次エネルギー換算となる1kWhで3・6MJの熱量が暖房として使えるので、灯油1ℓ分の暖房をするには電気が約10kWh（≒37MJ÷3・6MJ／kWh）必要ということになります。この10kWhの電気は発電所までさかのぼった一次エネルギーでいうと先ほどの9・76MJ／kWhで計算すると97・6MJとなります。つまり、同じ熱量を出すのに電気ストーブは灯油ストーブの2・6倍（＝97・6MJ÷37MJ）のエネルギーを使うということになるのです（図4−5）。

誤解の多いものにキッチンのコンロがあります。電気のIHコンロとガスコンロ、イメージからすればIHの方がクリーンだと思われるでしょう。ＩＨコンロはフライパンややかんの密着している部分から加温され、熱のロスが20％程度と少ないと言われています。それに対してガスコンロは炎が周りに広がり、熱が逃げていく様子は誰しもが経験しているものだと思いますが、このロスが50％ほどあるとされています。ここまでの話しか聞かなければ、やはりＩＨは省エネだと思ってしまいます。しかし、先ほども確認したように、電気は発電所で大きなロスをしています。ＩＨコンロで１kWhの電気を使えば、電気の持っている熱量３・６MJの80％となる２・９MJが加熱に使われます。しかし、これを発電所までさかのぼった一次エネルギーで言うと２・９MJの加熱に９・76MJのエネルギーが使われることになるのです。もしこれをガスコンロで加熱した場合、50％のロスを考慮して２・９MJの加熱に２倍、５・８MJのエネルギーが使われることになります。結果として、一次エネルギーとして考えると、電気のＩＨは普通のガスコンロの１・７倍エネルギーを使うことになるのです（図４－６）。

こうして見ると、電気で暖房や加熱をすることは効率が悪いということがわかるかと思います。しかし、電気もヒートポンプという技術を使うとまた状況が変わります。それは後で説明するとして、ここではあくまでも一次エネルギーという考え方を理解していただければと思います。

６　二酸化炭素というものさし

エネルギーの話で忘れてはならないのが二酸化炭素です。昨今の猛暑や洪水、そしてパリ協定によって地球温暖化を防ごうとする気運が世界的に高まっています。二酸化炭素を減らせるかは

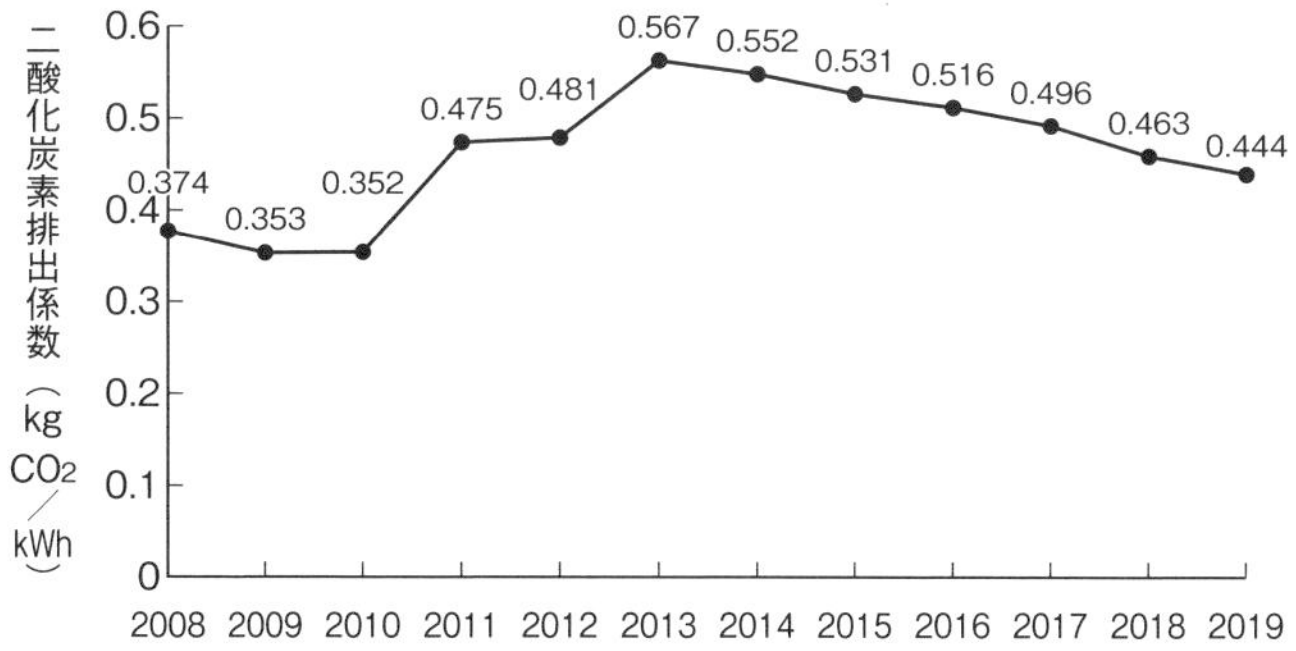

図４－７　電力の二酸化炭素排出係数の推移

出典　電気事業低炭素社会協議会

住宅にとってもきわめて重要なテーマとなります。地球温暖化を防止するには、こういう二酸化炭素排出ゼロとなる住宅を目指さなければならなくなってきています。

先ほどのように一次エネルギーで比較するという以外に、二酸化炭素の排出量として比較するのも重要です。ここでも電気は一次エネルギーの考え方と同じように、発電所までさかのぼって二酸化炭素をどれぐらい排出しているかを考えます。電気を使っている家の中では二酸化炭素は排出されていませんが、やはり発電所では出ているわけです。２０１１年の東日本大震災以降、多くの原発が停止状態にあり、その代替を火力発電所が担っています。大震災前後で電気１kWh当たりの二酸化炭素排出量をくらべてみると、２０１０年度は０・３５２kgだったのが、２０１１年を境に大きく増えて２０１３年度には０・５６７kgまでなりました（図４－７）。

再生可能エネルギーがすぐに原発にとって代わることはできませんから、過渡的には火力発電で補っていく必要がありますが、火力発電も何を燃料にするかで大きく違ってきます。最も二酸化炭素の排出が少ないのは天然ガスのＬＮＧ（液化天然ガス）火力発電、最も多いのが石炭火力発電で、その差は2倍ぐらいあります。世界的には地球温暖化を防止するために、もう石炭火力発電はやめようという流れになっています。欧米はもちろんのこと、石炭に頼ってきた中国ですらそうです。ところが日本では東日本

表4－1　電力会社別の二酸化炭素排出係数（2019年度）

	基礎排出係数（kg CO_2/kWh）	調整後排出係数（kg CO_2/kWh）
北海道電力（株）	0.593	0.601
東北電力（株）	0.519	0.521
東京電力エナジーパートナー（株）	0.458	0.442
中部電力（株）	0.431	0.426
北陸電力（株）	0.510	0.497
関西電力（株）	0.340	0.318
中国電力（株）	0.561	0.585
四国電力（株）	0.500	0.528
九州電力（株）	0.344	0.371
沖縄電力（株）	0.810	0.787
全国平均	－	0.444

表4－2　1MJ当たりのエネルギー源別二酸化炭素排出量

灯油	69 g CO_2/MJ
都市ガス	51 g CO_2/MJ
プロパンガス	60 g CO_2/MJ
電力(電気ストーブ)	123 g CO_2/MJ

注　電力の排出量は2019年度二酸化炭素排出係数全国平均値を電力の二次エネルギー換算値で除したもの

大震災後、この石炭火力発電の建設が電力会社や商社によって各地で進められたのです。震災前の２０１０年度は石炭による発電量の割合が26％だったのが２０１９年度は32％に増えています。その理由は石炭が安いからです。政府のエネルギー基本計画では２０３０年に石炭火力の割合を減らすことにはなっていますが、それでも26％もあり、再生可能エネルギーの22～24％よりも高いのです。２０１６年から電力会社を自由に選べるようになったことから、価格競争が始まりました。価格を下げることは重要ですが、環境を犠牲にするようなやり方は由々しき問題です。

電気を使うことによる二酸化炭素の排出量は電力会社ごとに排出係数として毎年公表されます（表4－1）。電力会社によって持っている発電所の構成の違いが、この二酸化炭素の排出係数の違いにも表れます。例えば、沖縄電力は地理的な条件から水力発電がほとんどないために排出係数が大きくなっています。北海道電力や中国電力の係数が大きいのは、半分以上の電気を石炭火力で賄っているからです。関西電力の係数が小さいのはＬＮＧ火力や水力による発電が多く、原発も再稼働しているからです。こうした電源構成と二酸化炭素排出係数をよく見ながら電力会社を選んでいく必要があります。

では、先ほどの一次エネルギーと同じく、暖房をするのに、電気、都市ガス、灯油で排出される二酸化炭素の量がどれだけ違うかくらべてみます（表４－２）。ここでもわかりやすくするため電気の暖房は電気ストーブの場合です。１MJの熱を発するのに、灯油は69ｇのCO_2を排出し、都市ガスは51ｇ、そして電力だと１２３ｇです。電気ストーブは灯油ストーブの約２倍もの二酸化炭素を排出するのです。そして、都市ガスは灯油よりも３割近く少ない。このような結果になるのは、先ほどの一次エネルギーでも説明したように発電に投入されるエネルギーのうち電気になるのは４割程度だからです。

ただし、もし電気がすべて再生可能エネルギーでつくられていたら二酸化炭素の排出もゼロということになります。そのためには自分で再生可能エネルギーの電気をつくって自給するか、再生可能エネルギーの電気を売っている会社から買うということになります。

7　お金というものさし

一次エネルギーとか二酸化炭素の話は少し難しく感じられたかもしれませんが、気になるのは自分が払うお金でしょう。省エネと言う時、どっちが安いか高いかというお金のことを指している人も多いと思います。しかし、エネルギーの量とお金の量はまた違うというのはおわかりになるでしょう。

電気、灯油、ガスの単価は会社によっても、その時々によっても変わるので、答えは簡単でないところがあります。特に、電力も都市ガスも自由化され、会社を選べるようになったのはありがたいことですが、ちゃんと計算しないといけなくもなってきました。電気は様々な契約メニューが出てきているのですが、自由化される前の契約メニューの単価を見てみます。単価は使う量によって3段階に分けられていますが、月300kWh以上の単価では東京電力や北海道電力が30円を超えており、概ね30円前後が多くなっています。また、電力料金には再生可能エネルギー賦課金というものが上乗せになりますが、これが1kWhあたり2020年度は2・97円となっています。これは再生可能エネルギーの電気を買い取るための費用に充てるために課金されているので、まだ上昇していきます。

価格の変動が大きいのは灯油です。2008年には1ℓ130円ほどまで上がり、その翌年には60円ほどまで落ちるというようなことがありました。その後は、また緩やかに上昇し、2015年頃また落ち、また100円程度まで上昇というように変動しています。石油価格の動向は様々な世界情勢の影響を受け、なかなか予測の難しいものです。

ここでもまずは暖房のストーブを電気、ガス、灯油の場合でくらべてみるために、電気は30円／kWh、灯油は100円／ℓとして計算してみます。一次エネルギーのところでも説明したように、灯油1ℓ分の暖房をするには電気が約10kWh必要なので、灯油なら1ℓ100円で暖房できるところが、電気ストーブだと10kWhで300円かかることになります（図4−8）。灯油の値段が

図4－8　暖房費用の比較：灯油1ℓ分と同じ暖房を行うために必要な電気
灯油1ℓ 100円、電気1kWh30円の場合

少々上がっても、電気ストーブよりも高くなることは考えにくいということがわかります。しかし、安い電気があるのです。それは夜の電気を安く使う時間帯別の契約メニュー方法です。夜は電力需要が落ちてきますが、原発は時間別に調整がききません。そこで、電力会社が夜の時間の需要を喚起するために夜の電気を安くしたのです（その代わり昼間の電気料金は高く設定されます）。東日本大震災以前は10円／kWh以下でした。それなら電気ストーブを使っても、100円の灯油と同じ値段になっていたわけです。ところが原発が停止し、夜の需要が増えれば昼と同じように灯油やガスなどを焚かなければならなくなり、安くしにくくなったのです。そのため、今では東京電力の17円／kWhや四国電力の19円／kWhというようにずいぶんと値段が上がったのです。それまでが安かったので、率としては一般の電気代の値上がり率より大きくなっています。そして今は、夜の安い電気を使ったとしても電気ストーブは高いものになってしまったのです。電気ストーブを夜中じゅうつける人はいないと思いますが、夜の電気だけを使う蓄熱暖房という電気ストーブがあるのです。しかし、この夜の電気代の上昇によって、新築で採用するところはほぼなくなってしまいました。

このように、エネルギー価格というのは原発政策や地球温暖化対

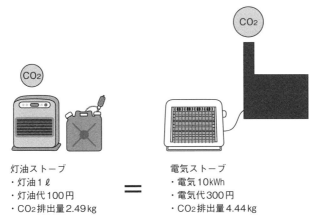

策など様々な社会動向の影響を受けています。安いか高いかということだけを見てエネルギーを選ぶのは要注意なのです。

8　暖房の省エネ

電気による暖房はいろいろあります。細かな種類まで挙げるときりがないぐらいあるのですが、一番大事な区別はヒートポンプかどうかです。ヒートポンプと言うと聞いたことがないと思う人がいるかもしれませんが、代表格がエアコンです。給湯機のエコキュートもヒートポンプです。ヒートポンプでお湯をつくってそれをパネルに流して暖房するものもあります。共通点は室外機があることです。この名の通り熱のポンプで、家の外の空気から熱を集めてくるのです。寒いのに熱なんかないだろうと思われるかもしれませんが、低いなりに熱があるのです。それを集めるのに使うポンプとなる圧縮機に電気を使うのです（図4―9）。このヒートポンプは何がいいかというと、効率が良いのです。カタログや宣伝を見ると、「電気1＋空気2＝3以上の熱エネルギー」とか、「電気1＋空気6＝7以上の熱エネルギー」というように書いてあります。エアコンの効率はAPFとして表示されていて、以下のような算定方法で求められています。

APF＝冷房期間及び暖房期間に必要な冷暖房能力÷冷房期間及び暖房期間の消費電力量

資源エネルギー庁が発行する「省エネ性能カタログ2019年版」では、2・8kWのエアコンの代表機種のAPFが6・2、4・0kWのエアコンで5・7です。つまり、消費している電気に対して6倍前後の冷房や暖房を行っているという非常に効率の良いものなのです。ただし、これ

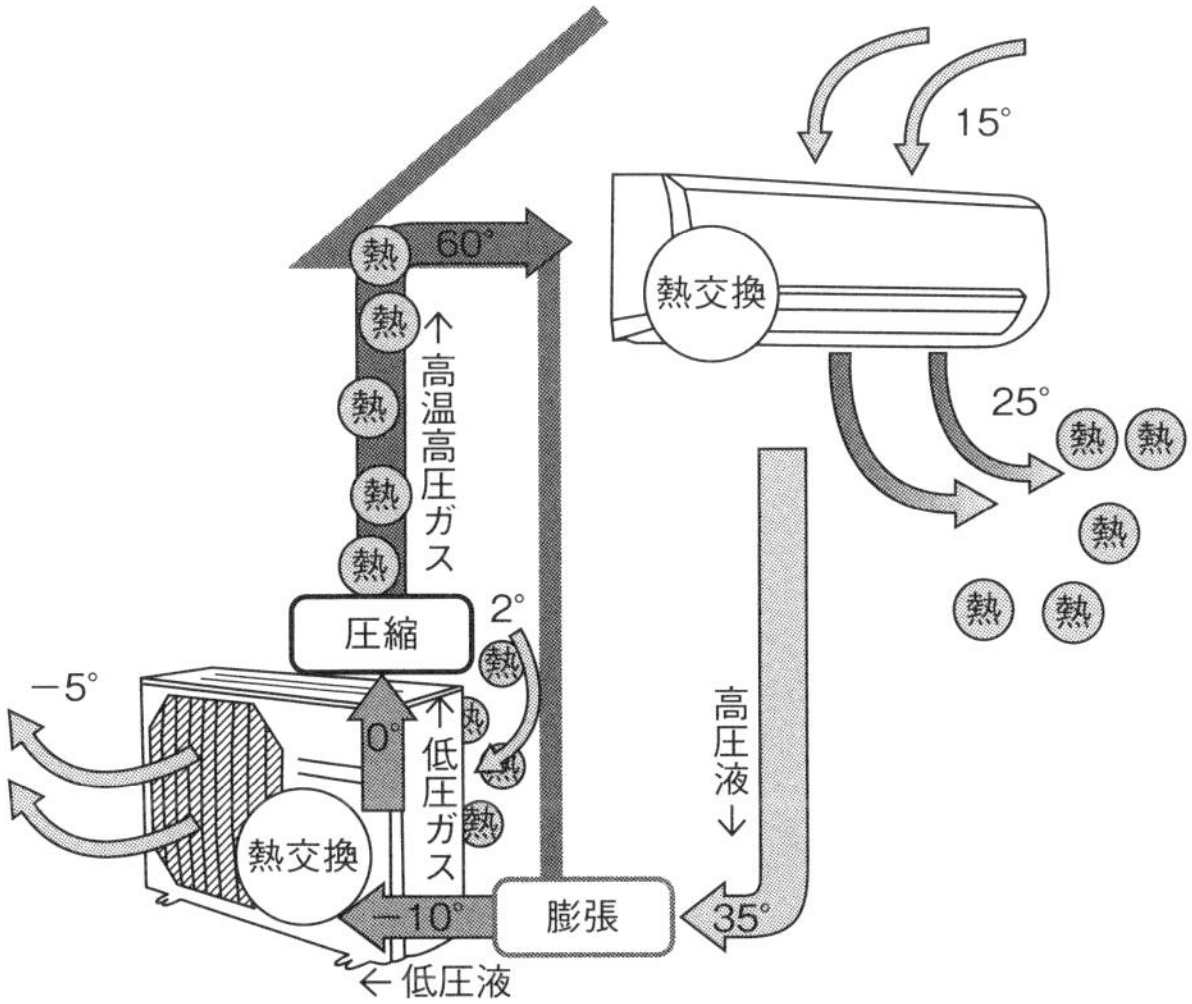

図４−９　エアコンというヒートポンプの仕組み

は東京をモデルとした気温をもとに計算されているもので、寒冷地になるとエアコンの効率は落ちてきます。寒い時に急にエアコンが止まる時がありますが、これは室外機の霜取り運転で、電気を使って霜を融かしているのです。これも効率を落とす原因になります。こうしたことから、寒冷地のエアコンはカタログに書かれたＡＰＦほど効率は良くなく、それを補正するための地域係数というものも示されています。例えば、札幌は３・１、盛岡２・３などとなっていますから、ＡＰＦが６となっていても、実際には２ぐらいという状況も出てくるのです。それでもいわゆる電気ストーブよりは省エネであることは間違いありません。

電気ストーブは電熱線に電気を流し、電気抵抗で熱くなった電熱線が熱を発するというものです。電気のスイッチを入れると赤くなるストーブ、それにこたつ、ホットカーペットもそうです。通販でよくあるオイルヒーターもそうです。持ち運びにお手軽、価格もお手頃なものが多いので、寒いところにスポット的に使うために持っている人も多いと思います。宣伝では省エネだと謳っているものもありますが、どれもほとんど違いはなく、相当の電気を使います。こういうヒートポンプではない電気暖房のことを生炊き電気暖房と呼ぶ人もいます。灯油ストーブの温風をこたつの中に入れるための省エネダクトがホームセンターなどで売られていますが、これが省エネになる理由はわかりやすい例です。一次エネルギーで説明したように、電気は発電所までさかのぼってどれぐらいエネルギーを使っているかという計算をすると相当エネルギーを使っているのがわかります。実は電気こたつに限らず、電気ストーブは灯油ストーブやガスストーブよりもエネルギーをたくさん使ってしまうのです。

以前は寒冷地ではエアコンだと暖かくならないということで、オール電化住宅では電気蓄熱暖房というものがだいぶはやりました。これもヒートポンプではない電熱線式のものです。この電気蓄熱暖房がずいぶん住宅に入ったのは、電力会社が設定した夜の安い電気料金に誘導されてのことでした。夜間になるとその安い電気でレンガを温めて蓄熱するのです。そのため、たくさん電気を使っているのに、電気代はそこまで高くならないという形になっていたのです。ところが、一次エネルギーで評価することになって、こういう電気ストーブでは省エネ基準を満たせなくなってきました。また、東日本大震災以降原発が停止したため、電力会社も夜間の電気料金を以前ほど下げることができなくなり、夜間の電気代を上げ始めたのです。こうした状況で、電気蓄熱暖房はほぼなくなりました。

このように効率が良いのはヒートポンプですが、実際の効率がどうなっているかはその場所の気候や運転時間によっても変わるため、カタログ値通りにはいきません。車の燃費もカタログ値通りではないことはほとんどの人が知っていますが、エアコンもそうなのです。そのため、ヒートポンプの省エネ効果は評価しにくかったのですが、国立研究開発法人建築研究所が実証試験を

表4－3　暖房による一次エネルギー消費の比較

	1地域 旭川市など	2地域 札幌市など	3地域 青森市など	4地域 仙台市など	5地域 宇都宮市など	6地域 東京都など	7地域 福岡市など
エアコン	34	26.5	21.2	25.5	19.9	13.9	7.3
FF暖房機（灯油・都市ガス）	33.3	27.2	23.2	27.2	23.2	17.4	9.0
電気蓄熱暖房器	74.9	62.4	53.8	79.3	62.8	45.7	24.1
エアコン	100%	100%	100%	100%	100%	100%	100%
FF暖房機（灯油・都市ガス）	98%	103%	109%	107%	117%	125%	123%
電気蓄熱暖房器	220%	235%	254%	311%	316%	329%	330%

注　上段：GJ/年、下段：エアコンを100%とした場合の比率

エネルギー消費の計算は「住宅に関する省エネルギー基準に準拠したプログラム」を用いた。
計算条件：床面積120㎡（うち主たる居室30㎡のみ暖房）、断熱性能は省エネルギー基準

表4－4　暖房による二酸化炭素排出量の比較

	1地域 旭川市など	2地域 札幌市など	3地域 青森市など	4地域 仙台市など	5地域 宇都宮市など	6地域 東京都など	7地域 福岡市など
エアコン	1,547	1,206	933	1,137	905	632	332
FF暖房機（灯油）	2,241	1,830	1,561	1,830	1,561	1,171	606
FF暖房機（都市ガス）	1,695	1,384	1,181	1,384	1,181	886	458
電気蓄熱暖房器	3,806	3,171	2,734	4,030	3,191	2,322	1,225
薪・ペレット	0	0	0	0	0	0	0
エアコン	100%	100%	100%	100%	100%	100%	100%
FF暖房機（灯油）	145%	152%	167%	161%	181%	195%	188%
FF暖房機（都市ガス）	110%	115%	127%	122%	137%	147%	143%
電気蓄熱暖房器	220%	235%	262%	317%	316%	329%	330%
薪・ペレット	0%	0%	0%	0%	0%	0%	0%

注　上段：kg CO_2/年、下段：エアコンを100%とした場合の比率

電力の二酸化炭素排出係数は2019年度全国平均値0.444kg CO_2/kWhを用いた。

その他の計算条件は表4-3と同じ。

行い、実際の運転状況に近い評価を行えるようにしました。それまで暖房機器のメーカーサイドから提示される非常にあいまいな省エネ効果しか手掛かりがなかったわけですが、第三者機関による性能評価が示されることによって適正な評価を行うことが初めて可能になったのです。それが04―1で説明したWEBプログラムとして公開されており、住宅の省エネルギー基準の評価に使われているものです。

同じ面積、同じ断熱性能の住宅で地域を変えて、エアコン、FF（強制給排気）暖房機、電気蓄熱暖房を使った場合の一次エネルギー消費をこのWEBプログラムで計算してみると、表4―3のようになります。エアコンの一次エネルギー消費を100％とした場合の比率を見るとわかりやすいと思いますが、1地域の旭川市などではエアコンを使うよりも灯油のFF暖房機の方が省エネであることがわかります。3地域、4地域の東北で灯油のFF暖房機が10％前後増加、東京などの6地域で25％増加となっています。このようにして見ると、カタログなどで書かれているように3倍も7倍も省エネになるわけではないことがわかります。その原因は実際の運転時の効率がカタログで示されたものとは異なってくることと、一次エネルギー消費で計算すると電気は発電所レベルにさかのぼり、それなりにエネルギーを消費することになるからです。電気蓄熱暖房機がエアコンの2倍も3倍もエネルギーを使っているのが目立ちますが、お手軽な電気ストーブも仕組みは同じなので、エネルギー消費もおおよそ同様の傾向にあると言えますから注意しなければいけません。

続いて、このエネルギー消費の計算結果から二酸化炭素排出量を求めてみました（表4―4）。電力の二酸化炭素排出係数は先ほど説明したように、電源構成によって変わるので電力会社によっても違いますし、年度によって変化していきます。ここでは2019年度の全国平均値を使って計算をしています。例えば1地域は一次エネルギーでエアコンと灯油のFF暖房機を比較した場合、FF暖房機の方がわずかに省エネですが、二酸化炭素でくらべると45％多くなって逆転しています。東京都などの6地域では95％FF暖房機の方が多くなっています。都市ガスは灯油にくらべて二酸化炭素排出量が少ないので、対エアコン比で都市ガスは10％から50％の増加と増幅は小さくなります。

まだ停止中の原発が多く、再生可能エネルギーの発電所も増え始めたばかりですが、それでもエアコンは今後、再生可能エネルギーによる発電所が増えていけばさらに二酸化炭素の排出量は減っていく可能性が高いと言えます。そして、表の最後にゼロが並んでいるのが、薪とペレットです。コラム4でも説明しますが、これらはカーボンニュートラル（炭素中立）という評価によって二酸化炭素を排出しないとみなされるのです。二酸化炭素排出削減という意味ではきわめて強力な暖房であることがわかります。

9　給湯の省エネ

給湯は暖房と同じぐらいエネルギーを使います。想像以上に多いのは、暖房と違って毎日使うからです。給湯は設備による対策になるので、建築関係の人はあまり問題にしませんが、この給湯の省エネルギーをどのようにするかは、家全体の省エネにとって非常に大きな影響を与えるものです。

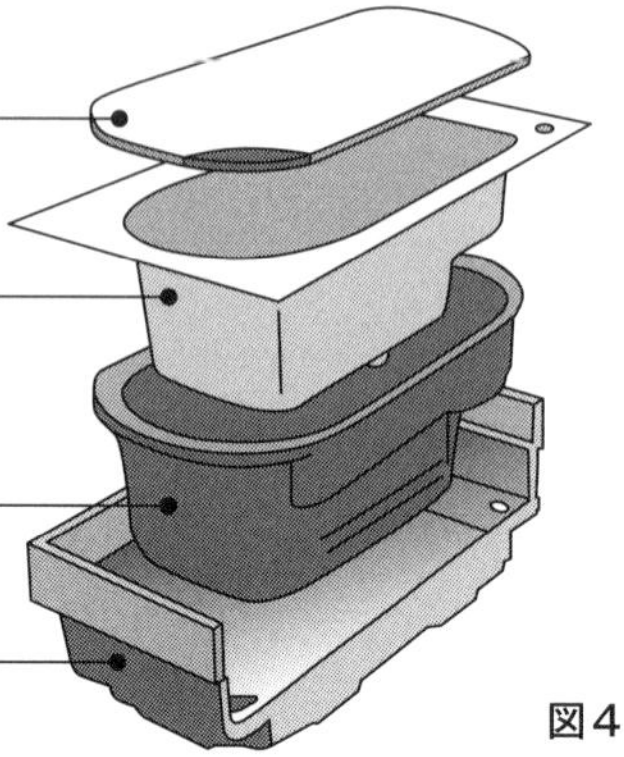

図4－10　高断熱浴槽

日本人はお風呂によく入ります。といっても当たり前すぎる話ですが、これだけ毎日湯船にお湯を張ってお風呂に入る国民はなかなかいないかもしれません。そして、湯水のごとく使うということばもあるように、日本人は湯を当たり前のように使うのですが、それがそこまで大きなエネルギーを使っているという実感はないでしょう。湯船には２００ℓ前後のお湯を入れる必要がありますが、これにはかなりのエネルギーを要するのです。さらにこれを15分程度で沸かすというのはかなりの火力が必要。ガスや灯油の給湯機の加温能力は50kW近くにまでなります。それに対して、エコキュートなど電気の給湯機の加温能力は６kW程度と小さくなります。ガスや灯油にはそれだけの加熱パワーがあるということでもあります。だから電気の給湯機の場合は、お湯を少しずつつくり置きして貯湯タンクに貯めて使うのです。

給湯の省エネ対策として、住宅と同じ発想でできるのが浴槽の断熱です。浴槽を断熱材でくるみ、蓋にも断熱材を入れる（図４－10）。浴槽を断熱材で囲む、住宅の断熱対策と同じ原理です。浴槽は家の中なので、住宅の断熱ほど熱が逃げているわけではありませんが、家族が続けて入らないとだんだんお湯が冷めて、追い炊きしなければならなくなる状況はよく経験されていることでしょう。高断熱浴槽はこの湯冷めを軽減する効果を持ちます。それほど難しい技術ではないですが、ようやく最近になって一般化してきました。

省エネ型の給湯設備として定着してきているのが、電気ではエコキュート、ガスではエコジョーズ、灯油ではエコフィールです。エコジョーズ、エコフィールは潜熱回収と言って、ガス、灯油を燃焼させた際に出る蒸気に含まれる熱を回収する仕組みで、10％ほどの省エネになります。10％といえども給湯用のエネルギーは大きいので、確実にこれが効いてくる効果は大きいのです。

エコキュートは2001年から販売開始されたヒートポンプ式電気給湯機です。今でこそかなり一般的なものになりましたが、それ以前からあった電気ヒーター式の温水器はとんでもなく電気を消費するものでした。一般的な給湯機の2倍ものエネルギーを消費するので、住宅の中で一番たくさんエネルギーを使うものになっていたのです。これがオール電化住宅中心に何百万台も販売されてしまいました。なぜこうした浪費的なものがこんなに売られたのかというと、電力会社が夜間の電力料金を安くした契約を設定したのと、先ほど説明した一次エネルギー消費量という評価がされなかったからです。省エネ基準が義務化されれば、こうした電気ヒーター式の温水器は採用できなくなりますが、過去に設置されたものをヒートポンプ式に置き換えることも非常に重要な省エネ対策だと言えます。

エコキュートも原理はエアコンと同じヒートポンプなので、エアコンと同じく運転状況によって効率が異なり、寒冷地になると効率は落ちてきます。カタログにはJISに基づく年間給湯保温効率が次の算定式により書かれています。

（1年間に使用する出湯水が得た熱量＋保温のために浴槽水が得た熱量）÷1年間に必要な消費電力量

この年間給湯保温効率も機種によって差があり、320ℓ以上550ℓ未満のもので低いものは2・7ですが、最高は4・0となっています。そして、寒冷地仕様のものは少し落ちて最高で

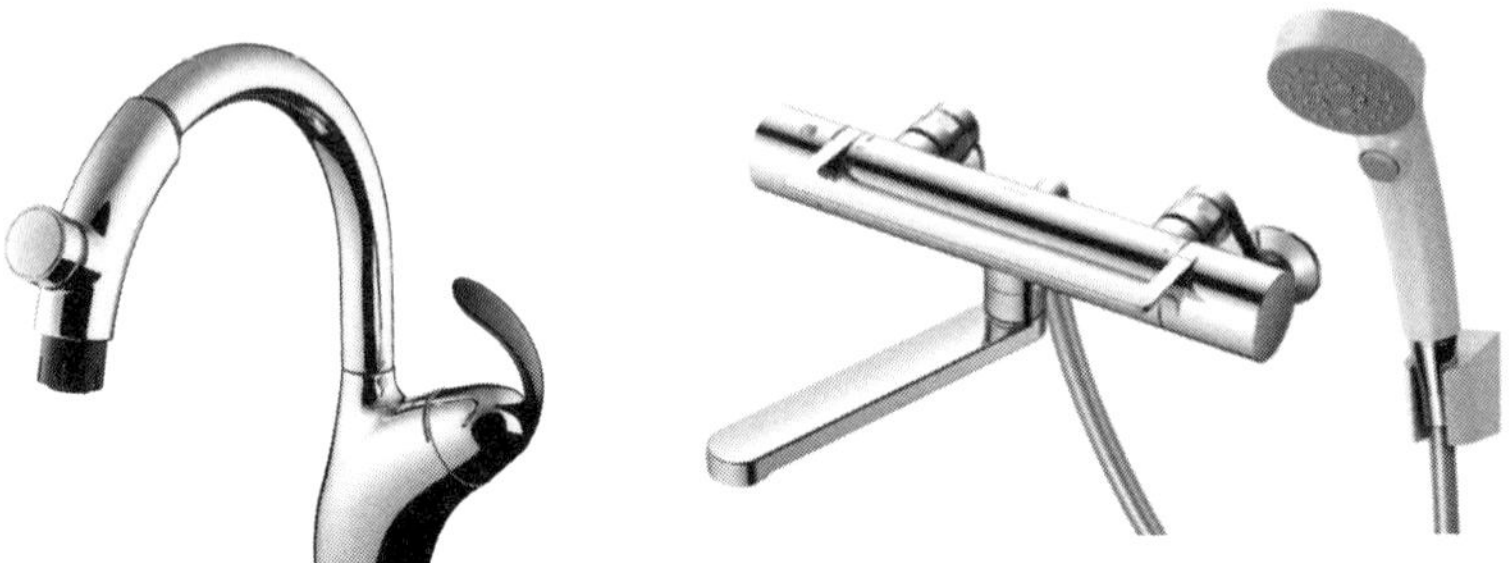

図4－11　節湯水栓

3・6と1割低くなっています。寒冷地仕様は、北海道、青森、秋田、岩手を中心とした省エネ基準の1、2、3地域や最低気温がマイナス10℃を下回る地域が想定されています。このエコキュートも国立研究開発法人建築研究所が実際の運転状況に近い評価を行えるようにしたものがWEBプログラムに反映されています。

その他、台所や風呂場のシャワーのお湯の出しっぱなしなどを防ぐため、ワンタッチで湯を止めたり出したり、温度調節を行うレバーハンドルが無駄にお湯を出さないように工夫された節湯という機能を備えたものは、ちょっとした工夫ではありますが10％以上の省エネになります。これも先ほどの給湯機と同じで、10％の効果はかなり大きいのです。

WEBプログラムによる一次エネルギー消費量の計算結果が表4－5です。潜熱回収型給湯機はどの地域も従来型給湯機にくらべ14％ほど省エネになっています。電気ヒーター給湯機は先ほど説明したようにどの地域も2倍以上になっています。そして、エコキュートつまり電気ヒートポンプ給湯機はどの地域でも一番省エネになっているのですが、温暖地域ほど省エネ効果は大きくなっています。1、2地域の北海道は潜熱回収型給湯機との差はそれほど大きくなく、エアコンのエネルギー消費でも説明したようにヒートポンプは寒冷地では効率が落ちるのです。

二酸化炭素の排出量をくらべたものが表4－6ですが、灯油給湯機がやや

郵便はがき

おそれいりますが切手をはってお出し下さい

1070052

東京都港区赤坂7丁目6－1

（受取人）

農文協

読者カード係 行

◎ このカードは当会の今後の刊行計画及び、新刊等の案内に役だたせていただきたいと思います。　はじめての方は○印を（　）

ご住所	（〒　－　） TEL： FAX：	
お名前	男・女	歳
E-mail：		
ご職業	公務員・会社員・自営業・自由業・主婦・農漁業・教職員（大学・短大・高校・中学・小学・他）研究生・学生・団体職員・その他（　）	
お勤め先・学校名	日頃ご覧の新聞・雑誌名	

※この葉書にお書きいただいた個人情報は、新刊案内や見本誌送付、ご注文品の配送、確認等の連絡のために使用し、その目的以外での利用はいたしません。

● ご感想をインターネット等で紹介させていただく場合がございます。ご了承下さい。

● 送料無料・農文協以外の書籍も注文できる会員制通販書店「田舎の本屋さん」入会募集中！
案内進呈します。　希望□

■毎月抽選で10名様に見本誌を1冊進呈■（ご希望の雑誌名ひとつに○を）

①現代農業　②季刊 地 域　③うかたま

お客様コード

お買上げの本

■ご購入いただいた書店（　　　　　　　　書店）

●本書についてご感想など

●今後の出版物についてのご希望など

この本をお求めの動機	広告を見て（紙・誌名）	書店で見て	書評を見て（紙・誌名）	インターネットを見て	知人・先生のすすめで	図書館で見て

◇ 新規注文書 ◇　　郵送ご希望の場合、送料をご負担いただきます。

購入希望の図書がありましたら、下記へご記入下さい。お支払いはCVS・郵便振替でお願いします。

（書名）	（定価）¥	（部数）　部
（書名）	（定価）¥	（部数）　部

表4－5　給湯による一次エネルギー消費の比較

	1地域 旭川市など	2地域 札幌市など	3地域 青森市など	4地域 仙台市など	5地域 宇都宮市など	6地域 東京都など	7地域 福岡市など
ガス従来型給湯機	28.1	27.5	25.6	24.8	23.4	21.1	19.2
ガス潜熱回収型給湯機	24.1	23.5	21.9	21.3	20.1	18.1	16.5
灯油潜熱回収型給湯機	24.3	23.7	22.1	21.4	20.2	18.3	16.6
電気ヒーター給湯機	61.5	60.3	56.7	55.2	52.6	48.3	44.6
電気ヒートポンプ給湯機	22.3	20.5	18.1	17.1	15.7	12.8	10.8
ガス従来型給湯機	100%	100%	100%	100%	100%	100%	100%
ガス潜熱回収型給湯機	86%	85%	86%	86%	86%	86%	86%
灯油潜熱回収型給湯機	86%	86%	86%	86%	86%	87%	86%
電気ヒーター給湯機	219%	219%	221%	223%	225%	229%	232%
電気ヒートポンプ給湯機	79%	75%	71%	69%	67%	61%	56%

注　上段：GJ/年、下段：ガス従来型給湯機を100%とした場合の比率
エネルギー消費の計算は「住宅に関する省エネルギー基準に準拠したプログラム」を用いた
計算条件は4人家族

大きく、潜熱回収型にしても都市ガスの従来型給湯機よりも多くなっています。LPガスは灯油よりは少なくなりますが、都市ガスよりは多くなります。そして、電気ヒートポンプ給湯機は最も二酸化炭素排出量の少ない給湯機となります。この二酸化炭素排出量を計算するために使った二酸化炭素排出係数は年度ごとに公表されるものを使っていますが、実際には太陽光発電や風力発電の発電状況によって刻々と変化するものです。そうした計算ができるようなデータはまだありませんが、太陽光発電を導入している住宅でならば、日中の発電している時に電気ヒートポンプ給湯機を稼働させれば二酸化炭素排出量がゼロになります。これまで夜の電気が安く設定されていたのでそうしたことは一般的ではありませんでしたが、夜の電気が高くなり、再生可能

表4－6　給湯による二酸化炭素排出量の比較

	1地域 旭川市など	2地域 札幌市など	3地域 青森市など	4地域 仙台市など	5地域 宇都宮市など	6地域 東京都など	7地域 福岡市など
都市ガス従来型給湯機	1,430	1,400	1,303	1,262	1,191	1,074	977
灯油従来型給湯機	1,709	1,669	1,555	1,507	1,420	1,285	1,164
LPガス従来型給湯機	1,499	1,463	1,363	1,322	1,245	1,127	1,021
都市ガス潜熱回収型給湯機	1,227	1,196	1,115	1,084	1,023	921	840
灯油潜熱回収型給湯機	1,635	1,595	1,487	1,440	1,359	1,232	1,117
LPガス潜熱回収型給湯機	1,422	1,387	1,292	1,257	1,186	1,068	974
電気ヒーター給湯機	2,798	2,743	2,579	2,511	2,393	2,197	2,029
電気ヒートポンプ給湯機	1,014	933	823	778	714	582	491
都市ガス従来型給湯機	100%	100%	100%	100%	100%	100%	100%
灯油従来型給湯機	120%	119%	119%	119%	119%	120%	119%
LPガス従来型給湯機	105%	105%	105%	105%	105%	105%	104%
都市ガス潜熱回収型給湯機	86%	85%	86%	86%	86%	86%	86%
灯油潜熱回収型給湯機	114%	114%	114%	114%	114%	115%	114%
LPガス潜熱回収型給湯機	99%	99%	99%	100%	100%	99%	100%
電気ヒーター給湯機	196%	196%	198%	199%	201%	205%	208%
電気ヒートポンプ給湯機	71%	67%	63%	62%	60%	54%	50%

注　上段：kg CO_2/年、下段：ガス従来型給湯機を100%とした場合の比率

電力の二酸化炭素排出係数は2019年度全国平均値0.444kg CO_2/kWhを用いた

エネルギー消費の計算は「住宅に関する省エネルギー基準に準拠したプログラム」を用いた

エネルギーの固定価格買取制度（ＦＩＴ）も終了してくるとそうした使い方が有利になってくるのです。

10　換気の省エネ

換気設備は汚れた空気を外に出し、外の新鮮な空気を入れるものですが、２００３年から設置が義務化され、24時間運転することとなっています。これは当時、合板などの建材に人体に有害な化学物質が含まれていたためですが、法規制によってこうした有害物質はかなり減らされることとなりました。それ以外でも気を付けなければならないのは灯油ストーブの排気ガスです。灯油ストーブでも、煙突がないものは灯油を燃やした後に出る排ガスがすべて家の中に出されていますから、換気は必須です。また、灯油やガスを燃焼させると水蒸気を発生するのですが、これが窓や壁で冷やされて結露にもなります。ただし、灯油ストーブがすべて悪いわけではなく、ＦＦ式のファンヒーターであれば排気は屋外に出されるので室内の空気の汚れや結露を誘発する水蒸気の増加はありません。

いずれにしても住宅の気密化が進めば換気設備による換気が必要になります。ただ、換気で取り入れる空気は外の空気ですから、外の気温と同じ温度で当然寒いわけです。そして、暖まった部屋の中の空気を排気ファンでどんどん外に出していきます。気密性の低い古い住宅などはすき間風があるので、現在の換気設備以上に冷たい外気が入ってきていましたが、断熱性、気密性を高めていくことで、現在の省エネ住宅は熱ロスが減り、どんどん暖かくなっていきます。そう

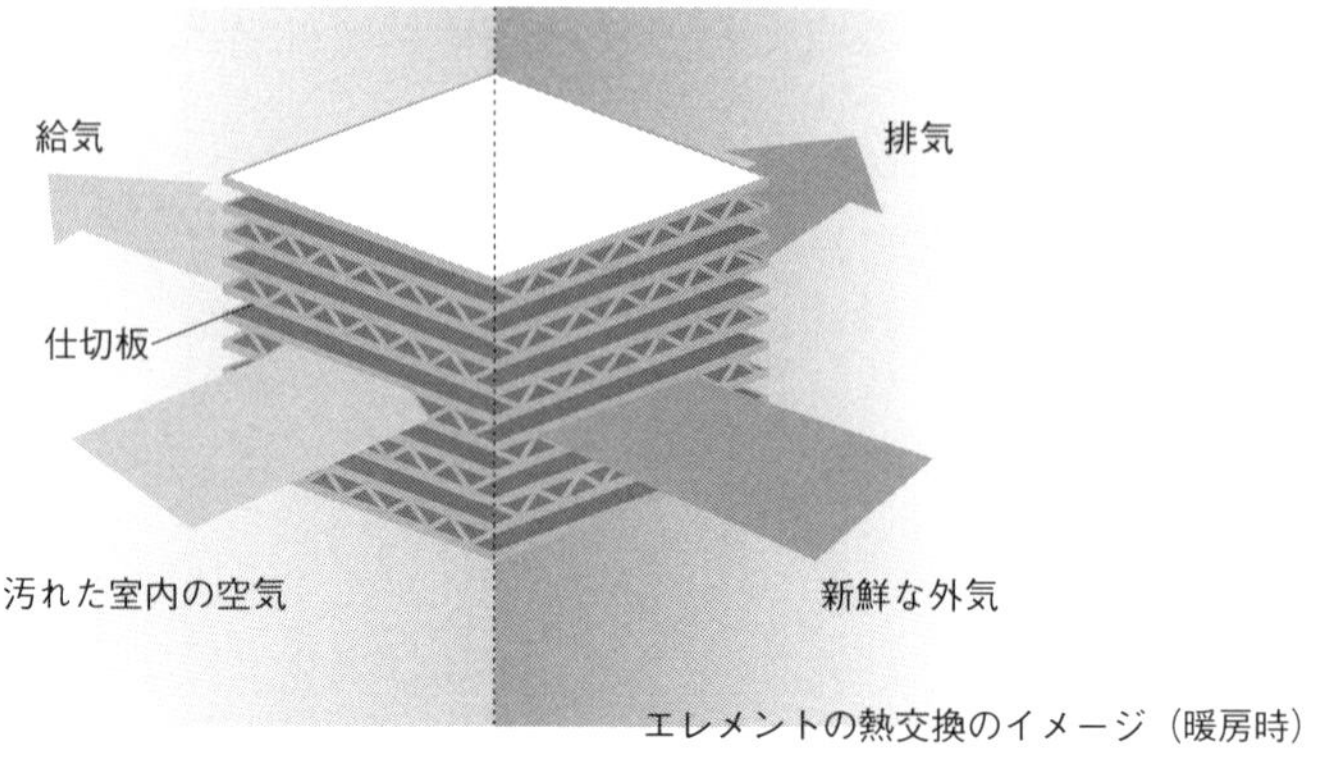

エレメントの熱交換のイメージ（暖房時）

図４－12　熱交換換気の仕組み

なってくると、今度はこの換気による熱ロスをいかに減らすかが重要になってきます。台所の換気扇を回した時、冷たい空気が入って寒いという経験を多くの人がしているかと思いますが、そうした状況が換気には伴います。

そこで出てくるのが熱交換換気というものです。汚れた室内の空気を排気する際に、空気自体は排気しながら、外気より高い室温の空気の熱を外から入ってくる外気に移すものが熱交換換気です。その熱交換効率はかなり高く、90％というものもあります。これは外の温度が０℃で部屋の中の温度が20℃の場合、通常の換気だと０℃の空気が入ってくるのに対して、18℃（温度差20℃×０・９＝18℃）の空気が入ってくるというものです。これなら換気をしても寒さは感じなくなるわけです。ただし、一般的な換気は排気にだけファンを設けるのですが（これを第３種換気と呼ぶ）、この熱交換換気の場合は外からの給気にもファンを使うので（これを第１種換気と呼ぶ）、２台のファンを回す電気が必要になります。このため電気代は少し増えますが、ＤＣ（直流）タイプのファンを採用することで非常に消費電力は小さく、熱交換によって減らせる熱エネルギーの方が大きくなります。ある程度断熱水準を上げることができたら、この熱交換換気の採用は非常に大きな省エネ効果を上げることができ、暖房エネルギーの２～３割を削減することができます。

コラム4

森のエネルギーはCO₂ゼロ

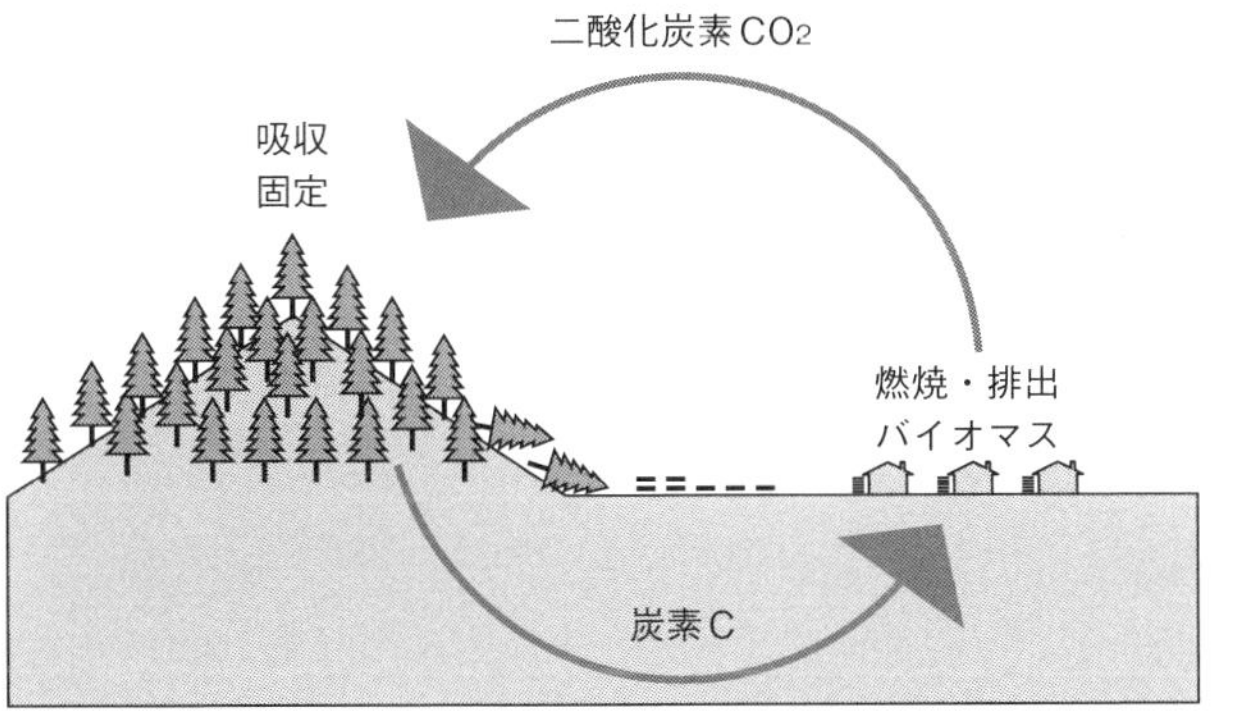

図4—13　森林のエネルギー利用とカーボンニュートラル

木を燃やすと二酸化炭素を出すから地球温暖化につながって環境に悪いだろうとよく考えられがちです。しかし、木は光合成によって大気中の二酸化炭素を固定し、有機物となって大きく成長していきます。そして、その木を燃やすと、そのなかの炭素がまた燃焼に使われ、また大気に二酸化炭素が放出されていきます。つまり、炭素は循環しているので、循環が途切れない限り二酸化炭素は増えない、つまり木を燃やしても地球温暖化には結びつかないということになるのです。この考え方のことをカーボンニュートラル（炭素中立）と呼び、木などの有機資源をバイオマスとして利用することを国際的に認めたものとなりました。ただし、これは当然ながら木を伐ったらまた植えるという、森林そのものの持続性が保たれていることが条件です。

循環という意味では石油も地下に眠る何億年も前の有機物が化学変化を起こしてできたものだと言われています。だから化石燃料とも言われるわけですが、炭素循環するとしても何億年もかけて初めてカーボンニュートラルになるのです。それを１００年ほどで使いきろうとしているから地球温暖化が問題になるわけです。こうして見ると、木は非常に優れた合理的なエネルギー源であることがわかるかと思います。だからこそ、人類が長く使い続けてきたわけです。

05 ゼロエネルギー住宅にする太陽エネルギー

1 住宅の屋根は太陽光発電の適地

現代の再生可能エネルギーの代表格は太陽エネルギーだと言っても過言ではないでしょう。今でこそ、メガソーラーと呼ばれる大量のソーラーパネルを地面に並べた大きな発電施設があちこちに見られるようになりましたが、太陽光発電はもともと日本のメーカーが世界に先駆けて住宅用に開発したものでした。窓から入る太陽エネルギーは、意図していたかどうかはともかく昔から活用していたものです。しかし、それよりもっとたくさんの太陽エネルギーが屋根には降り注いでいたのに、何も利用せずにいたのです。今まで使っていなかったこの太陽エネルギーを使って屋根が発電設備になるというのは建築的にも画期的なことです。しかも、一般的な電気の使用量であれば、この屋根に置いた太陽光発電パネルでほぼ賄えるのです。今まで住宅は電気を消費するものでした。それが電気を生産する発電所に変わるというのは、生産と消費の逆転。180度世界が変わる話なのです。

2012年に再生可能エネルギーの固定価格買取制度（FIT）が導入されて遊休地を利用したメガソーラーは一気に増えました。住宅の屋根から始まった太陽光発電でしたが、あっという間にメガソーラーがその量を超え、今では住宅の6倍を超えています。最近では、まとまった遊休地も少なくなり、山を切り崩してまでメガソーラーを建設するところもあちこちに出てきました。環境に良いはずの太陽光発電が自然を破壊する側に回ってしまうというのは本末転倒です。日本は人口に比して国土は大きくなく、しかも3分の2が山という国です。メガソーラーのようなものを設置する場所はそれほど多くはないのです。住宅の屋根であれば新たな土地の造成をする必要もなく、パネルを設置するための架台を建設する必要もないのです。それからすると、住宅の屋根で太陽光発電というのは、今あるものにパネルを載せるだけというきわめて合理的な設置方法なのです。FITの買取価格も低下し、メガソーラーも一段落してきました。だから太陽光発電はもう終わりだということではなく、本来の主役である住宅の屋根設置が再び重要性を増してくるということだと思います。

私は山形県に住んでいます。山形で太陽光発電の話をすると、必ずと言っていいほど「雪が積もるから太陽光発電は向かないのでは」という話が出ます。雪国に住む人はみんなそう思っているのではないかと思います。確かに雪を被ったパネルは発電しません。我が家でも雪の多い2月あたりになるとほとんど発電しなくなります。この間は電力会社から電気を買うことになります。そういう意味では自給できていません。しかし、それでも年間通しての発電量は全国平均とさほ

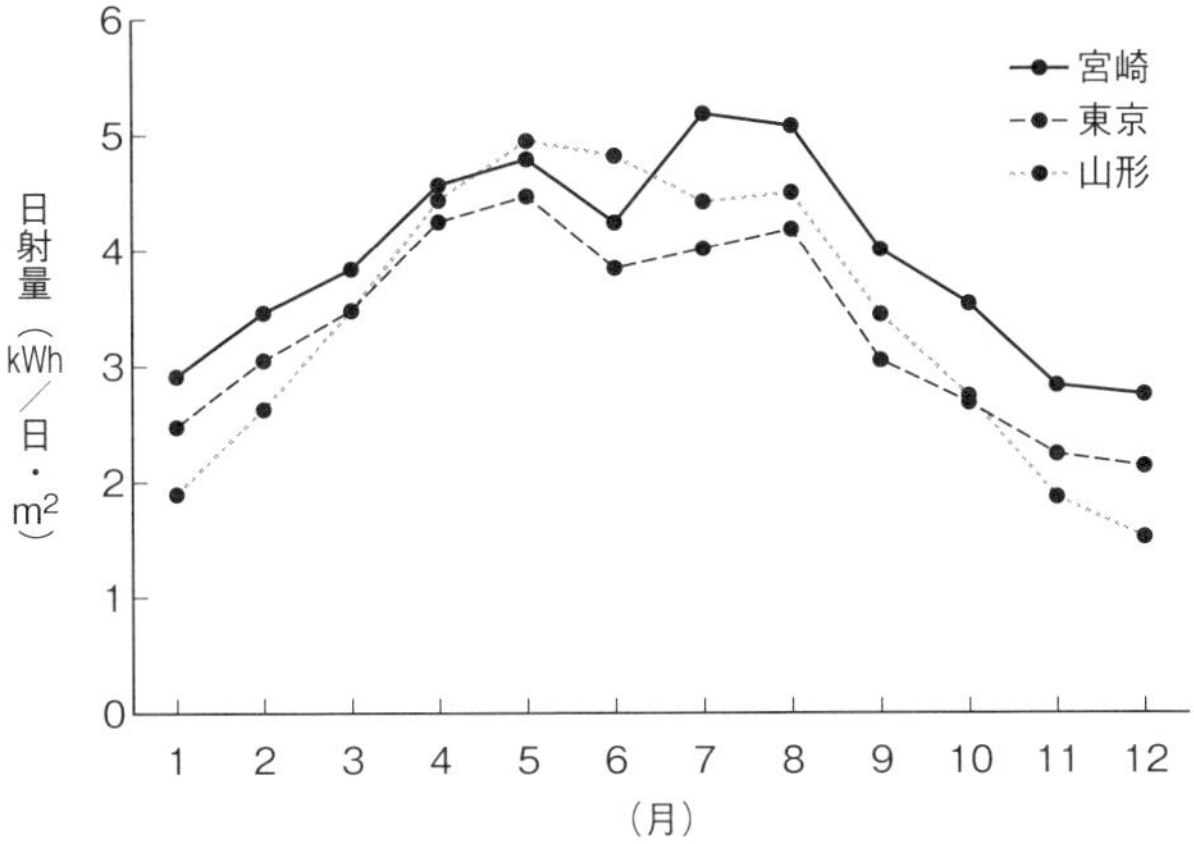

図5－1　地域による日射量の違い

出典　NEDO日射量データベースより作成

ど変わりません。それは、春から夏にかけて全国平均以上に発電しているからです。積雪による発電量の低下を計算してみると、年間発電量のおよそ1割です。図5－1は山形と東京、宮崎の日射量をくらべたものです。11～2月だけを見ると、山形の日射量は他よりも少なくなっていますが、5月、6月は他より多くなっています。年間通しての日射量を見ると、宮崎は山形より16％多くなっていますが、東京は山形より2％少ないのです。日本全国、雪があろうとなかろうと、年間の発電量に大きな違いはないことがわかります。

よく環境先進国として紹介されるドイツも、FITを初めて導入して太陽光発電を大幅に伸ばした国でもありますが、日照条件のいい国では決してなく、日本の積雪地と変わらない日射量です。実は太陽のエネルギーというのは、かなり平等に地球に降り注いでくれているのです。それからすると、他の再生可能エネルギーである風力や、水力、森林バイオマスなどはどうしても地域によって多寡があります。エネルギー資源にとってこの平等性は重要なことで、石油のような化石エネルギーは中東諸国に偏在していたがゆえに、その権益をめぐる紛争など複雑な問題を抱えることになったのです。

そうした偏在性の少ない太陽エネルギーは、世界秩序という意味でも意味のある資源だと言えます。

太陽光発電が一番活躍するのは夏です。それは夏に発電量が増えるからということだけではありません（正確には、パネルは温度が高くなると効率が少し落ちるという特性を持っているので、暑い時期はマイナス要素もあるのです。ただ、概ね夏はよく発電すると言っていいでしょう）。太陽光発電が夏に活躍する理由は、冷房が必要になって電気の需要が伸びるからなのです。つまり、冷房がたくさん必要になる晴れた時は、太陽光発電もたくさん発電してくれる。冷房に必要な電気以上に、太陽光発電がいつもよりたくさん発電してくれるのです。

これは画期的なことで、今まで夏の冷房需要の増加で電力ピークが押し上げられ、電力不足になるから発電所がもっと必要だと言われてきたことが覆されてしまうのです。実際、ここ数年、夏場の電力不足という問題が出てこなくなったのも、太陽光発電が増えたことによると考えられます。実際、太陽光発電が全米一普及しているカリフォルニア州では、太陽光発電の普及によって電力会社の日中の電力需要が落ちるようになってきて夜になるとまた増えるというように、一日の電力需要のパターンがこれまでとは逆転するようになってきたのです。その影響は電気料金にも表れてきていて、昼の時間の電気代は安くなり、夜の時間は高くなってきました。

2　太陽光発電は損か得か？

太陽光発電は設備費用が高いうえに、発電した電気の買取価格も年々下がって元が取れないという話もよく聞きますが、本当にそうか計算してみましょう。住宅用太陽光発電のシステム費用は２０１９年の実績では、平均１kW当たり新築で30・６万円、既築で34・６万円となっていて、過去7年間で30%低下しています（図5－2）。これからの新築では30万円を切る価格になると見ていいでしょう。例えば新築で5kWなら150万円です。次にこの太陽光発電が何年使えるかですが、メーカーが出力保証している期間は25年というところもありますから、少なくても20年は使えると見ていいかと思います。また、太陽光発電のなかでは唯一パワーコンディショナー（発電した電気を直流から交流に変える）だけは途中で交換が必要になると予想され、それが10～15年目あたりと言われていますが、これを20万円とすれば合計170万円です。そして、20年間でどれぐらい発電するかになりますが、パネル1kW当たり少なめに見ても年間1000kWhは発電しますのでパネル5kWで20年間発電すれば10万kWhとなります。初期投資から20年間でかかる費用170万円をその間の発電量10万kWhで割ると17円／kWhになります。電力会社から買う電気は27円／kWh前後なので、太陽光発電の電気は住宅とともに長く使うことを考えれば、かなり安いということがわかります。

再生可能エネルギーの電気の買取価格は毎年、経済産業省の設置した委員会で、市場の価格動向を見ながら決定しているものです。太陽光発電パネルが安くなっているから電気の買取価格も下がっているのであって、これはむしろ非常に良い傾向だと言えます。太陽光発電が最終的には世界中に広がり、比較的部品点数の少ない太陽光発電パネルは量産効果が効いているのです。実際、太陽光発電は10年前後で元が取れます。パネルの価格や条件によって多少の年数は違っても元が取れるということは、電力会社から電気を買うよりも安いということです。

安いのにためらう人がまだいるというのは、最初に150万円も出すお金はないというところかと思います。しかし、最初にお金を払わなくても太陽光発電パネルを自宅に載せる方法があります。これはアメリカなどで普及している方法で、第三者所有と呼ばれる方法です。電力会社などがその家に太陽光発電を設置し、その家の人にその電気を売るという形を取るのです。日本でも日本エコシステムやＴＥＰＣＯホームテック、ＮＴＴスマイルエナジーなど、こうしたサービスを始めるところも増えていますが、設備の出費やローンが気になる方にはいいでしょう。自分で発電所を所有するものではないですが、一定年数が経過した後は譲渡されて自分のものになるという形を取っている場合が多いようです。第三者所有でも再生可能エネルギーの電気を使えていることに違いはありませんし、何といっても安くなるならやらない理由がないような話です。

太陽光発電パネルをつくるのにたくさんのエネルギーを使っているということを懸念する人もおられます。パネルをつくるのにかかったエネルギーを、パネルが1年間につくるエネルギーで割った指標のことをエネルギーペイバックタイムと言います。現在、このエネルギーペイバックタイムは1年前後となっているので、ほとんど問題にならないレベルだと思います。これも量産が進むにつれて短くなってきたのです。

じきに壊れるのではないかという話もありますが、タービンやエンジンを使う発電機と違って、可動部分がほとんどない太陽光発電は故障の確率は低いと言えます。10年程度で交換する必要があるパワーコンディショナーにも、ＪＩＳ基準ではメーカーに最低10年の無料保証が定められており、20年保証をつけているメーカーもあります。強風や飛来物によるパネル損傷についても補償する会社や保険もあります。ごみ問題になるという話もありますが、これも太陽光発電パネルは部品点数も少なく、有害物質もあまり含まれないのでリサイクルはしやすいと言われています。ただ、今のところきちんとしたリサイクルルートは決められていないので、そういう仕組みをつ

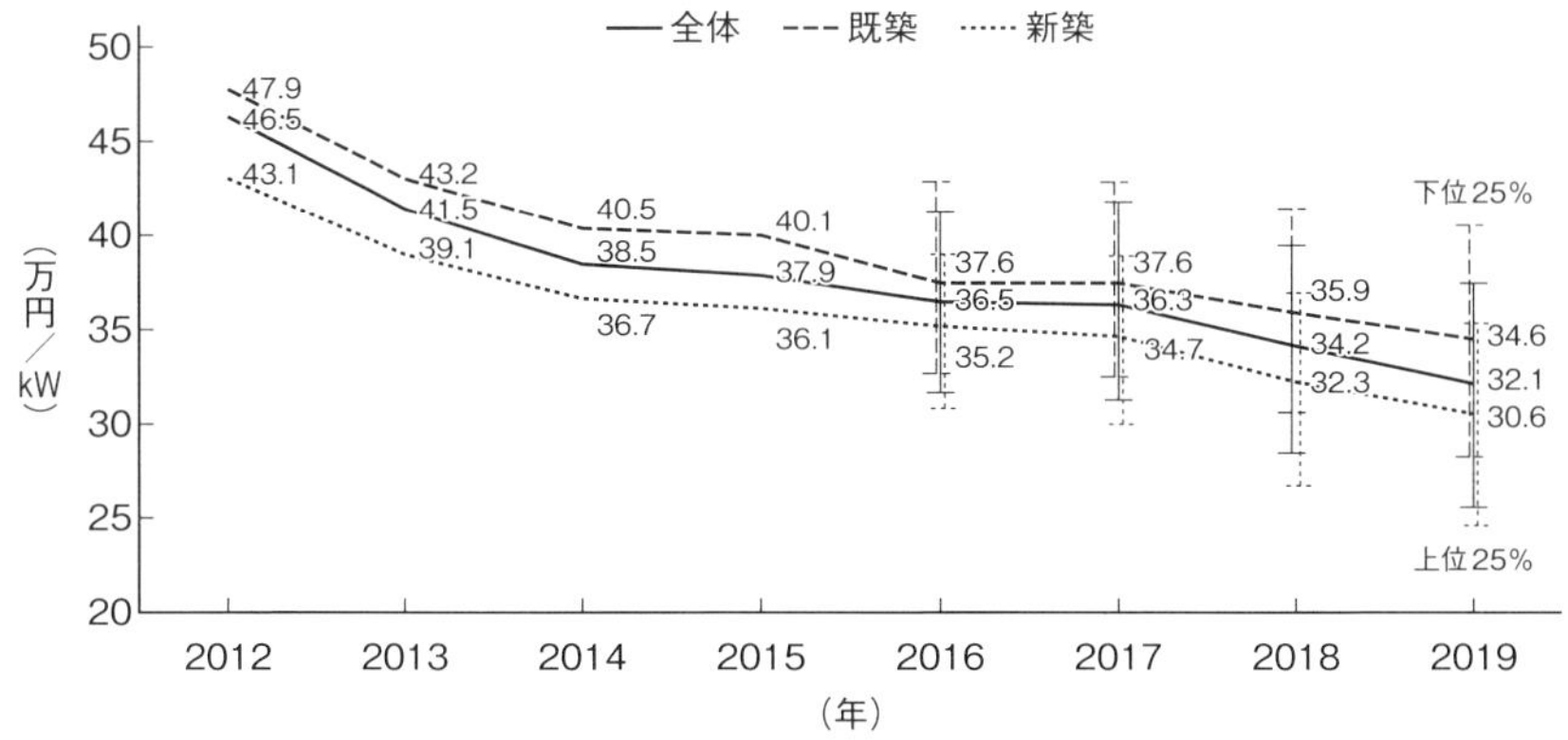

図5－2　住宅用太陽光発電のシステム価格推移（平均値）

出典　資源エネルギー庁資料

くっていかなければいけません。逆に、なかなか壊れないので、まだごみ問題にもなっていないとも言えます。壊れるのではないか、ごみになるのではないか、これらは実は太陽光発電パネルに限ったことではなく、すべての家電や設備に共通することです。

10年ほどで元が取れた後はほぼただの電気が、10年、20年、あるいはもっと長く使える可能性も十分あります。ほぼただの電気が世の中に出回り始めるというのは、これまでの電気の常識を変えてしまう革命的なことです。

3　太陽光発電と固定価格買取制度（FIT）

太陽光発電はもうだめだと言う方がよくおられます。それは太陽光発電の買取単価が落ちてきたからです（図5－3）。２０１２年に固定価格買取制度（ＦＩＴ）が日本でも導入され、太陽光発電が急激に増えて、電気代に上乗せされている再生可能エネルギー賦課金も上昇してきました。これが国民への負担となっているから、これ以上賦課金を大きくしないためにはＦＩＴによる電力の買取価格を下げなければいけないと政府が盛んに言ったからです。これを聞いて、もう太陽光発電とか再生可能エネルギーはだめだとか、極端

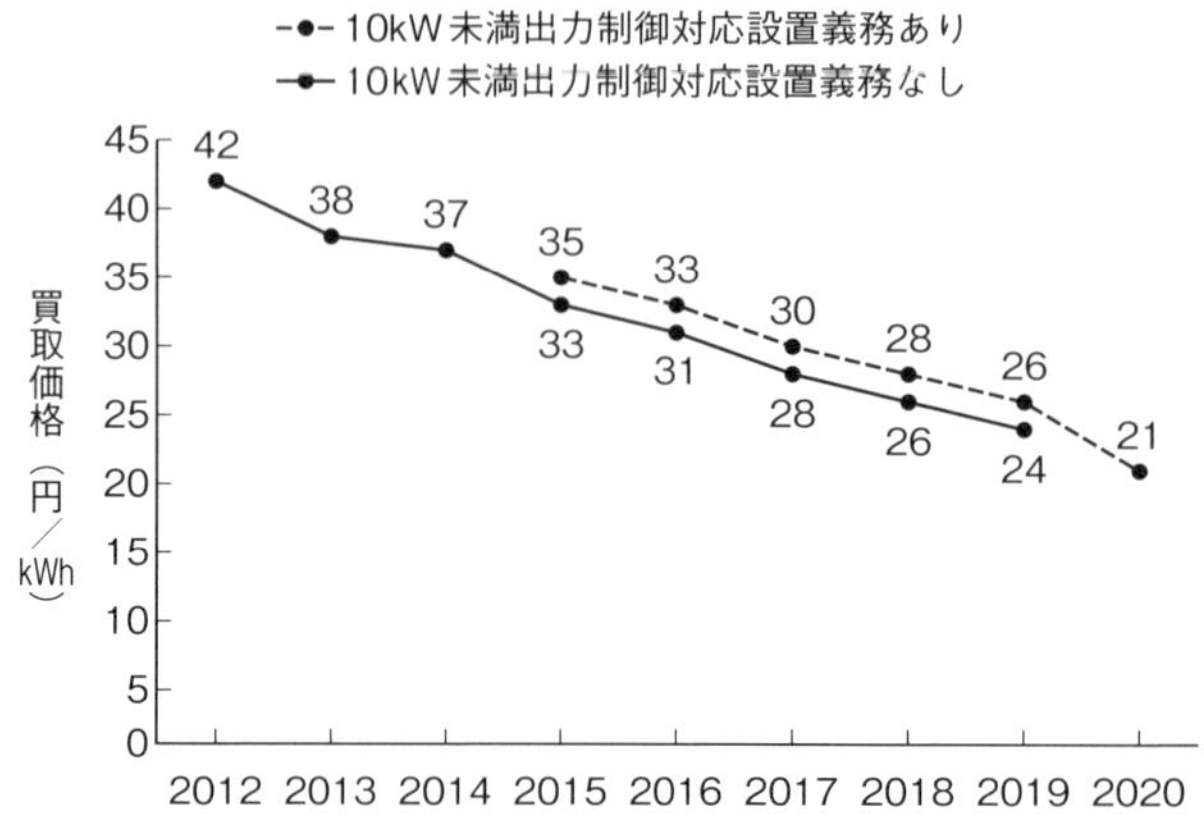

図5－3　太陽光発電10kW未満のFIT買取価格の推移

な話も出ますが、買取価格を下げていき、いずれはなくすことは、ＦＩＴの導入当初から想定されていたことです。

ただ、想定以上のスピードで太陽光発電が増えすぎてしまったことは確かです。太陽光発電の導入量はＦＩＴの開発国であるドイツをも超えました。急増したのは住宅の屋根に載せるような太陽光発電ではなく、空き地などにつくるメガソーラーと呼ばれるものです。住宅などの出力10kW未満の設備容量が１１７５万kWなのに対して、10kW以上が４５１６万kWですから（２０２０年6月末時点）、３・８倍です。これはすでに完成したものですが、認定だけ取得しているものまで入れると10kW以上で６７０５万kWにもなるのです。初期の買取価格の高い時期に認定を取得し、太陽光発電パネルの価格が低下してから着工しようとする空押さえが急増したのです。こうした問題はその後是正されていますが、すべて完成すると７０００万kWを超え、容量だけで言うと１００万kWの原発70基分です。次いで多いのが世界の再生可能エネルギーの中心的役割を果たしてきた風力発電で、認定量は９０５万kW、導入量で４３５万kWです。いかに太陽光発電が突出した伸びを見せたかがわかるかと思います。

ここで出てきたのが、出力抑制と送電線の容量の問題です。送電線の容量は、大きな太陽光発電などができてもその電気を流す送電

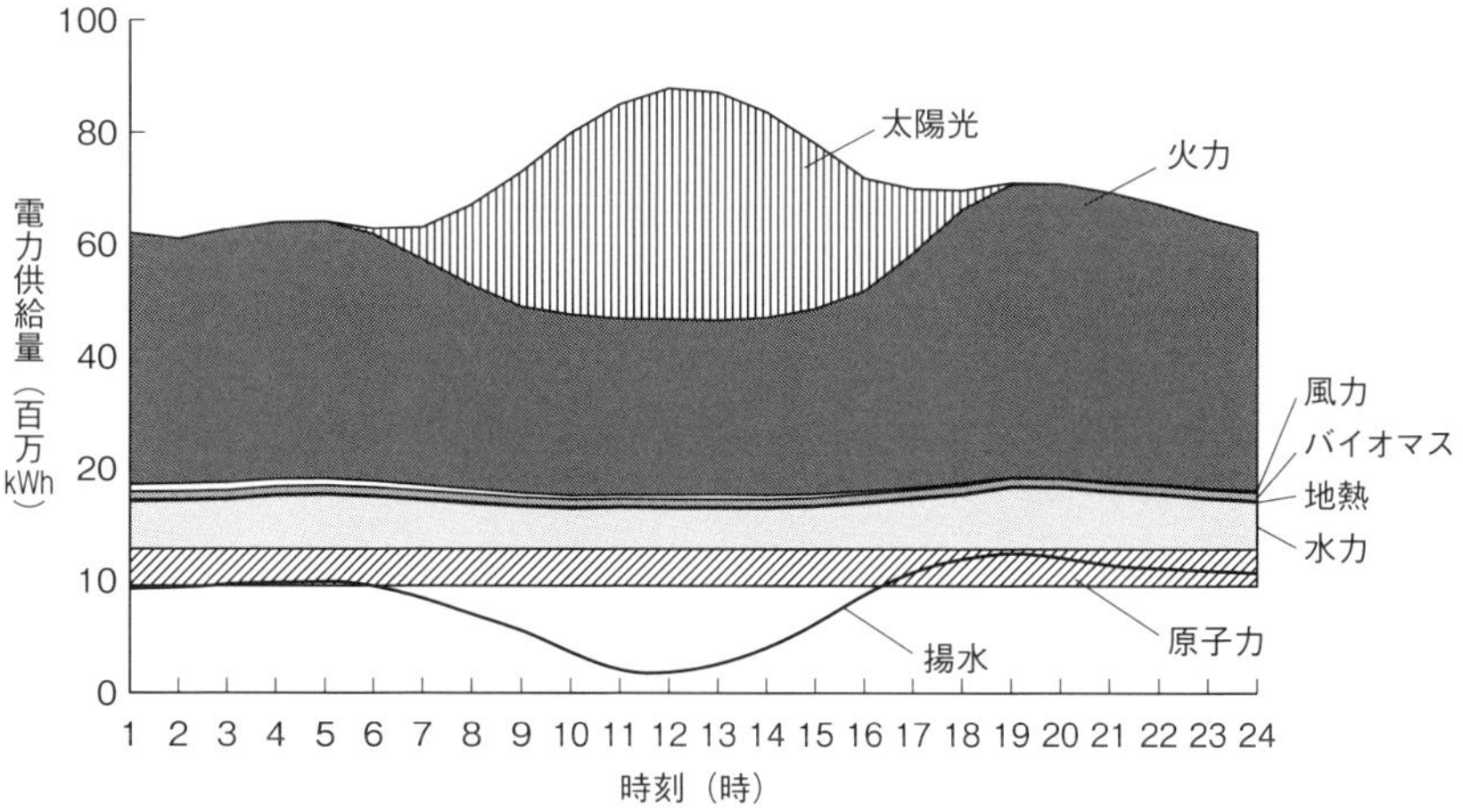

図5－4　全国における電力供給状況（2020年5月5日）

出典　各社公表データより作成

線に空きがないという話です。これについては空き容量の見積もり方について電力会社が過小評価していると指摘されています。そして出力抑制の問題は、大量導入された太陽光発電の発電量がピークを迎えると需要を上回って需給バランスが崩れ、停電などを引き起こす可能性があるという話なのです。そのため、電力会社は太陽光発電などの発電を強制的に抑制しなければならないというわけです。そうした話が流れると、マスコミもそれによって大きなダメージがあるように書き、事業者や金融機関は発電事業の収支を悪化させる深刻な事態としてとらえるのです。

確かに、再生可能エネルギーの供給が電力需要を上回るような瞬間が実際に出てきています。例えば、四国エリアでは２０１８年５月20日に太陽光発電が電力需要に対して73％になり、再生可能エネルギー全体では１０２％に達しました。電力需要が少なくなるのは、冷暖房をあまり使わない春や秋の休日です。そうした時に晴れて太陽光発電が一斉に発電し始めると需要を超えるようなことが出てくるのです。その後も九州エリア、東北エリアと再生可能エネルギーが電力の需要を上回る時間が出てきました（２０２０年12月時点）。図５－４を見てください。これは２０２０年５月５日の全国の電力の供給状況です。11時は太陽光発電が需要の70％を供給しています。

かつては太陽光などの再生可能エネルギーは頼りないもので、とても原発や石油の電気にとって代わる力のあるものではないという説明が多かったのですが、今は増えすぎたと話ががらっと変わってしまいました。再生可能エネルギーには大きなポテンシャルがあることが証明されたわけですが、こうして再生可能エネルギーの電力が需要を100%以上賄えるのはまだ瞬間的な話です。年間を通しての再生可能エネルギーの電力の比率はまだ18・0%、太陽光発電は6・7%にすぎません（2019年度）。先ほどの、発電しても抑制されて電気が売れなくなる、というようなことがあったとしてもまだまだ瞬間的なのです。しかも、仮に抑制されたとしても、まずは大きな太陽光発電所から抑制され、住宅の屋根に載せる小さな発電所は最後になるでしょう。

4　太陽光発電が電気の価格破壊をもたらす

太陽光発電の増加は住宅の電力事情にも大きな影響を与えています。今、新築住宅の多くはオール電化住宅です。それを推し進めたのは電力会社ですが、そのための方法として夜の電気の値段を低くした時間帯別の契約メニューを用意しました。一時は6円／kWh程度の時もありました。夜は電力需要が落ちる一方、原子力のように夜だからと言って出力を落としにくい電源を増やしていたので、需要と供給力の関係からすれば夜の電気を安くして需要を増やしたかったのです。

ところが太陽光発電の増加でどうなったかというと、昼間の供給がどんどん増えてきたのです。先ほどのグラフを見てもらうとわかりますが、太陽光発電の増加によって日中の火力発電は減って、谷間になりつつあります。従来の化石燃料による電気が、昼はいらなくなってきたのです。

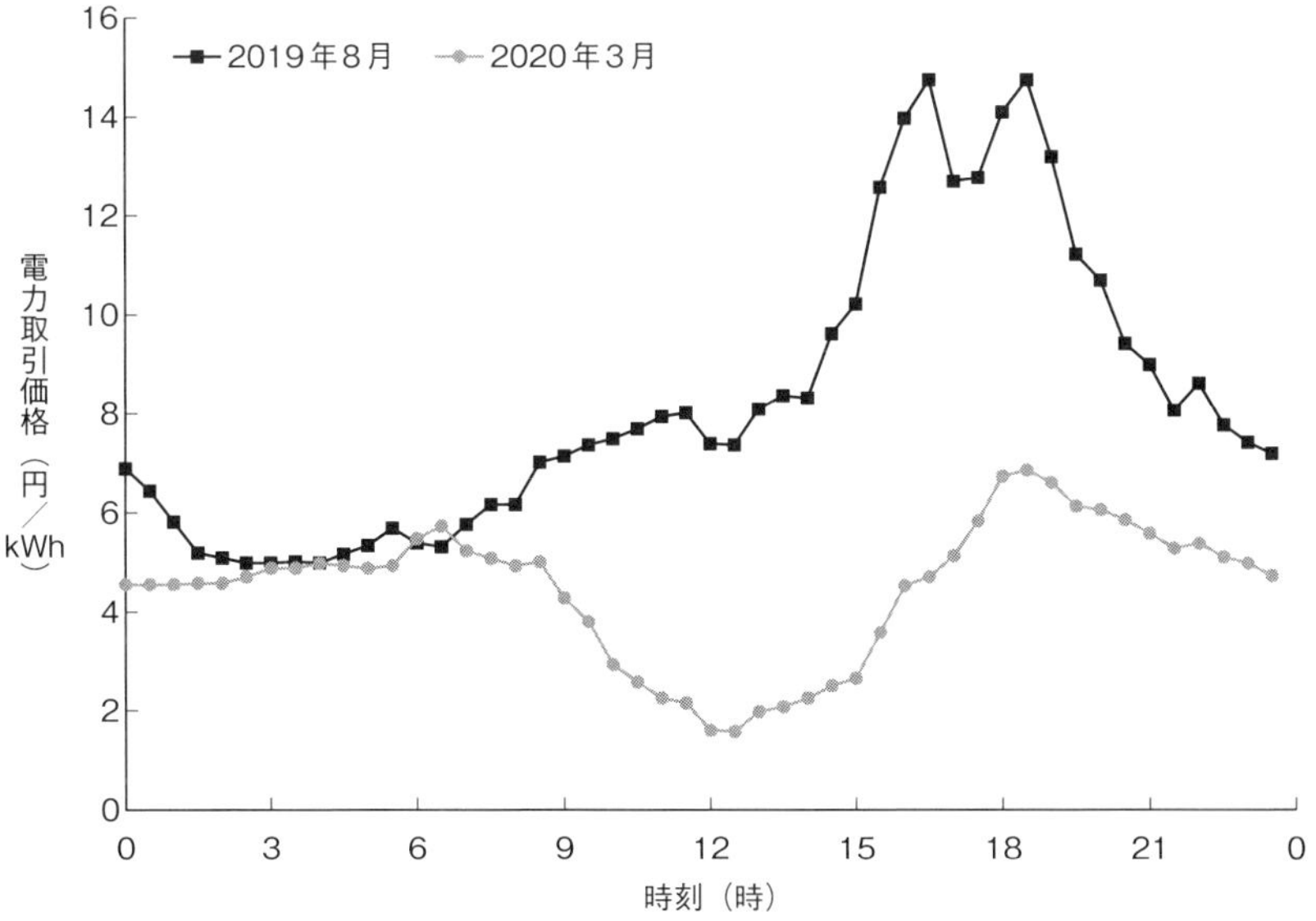

図5－5　九州における卸電力取引価格（月間平均価格）

日本卸電力取引所（JEPX）スポット取引価格

このことは電気の価格破壊を引き起こしつつあります。電気には卸売市場があり、新しい電力会社の多くはこの日本卸電力取引所（JEPX）から電気を買っています。そして、その電気の値段は時々刻々と変化しますが、図5－5は九州における取引価格です。2019年8月も2020年3月も、ピークが午後6時30分に表れています。図5－4の電力供給状況をあわせて見るとわかりますが、ちょうど太陽光発電が発電しなくなり、家に帰宅し始めた人が照明や冷房のスイッチを入れ、料理を始める頃でしょう。家庭以外のすべての電力については、夏の日中は使う量も多いのですが、だからと言って価格が高いわけではなく、むしろ夕方から午後9時頃までが高い時間帯になっているのです。そして、2020年3月は太陽光発電の発電量の増加とともに朝から値段が下がり、夕方になると上がるという状況になっています。日中の値段がかなり低くなっていますが、日によっては0・01円／kWhという最低価格が取引される時間帯が非常に多くなっているのです。ただ同然の電気が発生しているということです。再生可能エネルギーの導入が進んでいる欧米の国や地域ではこうした状況がさらに進んでいて、電力の貯蔵をインフラ全体としてどうするかが様々な形で検討されています。日本でも太陽光発電の普及によって、昼の電気は安く、夜の電気は高いというのがこれからの電気代の流れになるでしょう。実際、オール電化住宅で6円／kWh程度だった夜の電気も、今は東京電力で17円と、3倍近くになっています。そうなると、当然ながらオール電化住宅の考え方も変えていかなければならなくなります。

5　太陽熱温水器でお風呂の自給

設備を通して太陽のエネルギーを使えるものにした最初のものが太陽熱温水器でした。太陽光発電の陰に隠れてしまった太陽熱温水器ですが、今でも十分役に立つ再生可能エネルギーです。集熱パネルとお湯を貯めるタンクを組み合わせたシンプルなもので、太陽光発電よりも価格も安くなっています。ただし、お湯は太陽光発電の電気のように余ったら売ったり、足りなかったら買ったりというようなことはできません。だから、足りない分を補うためのガスや灯油のボイラが別に必要になります。簡単な太陽熱温水器は蓄熱タンクが屋根の上の集熱パネルと一体になっているので、あまりタンクを大きくはできません。できる限りお湯が足りなくならないようにと考えると、集熱パネルを大きくするとともに、お湯を貯めるタンクを大きくする必要が出てくるので、タンクは屋根に置かず、地上に下ろして設置します。これをソーラーシステムと呼びます

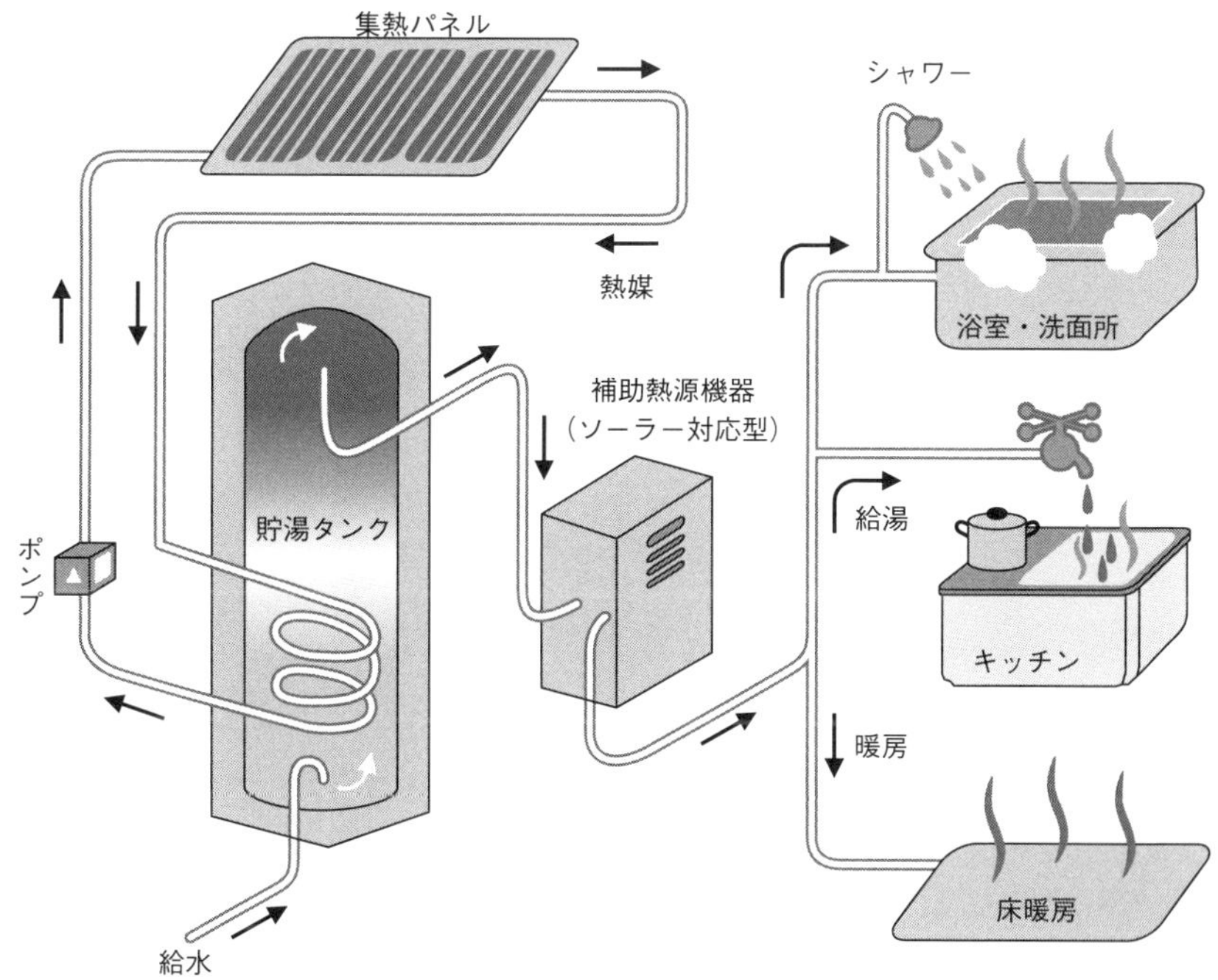

図5－6　太陽熱温水器

出典　ソーラーシステム振興協会ホームページを元に作成

が、日本で販売されているシステムでやや大きめのものが6㎡ほどで、給湯に必要なエネルギーのおよそ3割を賄うことができます。

3割というとエネルギー自給としては物足りなく感じるかもしれませんが、夏はこの太陽熱温水器でほぼ賄うことができます。むしろ使いきれないぐらいで、余ります。太陽熱温水器を使い始めると、暑い夏、これだけ太陽の光が降り注いでいるにもかかわらず給湯にガスや灯油、電気を使うのはもったいないことだと感じるようになります。しかし、夏が過ぎ、晴れる日が少なくなると一気に太陽熱温水器の湯温は上がらなくなります。そのため、一年を通して賄える給湯のエネルギーは3割ほどにとどまるのです。冬のことを考えると、タンクを大きくしてできるだけたくさんのお湯を貯めておきたいのですが、大きくすればするほど夏に余る量も増えてきます。これが太陽熱温水器が太陽光発電と違って融通がきかないところなのです。しかし、太陽熱温水器にできて太陽光発電にできないこともあります。それは太陽のエネルギーをお湯という形で貯めることができることです。これについては08―3で説明します。

6 太陽熱温水器か太陽光発電か

現在、電気温水器を使うオール電化住宅がかなり増えてきました。そうした住宅では太陽光発電の電気を使って、電気温水器でお湯をつくるという方法もエネルギー自給として考えられます。最近主流となったヒートポンプ給湯機ならば、1年間に必要な電気は2000kWhほどです。この電気を発電するのに必要な太陽光発電パネルは2kWほどです。パネル面積で言うならば12㎡ほど。太陽熱温水器が6㎡ですから、倍ぐらいの大きさです。という意味では太陽熱温水器のエネルギー変換効率は40％程度と高く、面積も小さくて済むというメリットがあるのですが、先ほど説明したように余っても他に回すことができないというのが結果的に供給できる割合が3割程度にしかならない理由です。ただし、ヒートポンプ給湯機との組み合わせで太陽光発電パネルは2kWほどあれば給湯用の電気を賄えるというのは、あくまでも年間の発電量＝年間の給湯用エネルギーという年間合計値の数字上のことであって、実際には夜間や冬の足りない部分は電力会社から買って、日中や夏の余った部分を電力会社に売るということが行われることになります。

以上のように太陽熱温水器にはメリット、デメリットがありますが、それにしても日本における太陽熱温水器の販売台数は激減してしまっています。太陽熱温水器は１９７０年代後半の石油ショックの頃、石油価格の高騰に伴って販売を伸ばしました。当時はまだ地球温暖化は問題になっておらず、原油価格が落ちてくると販売も減少してきたのです。それに輪をかけたのが、太陽熱温水器の悪質な訪問販売でした。太陽熱温水器は大きなイメージダウンを受けて消費者の信用を失い、積極的に販売するメーカーもいなくなっていったという過去が後を引いています。１９８０年には80万台を売ったのが、２０１９年は約１万台です。しかし、海外では日本のような極端な減少はなく、着実に増えていきました。04−３で熱というエネルギーがあることを説明しましたが、日本ではエネルギーは電気というイメージがことのほか強くなったことも原因かもしれません。日本でももう少し太陽熱温水器は評価されていいものです。特に、既存の住宅で屋根があまり大きくなく、灯油やガスの給湯機があるところでは、リフォームで太陽熱温水器を導入することは検討されていいと思います。

７　どれだけ太陽光発電があればゼロエネルギー住宅になるか

ここまでゼロエネルギー住宅にするのは難しくないという説明をしてきました。日本では住宅に取り入れる再生可能エネルギーと言うと太陽光発電が定番になっています。そこでまず、ゼロエネルギー住宅にするにはどれぐらいの大きさの太陽光発電があるといいのかを考えてみましょう。まず、照明と家電で使う年間の電気は、容量３kW程度の太陽光発電で賄えます。太陽光発電パネル１kWは５・５㎡ほどになりますから、３kWで16・５㎡です。例えば、床面積１２０㎡の住

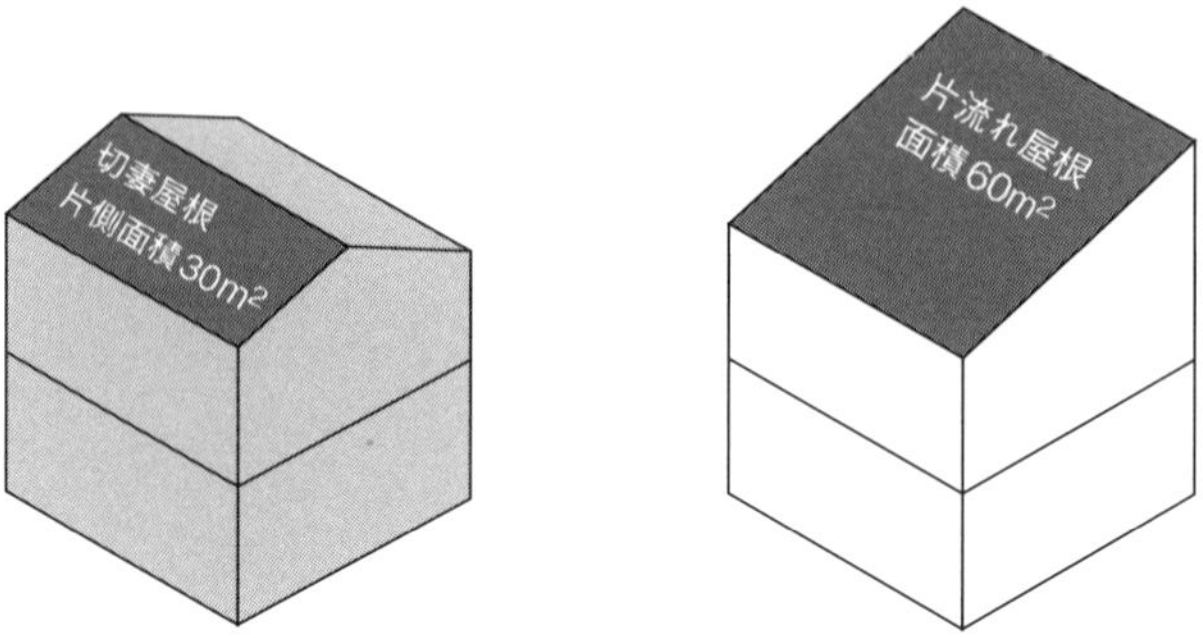

2階建て切妻屋根
延床面積120m²

2階建て片流れ屋根
延床面積120m²

図5－7　2階建て、延床面積120m²における屋根の太陽光発電設置可能面積

宅は総2階だと1階分の面積が60㎡になるので、切妻屋根の片側の面積はその半分の30㎡はあるはずです。3kWの太陽光発電は片側の屋根に十分載ることがわかります。

オール電化住宅だと、給湯のヒートポンプに使う電気を賄うのに2kW、先ほどの照明家電の3kWと合わせて合計5kWになるので、それに必要な屋根の面積は27・5㎡です。なんとか片側の屋根に載ります。しかし、さらに暖房も電気のエアコンでやり、太陽光発電で賄うには切妻屋根では足りなくなるので、片流れの屋根にしてパネルを置かなければならなくなってきます。ゼロエネルギー住宅は建物の形状にも影響を与えるということです。このエアコン暖房分の電気は地域の気候と建物の断熱性能で変わってきます。東京の気候で床面積120㎡、断熱を省エネ基準並みとすれば2kW程必要ですが、G1水準（03－3参照）程度まで断熱性能を上げれば1kW程度で賄えます。北海道のような寒冷地になると、札幌市で断熱を省エネ基準並みで5kWほど、G1水準で4kWほど、G2水準で3kWほどというようになります。片流れの屋根にして目一杯太陽光発電のパネルを載せればなんとか賄えそうです。ただし、ヒートポンプであるエアコン以外の電熱線などを使った電気の暖房にした場合は、その3倍ほど必要になってくるのでまずゼロエネルギーにするのは無理だと言っていいでしょう。

屋根が南に向いておらず、東西の方向を向いている家もあるでしょう。あるいは、東西南北に屋根が向いている寄棟のような屋根の家もあります。さすがに、北向きの屋根は発電量がぐっと落ちますが、東西の屋根は2割程度の減少です。気になる量ではありますが、太陽光発電は南向きの屋根でなければだめだとは言えないと思います。ドイツあたりでは最近、太陽光発電の電気を直接その住宅で自家消費しやすいように、電力使用量の多くなる朝夕に発電しやすい東西方向にパネルを向けるというようなことも行われているようです。住宅の屋根で発電できる量が、その中で使われる電気の量とほぼ同じになるというのは偶然の一致とは思えないような話ですが、太陽光発電はまるで住宅をゼロエネルギーにするためにあるような存在なのです。

ただし、「6　太陽熱温水器か太陽光発電か」でも説明したように、これは年間合計値の数字上のことであって、夜の足りない分や冬の足りない分は電力会社から買うことになります。これでは本当の自給にはならないと考える人もいるでしょう。確かにそうなのです。ならば蓄電池、という話が出てくるのですが、それについては後でまた詳しく考えてみたいと思います。

コラム 5

太陽以外の再生可能エネルギー

太陽光発電や太陽熱以外で利用できる再生可能エネルギーはどうでしょうか。薪やペレットといった木を燃料にするバイオマスエネルギーについては後で詳しく説明します。

例えば川は一年中水が流れているから、水力がいいのではないかと考える人もいるでしょう。確

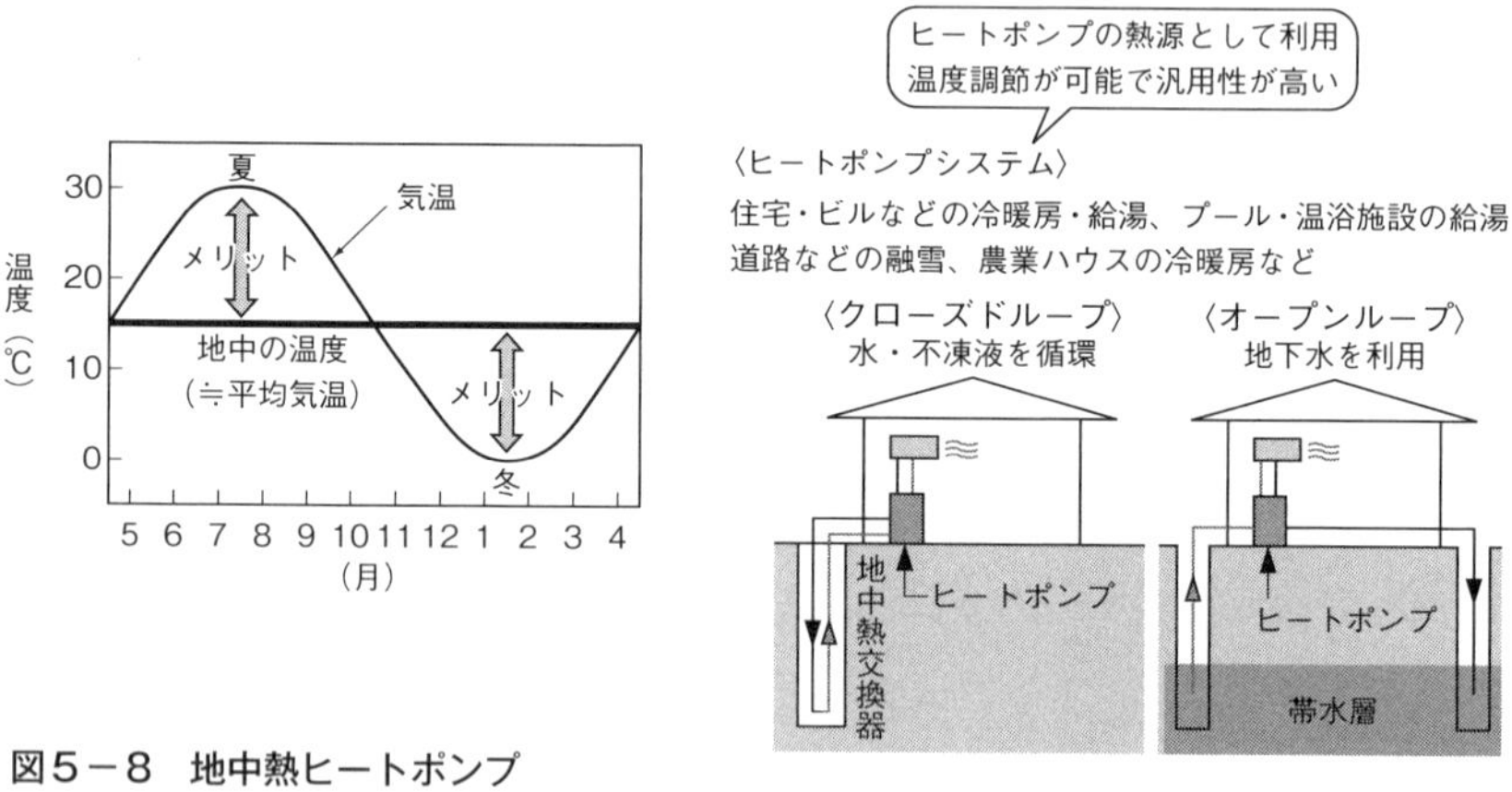

図5－8　地中熱ヒートポンプ

出典　地中熱利用促進協会ホームページ

かに安定感では一番ですが、川の水を個人で利用するというわけにはいきませんから住宅には不向きです。住宅でも設置できるような小型風力はどうなのかというと、ほとんど普及していません。まず、風は太陽ほど地域にまんべんなくあるわけではなく、風力の適地は限られてきます。そして、コストパフォーマンスが非常に悪いので、FITの対象からも外れてしまいました。

その他に冷暖房の熱源に使える再生可能エネルギーに地中熱があります。地面の下というのは地上の大気よりも気温が安定していることはよく知られている通り、夏は地面の中の方が温度は低くなり、冬は地面の中の方が高くなります。この温度差を使うものです。とは言え、冬場の地面の中の温度が20℃を超えるわけではありません。深さ5mぐらいで10℃前後ですから、このままでは暖房には使えません。ここで登場するのがヒートポンプです（図5－8）。通常のヒートポンプは地上の空気から熱を取るのですが、これを地中から取れば効率が良くなるということなのです。となると、仕組みはエアコンと同じで、ヒートポンプを動か

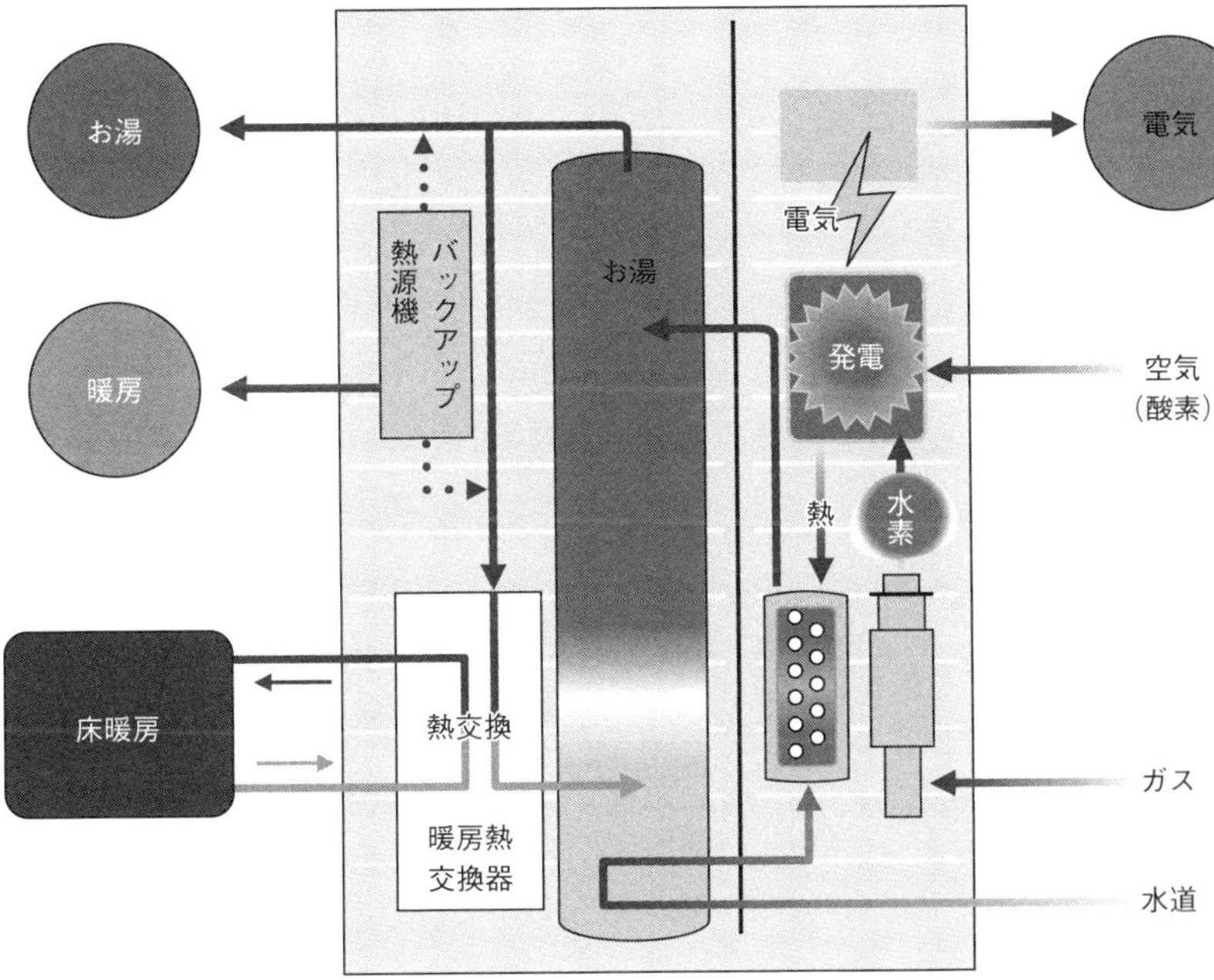

図5－9　燃料電池

すのに電気がそれなりに必要になります。この電気を太陽光発電などで賄えば、純粋な再生可能エネルギーと呼べるのですが、エアコンとやっていることは同じという意味では省エネ機器と言う方が近いかもしれません。ただし、地中熱を取るために地下100mほど掘るケースが多いようで、ここに大きな工事費がかかってしまうというのが最大の課題です。

燃料電池もエネルギーのことを調べると何かと出てくることばです。水素を使って、水しか出さないクリーンな究極のエネルギーのように言われて政府もかなり後押ししているシステムです（図5－9）。特によく紹介されるのは、燃料電池を積んで発電した電気で走る自動車です。自動車についてはまだまだ課題も多く、普及していませんが、それより住宅への導入の方が進んでいます。なぜならば、住宅の場合、水素は都市ガスを変換して使うため、自動車のように水素を貯蔵したり、水素を供給するスタンドの整備などを考える必要がないからです。ただし、水素といっても元は都市ガスからつくり出していて、二酸化炭素も排出する化石燃料なのです。

　化石燃料を使って二酸化炭素も出す燃料電池に何のメリットがあるかというと、ここで出てくるのが熱なのです。燃料電池の発電効率は小型の発電設備としては高く、40~50%に達します。しかし、やはり残りの大部分は排熱になります。この排熱を給湯や暖房に使えるというのがメリットなのです。火力発電も原発も発電する際に大量の排熱が出ますが、それは海に捨てています。燃料電池のように家の中に発電機があって排熱が出ていれば、それをその場で使うことができ全体としての効率が上がるだろうということなのです。こういう発電しながら熱も供給するシステムのことを熱電併給あるいはコジェネレーションと言います。いずれにしても、現状の化石燃料を使う燃料電池は省エネルギー機器という位置づけで考えた方がいいかと思います。

　もし、水素を再生可能エネルギーの電気を使って水の電気分解でつくる形が取れれば、燃料電池も本当にクリーンな再生可能エネルギーだと言えますが、エネルギー効率は落ちますし、非常に高コストになります。本当に水素にする意味が出てくるのは、太陽光発電のように変動する電気を水素にして貯蔵することによってです。これは蓄電池と同じような役割です。

06

森のエネルギーの暖房

1 世界のバイオマスエネルギー

住宅レベルで導入できる電気の再生可能エネルギーというと太陽光発電になるのですが、どうしても冬になると発電量は落ちてきます。そこでほしくなるのが冬に強い再生可能エネルギーですが、それが木です。ただ、コラム4で説明したカーボンニュートラルとしての木といっても、日本ではまだ「木をエネルギーに使うなんて昔に戻るのか」とか、「木を伐って燃やすなんて環境破壊だ」とか、何かと誤解の多いところかと思います。

再生可能エネルギーの導入に熱心なヨーロッパを見てみましょう。図1―4でも見たようにEUの一次エネルギー消費に対する再生可能エネルギーの比率は2018年時点で19・7％を占めています。ここで注意してほしいのは、これが電力だけではなく、石油や石炭、ガスも含めたすべてのエネルギーに対する比率であることです。その再生可能エネルギーの中身を見ると、図6−1のように森林バイオマスが41％を占めているのです。再生可能エネルギーでよく紹介される太陽光発電は4％程度、風力発電でも13％程度しかありません。EUにおける再生可能エネルギーの中心は実は森林のエネルギーであることがわかりますが、なかなかこうした実態が日本には伝えられていません。この木のエネルギーには薪も多く含まれますが、もちろんそれだけではなくチップやペレット、そして発電まで、昔とは異なる形態も入っています。

EU主要国で再生可能エネルギーの比率が高い上位2ヵ国は、スウェーデン57％、フィンランド41％です。ほぼ半分のエネルギーを再生可能エネルギーで賄う状況は日本ではとても想像できないことかもしれませんが、これはまぎれもない現実です。そして、これらの国に共通しているのはいずれも森林国であり、木のエネルギー利用が盛んだから再生可能エネルギーの割合が高まったということなのです。森林のエネルギー利用は再生可能エネルギー拡大の鍵を握っているということがわかります。

そして、日本もまた国土の3分の2が森林で、フィンランドやスウェーデンと肩を並べる世界でもたぐいまれなる森林大国です。日本人はよく日本には資源がないと言いますが、日本にやってくる欧州の人の目には、空から見る森林が大きな資源と映るのです。

日本で現在、薪やペレット、チップなどの木のエネルギーがどの程度暖房に使われているかを知る統計はありませんが、どう見積もっても1％には達しない状況です。図6−2はEU主要国における冷暖房エネルギーに占める木質バイオマスの割合を示したものですが、スウェーデンやフィンランドは5割を超え、その他の多くの国でも10％を超えております。森林のあまりない英国ですら6%あります。また、木を燃焼させて温水をつくり、それを暖房に使うバイオマス熱供給は「09―8　バイオマス地域熱供給でゼロエネルギータウン」で説明しますが、これも多いことがわかります。欧州に限らず、海外では暖房のエネルギーの多くを今でも森林資源で賄っており、森林に囲まれながらその木をエネルギーに利用しない日本は、とても不思議な国に見えるのです。

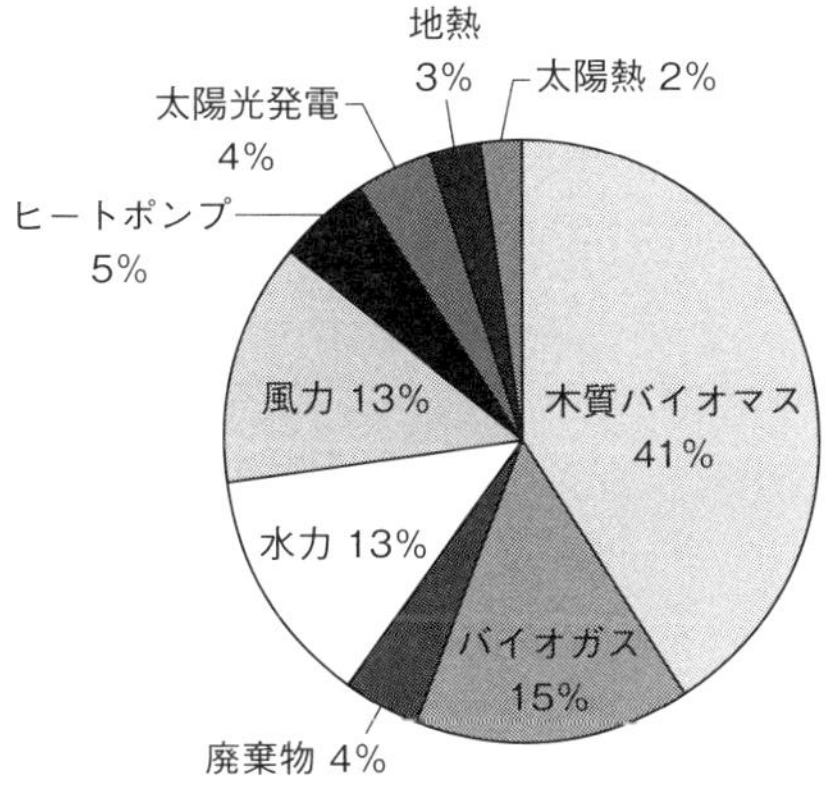

図6－1　EUにおける再生可能エネルギーの消費構成（2018年）

出典　Eurostat　データ作成より

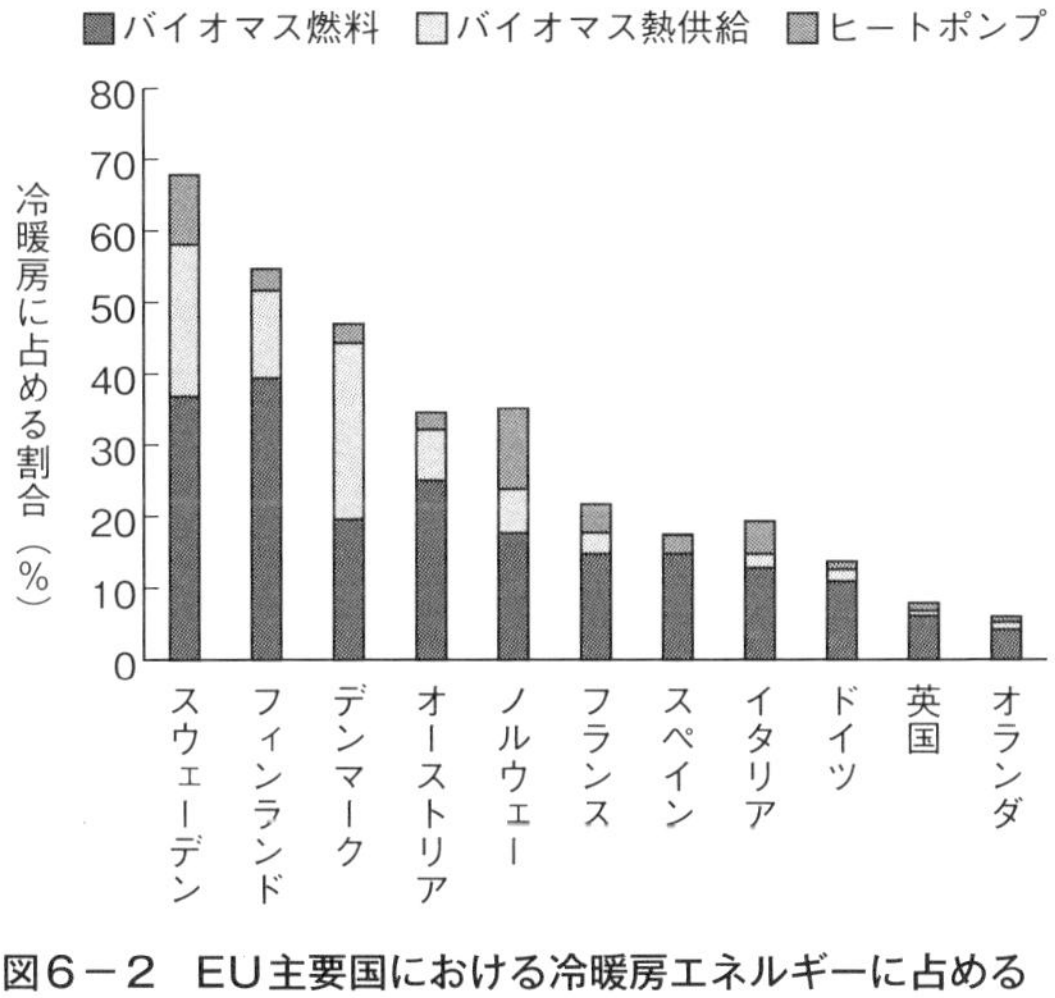

図6－2　EU主要国における冷暖房エネルギーに占める木質バイオマスの割合（2018年）

出典　Eurostat　データ作成より

2　日本の薪炭利用の歴史

日本人は木をエネルギーとして使うことをここ半世紀ほどの間にきれいさっぱり捨ててしまいましたが、それまでは山の木が最大のエネルギー源でした。そして、山間地域に経済的な恩恵をもたらしたのが山でしたが、その山の木材や薪炭が売れなくなって過疎化が進んだのでした。戦前戦後における日本の木材需要を見ると、現在のように建築などへの用材中心の木材需要へと森林活用が変質したのは戦後のことで、それまで木材需要の中心は長くエネルギー材としての利用でした。戦前は建築などの用材より薪や炭として使われた薪炭材としての生産量が圧倒的に多く、建築用材の約3倍、3000万㎥ほどが薪炭材として流通していました。こうした統計に出ない自家利用分はさらに多かったはずです。灯油やガス、電気がなかった時代、1世帯当たり年間5㎥の薪を使ったとすれば、1000万世帯で5000万㎥が薪として消費されていたことになります。現在、木材の国内生産量は2000万㎥前後ですが、これをはるかに上回る量がかつてエネルギーのために使われていたのです。

私たちが日ごろよく目にする山は人里近いということから里山と呼ばれています。里山に多いのは広葉樹で、そのなかでもナラやクヌギは薪や炭として重宝されました。私たちを取り囲む周りの山々はほとんどが薪や炭といったエネルギーのための山だったのです。50年ほど前まで日本のエネルギーは森林が支えており、薪を焚いた経験を持つ人はまだ多いはずです。こうしたエネルギー材の中心であった天然林の広葉樹ですが、戦後石油が大量に輸入され始めると薪炭は姿を

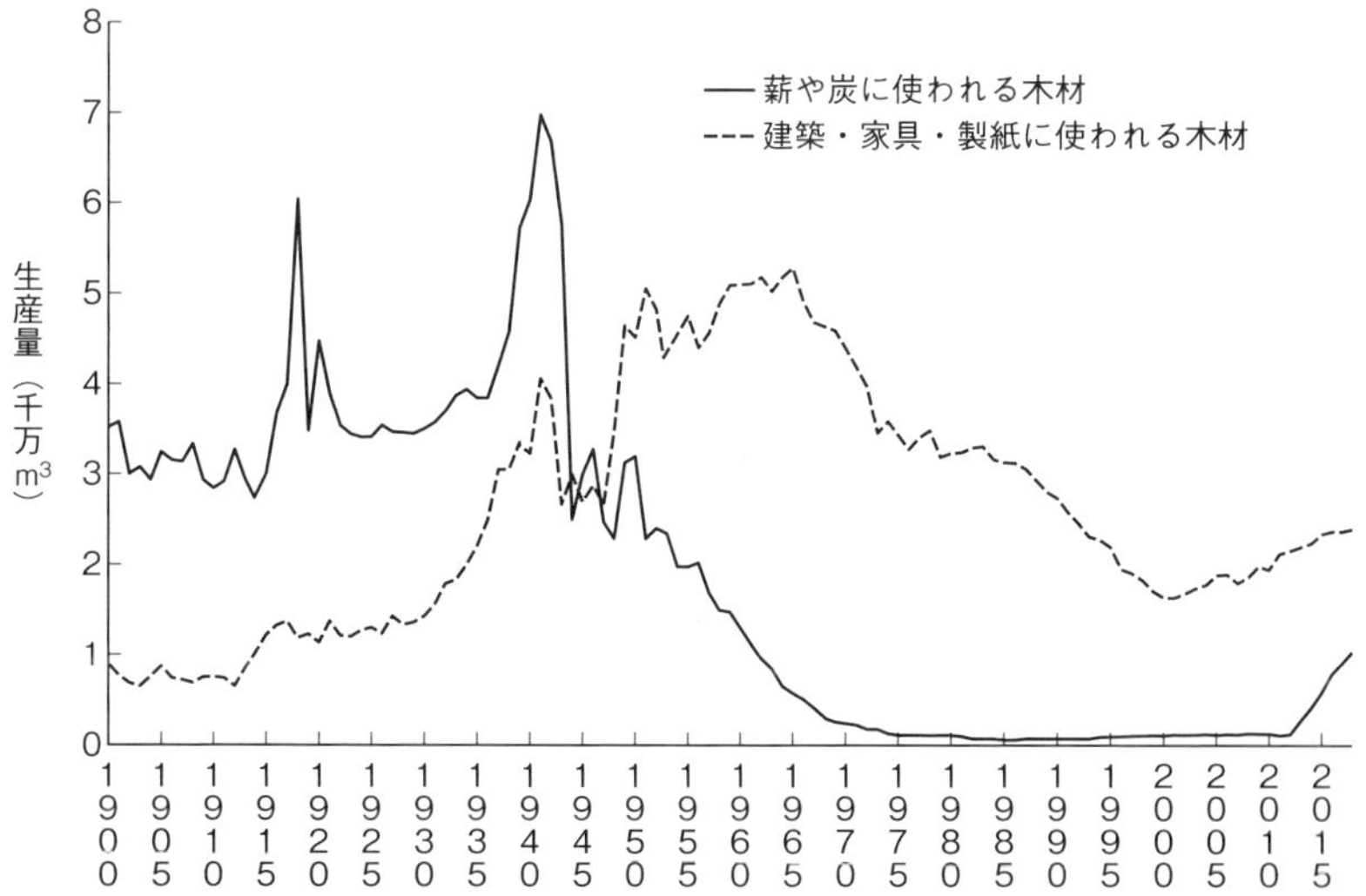

図6－3　薪炭利用の変遷

出典　農林水産省統計資料より作成

消していきます。再生可能エネルギーから化石燃料へ、エネルギー革命が進んだのです。その一方、建築ラッシュに応えるために杉などの針葉樹の需要が大きくなっていきました。そして、広葉樹を伐採し、杉に変えていく、いわゆる拡大造林が進められていくのです。そして、木は住宅の建材や家具に木材として使うものというイメージが定着し、広葉樹の里山は遠くからただ紅葉を楽しむだけの山になってしまったわけです。

しかし人類の歴史のなかで、今、私たちが使っている石油やガス、そして原子力などのエネルギーを使い始めたのはそれほど遠い昔ではありません。一般家庭で灯油が使われるようになったのも、原発の電気を使うようになったのも、たかだか50年ほど前からです。それが今ではなくてはならないものになり、あって当たり前、これからも使い続けられるものであるかのような錯覚に陥っているのではないでしょうか。

日本のエネルギー政策はとにかく東京を中心とした大都市からの視点で語られがちです。しかし、そうした視点からは森のエネルギーの可能性はなかなか見えてきません。

確かに東京のような大都市で森林をエネルギー利用しようというのは難しいところもありますが、森林でエネルギーを賄うことのできる地域は日本じゅういたるところにあります。特に寒冷で森林資源豊富な地域では、木のエネルギーは強力です。

欧州諸国の農山村は、１９８０年頃、バイオマスエネルギーの利用が経済的な活性化に大きな役割を果たすことに気づきました。これが欧州のバイオマス利用の原動力になっています。そして、森林のエネルギー利用技術は大きな進歩を遂げました。日本の山間地域の過疎化は深刻です。山間地域は生き残りをかけてこの山の資源を活用していかなければならないでしょう。そのためには、まず地域の人が地域にエネルギー資源があることを自覚しなければなりません。

3　木をエネルギーにしてはげ山にならないか

再生可能エネルギーが注目される昨今ではありますが、木が再生可能エネルギーだと思っている人はまだまだ少ないと思います。木を燃やしてエネルギーにするのは環境に良いといっても、山の木がなくなってはげ山にならないだろうかと不安に思う人も多いでしょう。木は人類が手にした最初のエネルギー源として世界中で使われてきましたが、森を破壊して滅んでいった文明の話もあります。日本も太古から木を燃料にしてきましたが、戦中は燃料や資材のために森林を過剰に伐採し、はげ山に近いような状態になっていたところも多かったのです。こうした過去の状況から、木をエネルギー源として使うことに抵抗を感じる人も多いのでしょう。

しかし、石油やガス、原発の燃料となるウランはどうでしょうか。確認されている可採埋蔵資源量は石油で40年、ウランで80年と言われています。この年数の確からしさはともかく、これらは化石燃料と呼ばれている通り枯渇する資源であることは間違いないでしょう。それでもそのことを心配している人が意外に少ないのが現実です。化石燃料の枯渇を心配せず、湯水のごとく使い、木のエネルギー利用については資源枯渇を心配してしまうという心理。それは森林のエネルギー資源としての供給能力が、現在のエネルギー消費量にくらべて圧倒的に少ないと感じるからでしょう。そのことは、資源の蓄積ストックとして見れば直感的に当たっています。しかし、化石燃料は油田の宝探しをしているだけで、ほぼ再生することもなく、確実に枯渇に向かいます。それに対して森林は伐ってもまた植えれば成長します。森林が再生可能な資源であることは、化石燃料とは決定的に異なる特質です。持続可能なエネルギー社会を築く上で、再生可能な資源を使うというのは最も優先度が高くなるべきものですが、我々は再生可能なものとの付き合い方を忘れてしまったようです。

日本の山は杉の人工林で覆われるようになりましたが、今でも広葉樹を中心とした天然林が5割を占めます。その一部は製紙用に伐採されていますが、多くは放置状態です。この天然林は薪炭林として伐採されてきたわけですが、残された切り株からまた芽が出（写真6―1）、成長したらまた伐採するということが繰り返されていました。人工的に植林することもなく、間伐するわけでもなく、自然の再生可能なサイクルのなかで木をエネルギー資源として活用してきたのです。

森林を伐採、消費する場合、森林が成長再生されるスピードを上回らない範囲であれば、森林資源は枯渇に向かうことはありません。そうは言うものの、人間による森林資源の管理は簡単なものではないからこそ、かつて森林破壊の問題が起きたのであって、森の木を伐って燃やしてエネルギーにすることに不安はつきまといます。しかし、別の見方をすれば森林は伐りすぎればはげ山のような状況がすぐに見て取れるのです。だから、森林のエネルギー利用は枯渇しそうになれば、山を見る者に警鐘を鳴らし、心配の念を抱かせ、利用を抑制するというサイクルが生まれるとも言えます。それに対して、化石燃料は見たこともない遠く離れた異国の地で、見ることもできない地中深くを掘削して、掘り出されるものです。資源量を把握しているのは一握りの石油メジャーだけで、見ることもない、知らされることもない世界に対して、危機感を覚えなくなったり、抑制が利かなくなるのは当然だと言えます。本来、人間が自然のサイクルのなかで生きるためには、不安と緊張感のなかで資源を使わなければいけないのではないでしょうか。森林のエネルギー利用は人に不安を感じさせるからこそ健全なのです。

では、日本では今後、どの程度の森林資源をエネルギーに使えるか具体的な量として確認してみたいと思います。先ほども説明したように、日本では戦前まで3000万㎥程度の薪や炭のための木が流通していて、それ以外にも自分で木を伐って使っていたものを入れれば、実際にはもっと多くの薪が使われていたはずです。そして、建築用材など全体の木材生産量は1960年頃まで6000万㎥を超えていました。そして今、日本の木材生産量は約3000万㎥で、この大部分は建築用材です。1960年頃とくらべて3000㎥減です。人口減少下の日本では新築住宅の着工数は減少するのは間違いなく、かつてのようにスクラップアンドビルドというようなことではなく、いかに長寿命な住宅を残していくかに転換していくことになりますから、建築用材の需要は減っていきます。それに対して、化石燃料から転換するための再生可能エネルギーの需要はまだまだ膨大にあると考えられます。

仮にかつてエネルギー用に伐っていた木の量３０００万m^3を、現在の木材生産量３０００万m^3に追加して６０００万m^3となっても、１９６０年頃とほぼ同じです。この３０００万m^3の木を毎年確保するための森林面積も確認してみます。広葉樹の年間成長量が１ha当たり５m^3だとすれば、６万km^2の森があるといいことになります。日本の森林面積は25万km^2で、この約4分の１ですから、使えないことはないかもしれません（図６−４）。３０００万m^3の木材を再びエネルギーとして

写真６−１　萌芽更新

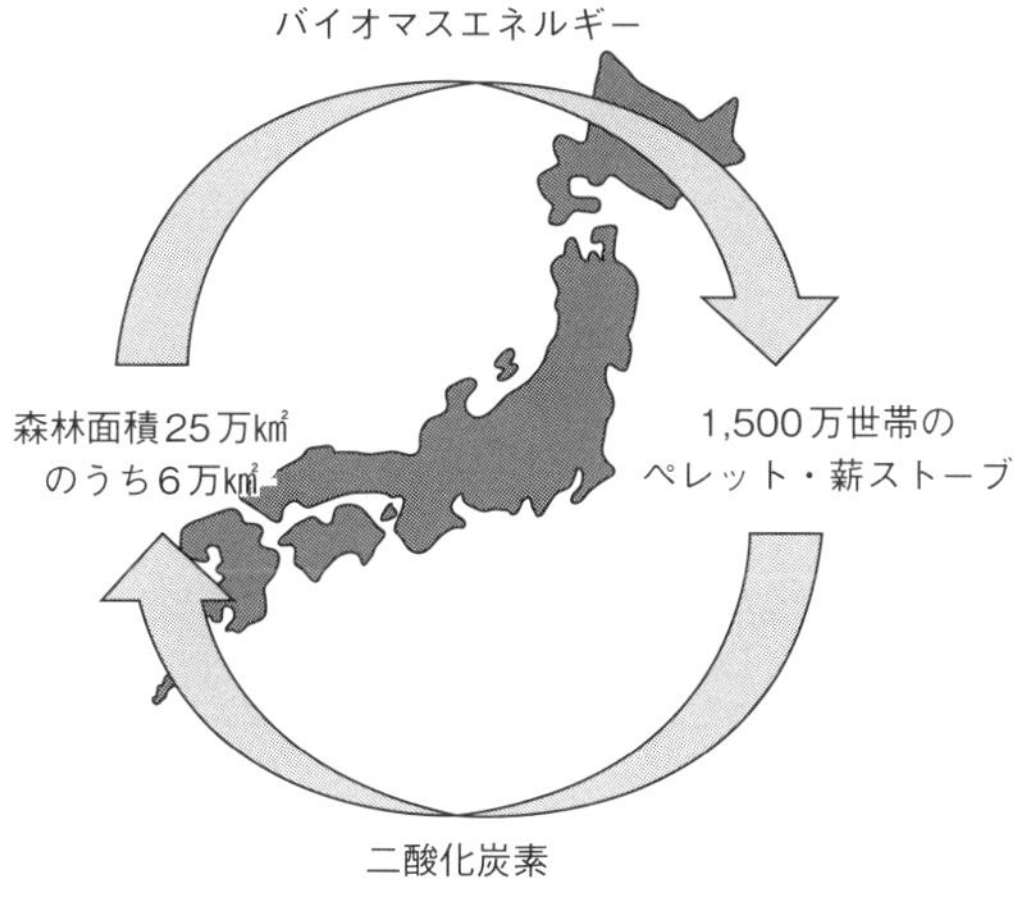

図６−４　日本の森林のエネルギー供給ポテンシャル

使うというのは、これまでの日本の森林利用の歴史から見て、将来再び想定し得る量として決して過大なものではないと思います。

次に3000万m³の木で、どれだけの家庭の暖房を賄うことができるかです。我が家で使う薪の量は木の材積で年に約2m³です。薪ストーブでなくても、ペレットストーブでもいいわけですが、この量を標準にすると、3000万m³の木は1500万世帯分です。日本の世帯数は5300万世帯、そのなかでも戸建て住宅に住んでいるのは2900万世帯です（2015年国勢調査）から、戸建て住宅の半数に相当します。現在の薪やペレットのストーブを考えると、都市部での利用には限界があるように思えるかもしれませんが、ペレットやチップのボイラを入れてマンションなどの集合住宅全体を暖房することも可能です。こうして見ると、日本の森林をエネルギー利用することは歴史的に見ても、資源的に見てもかなりのポテンシャルがあるということがわかります。

4　木で発電

少しエネルギーに関心のある方なら木で発電、いわゆるバイオマス発電に期待を持つ方も多いでしょう。木が電気になるなら、原発に代わる電気が森から生まれ、森からの電気で地域が自給できる、と夢が膨らみます。そして、薪からイメージされる昔のエネルギーから、電気になることで現代的なエネルギーに大きくイメージアップします。実際に電気は様々なものに使えてとても便利です。やはり薪であれ、チップであれ、ペレットであれ、灯油やガス、電気にくらべて手

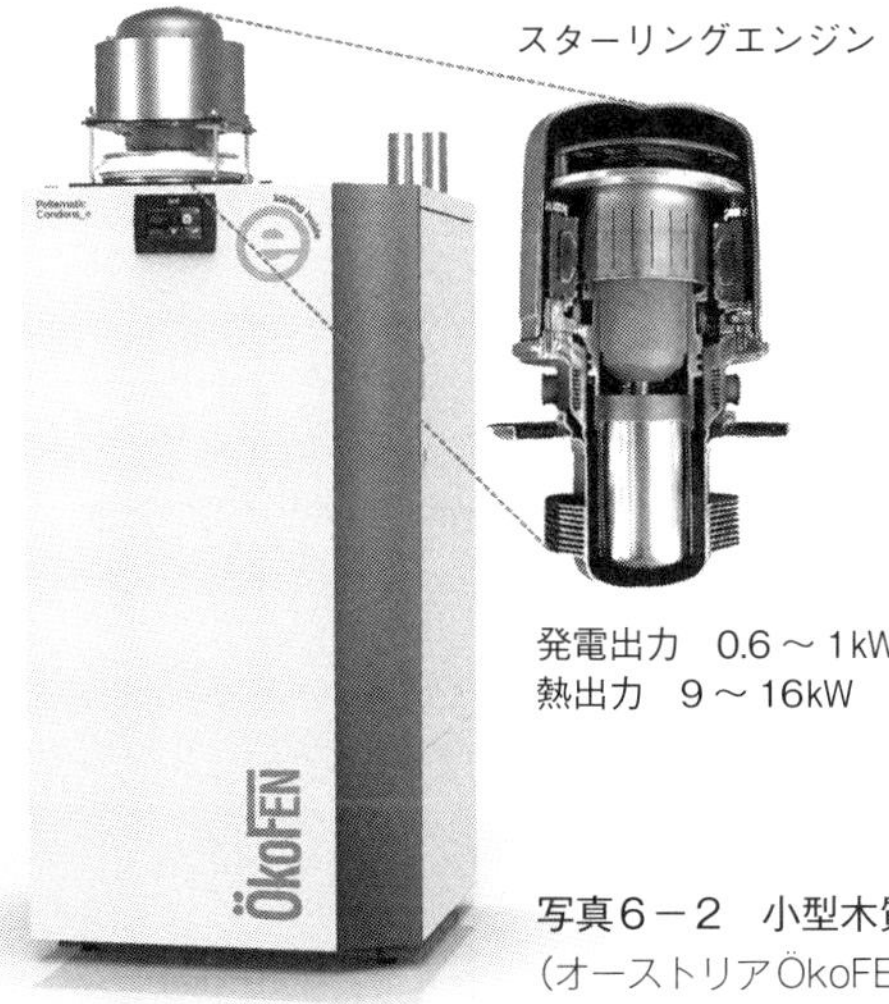

写真6－2　小型木質ペレット発電
（オーストリアÖkoFEN社）

間がかかったり、場所を取ったりするのは間違いありません。地域熱供給ならそうした課題は解決するものですが、日本にはまだ馴染みのないものです。それからすると、電気はすでに送電線網があり、そこにのせることができれば家庭から家電まで届いていく。これで木のエネルギー利用の課題が一気に解決するかのように見えるのです。

しかし、バイオマス発電の発電効率は規模にもよりますが20％いくかいかないかです。石油やガスの火力発電は平均40％ほどですから、その半分です。つまり10本伐った木を発電に使っても、電気になるのは2本程度で、残り8本の木は熱となって捨てられてしまうのです。ペレットストーブであれば80％以上ですし、薪ストーブでも70％程度の効率はあります。この程度の発電効率で採算を合わせるのは容易ではないのです。このバイオマス発電の効率を上げるには規模を大きくするといいのですが、大きくすると燃料となる木を遠くから集めなければならなくなるので、今度は輸送コストが上がるという悪循環に陥るのです。

欧州でもバイオマス発電所は各地でつくられました。しかし、それは発電と同時に発生する熱も同時に使う熱電併給システム、コジェネレーションとも呼ばれるものがほとんどです。発電効率の低さを補うには排熱を利用することが欠かせないのです。製材所の乾燥や地域熱供給に熱を使いながら発電を行うのが一般的なバイオマス発電の姿です。木質エネルギーを熱利用からスタートさせてきた欧州では、熱の利用システムを構築してから、そこに発電を組み込んでいくことは自然なステップアップでした。また、大きなバイオマス発電は燃料を集めるのも難しく、熱利用するのも難しいことから、小規模なものが中心になっています。そして、住宅単体で導入できるものもあります。ペレットを燃料とし、スターリングエンジンというものを発電に使うものです（写真6―2）。しかし、発電出力は1kWしかありません。それでも太陽光発電と違って夜でも発電する魅力は大きいのですが、発電効率は6％ほどしかありません。残りの94％は熱です。この熱を使いきっていかないと、エネルギーロスが非常に大きくなるとともに、熱が使えないと経済的にも成り立たないということになります。発電と熱は別物ではないのです。

しかし、日本はバイオマスの熱利用は難しいと早々にあきらめ、発電だけのバイオマスを再生可能エネルギーの電気に対する固定価格買取制度によって進めてしまったのでした。そして、2017年頃から大型バイオマス発電の計画ラッシュが起きたのです。バイオマス発電の発電コストは非常に高く、電力の固定価格買取制度という形の補助制度で支えられています。家庭で導入される太陽光発電にも同じ買取制度がありますが、家庭で導入される薪やペレットのストーブには国の補助金はありません。かろうじて、森林が豊富な自治体が独自財源から補助金を出すところがあるという程度です。こうした電力に偏重したエネルギー政策が、森林資源の効率的エネルギー利用を阻んでいるとも言えるのです。

ストーブやボイラの普及には手がかかります。しかし、木の持つエネルギーの2割しか使えない発電に貴重な森林を投じるほど日本の森林やエネルギーに余裕はありません。木をエネルギーに使うためには、こつこつと熱利用を積み上げていくことが重要なのです。

5　薪ストーブによる輻射の暖かさ

薪ストーブの暖かさは、エアコンや灯油ストーブにはないものがあります。それは薪が燃える炎が太陽のような暖かさをもたらしてくれるからです。特に日本海側のように、冬に曇り空や雪の多い地域では、太陽が顔を出す時がぐっと減ります。そんな暗くなりがちな冬でも、薪ストーブの炎は家の中で太陽の代わりをしてくれるようなもので、ついつい心地よく炎に見入ってしまうのです。この炎の暖かさは輻射と呼ばれる効果で、エアコンや灯油ストーブのような温風で暖めるものとは違います。エアコンや石油ファンヒーターの温風は、肌を乾燥させやすいことから特に女性に嫌われますが、薪ストーブは肌にも優しい快適な暖房としても好まれやすいのです。そして、薪ストーブは木をくべたり、炎を眺めたりと、人が集まりやすいものです。昔は囲炉裏を囲んで家族が団らんしたという話をよく聞きますが、今でも薪ストーブにはそうした団らん効果があるようです。

しかし、薪ストーブが輻射が中心の暖房であるということは、輻射が当たらないところは暖かくなりにくいということです。冬の晴れている日、太陽の当たっているところはぽかぽかするけれど、日陰に入るとひんやりするという感覚です。暖かいはずの薪ストーブも、断熱性が悪く、すき間風の多い家では、ストーブの前しか暖かくないというようなことになります。これが高断熱高気密な住宅であれば、たとえストーブの輻射が直接当たらないような場所があっても、輻射で暖められた場所から空気がまた暖められ、徐々に部屋全体が暖まってきます。これには多少時間もかかりますから、家全体を暖めるには立ち上がりに時間がかかるということになります。しかし、これも断熱性能を高めれば朝方でも部屋の温度はそんなに低くはなりませんから、寒い家のように急いでストーブをつけて部屋を暖めないといけないようなことはなく、ゆっくり暖めていけば十分なのです。ただし、そうした温度の調整は薪をくべる量と、送り込む空気の量で行うので、正確な制御はできませんし、反応も緩慢にはなります。そのため、寒くなるというよりは、暑くなりすぎることの方が起こりやすくなります。

薪ストーブの扱い方は普通の人にとって未知なるものでしょう。例えば、火を消さずに外出していいのかという質問をよくされますが、ストーブの上に燃えそうなものを置いておかない限り大丈夫です。そして、薪ストーブというと薪を割ったり、くべたりと手間のかかる大変なものというイメージが強いでしょう。これもまた、高断熱住宅になれば使う薪の量が格段に減ってきます。例えば、高断熱住宅であれば薪をくべる量は1時間に1本程度です。これが普通の住宅だともっと間隔が短くなってきますが、この程度の間隔であれば、そんなに火の番をしている必要はなく、気づいた時にくべるという感じで大丈夫です。急に火が消えるわけではないので、多少の前後は問題ありません。薪をくべる作業が大変だということは、よほど一日中家事などで忙しくしていない限りありません。家でくつろいでいる時は、薪をくべるのも息抜きになる楽しい作業なのです。薪ストーブを楽しく使うには、高断熱住宅がいいのです。

6　薪ストーブの進化

古くから使われてきた薪ですが、少ない薪で効率良く暖房でき、排ガスもきれいなものへと薪ストーブも進化してきています。木が燃える際、木が加熱されることによって炭素や水素などが分解されて可燃性ガスとして発生しますが、これが空気のなかの酸素と化合することで発火、炎となって見えます。この可燃性ガスのなかで燃えずに残るものが出てくるのですが、この未燃分はもったいないだけでなく、有害物質を含む煙となって煙突から排気されていくことになるのです。新しいストーブはこの不完全燃焼による未燃分をできるだけ少なくすることで燃費を向上させるとともに、排ガスをきれいにしようと技術を磨いているのです。その代表的な方式が触媒方式とクリーンバーン方式と呼ばれるものです。触媒方式は、コーティングされたハニカム状の触媒エレメントが薪を燃やす場所の上に設置されており、ここを燃焼後の排ガスが抜ける際に未燃焼分が化学反応によってもう一度発火して燃えるようになっています（図6－5右）。クリーンバーン方式は薪を燃やす場所の上にパイプがあり、そこから空気を噴き出すことで未燃ガスを再度燃焼させるようにしています（図6－5左）。いずれも最初の燃焼で残った未燃分を二次燃焼させることで効率を上げて、排ガスの有害物を減じるものです。

そして、煙突に対する考え方が大きく変わりました。かつては熱くなった煙突からの放熱を期待することが多く、煙突を曲げながらも部屋の中を横に、縦に通っていることが暖かくなる方法と考えられてきました。しかし、今は煙突が熱くならないように断熱材を入れた二重煙突を使う

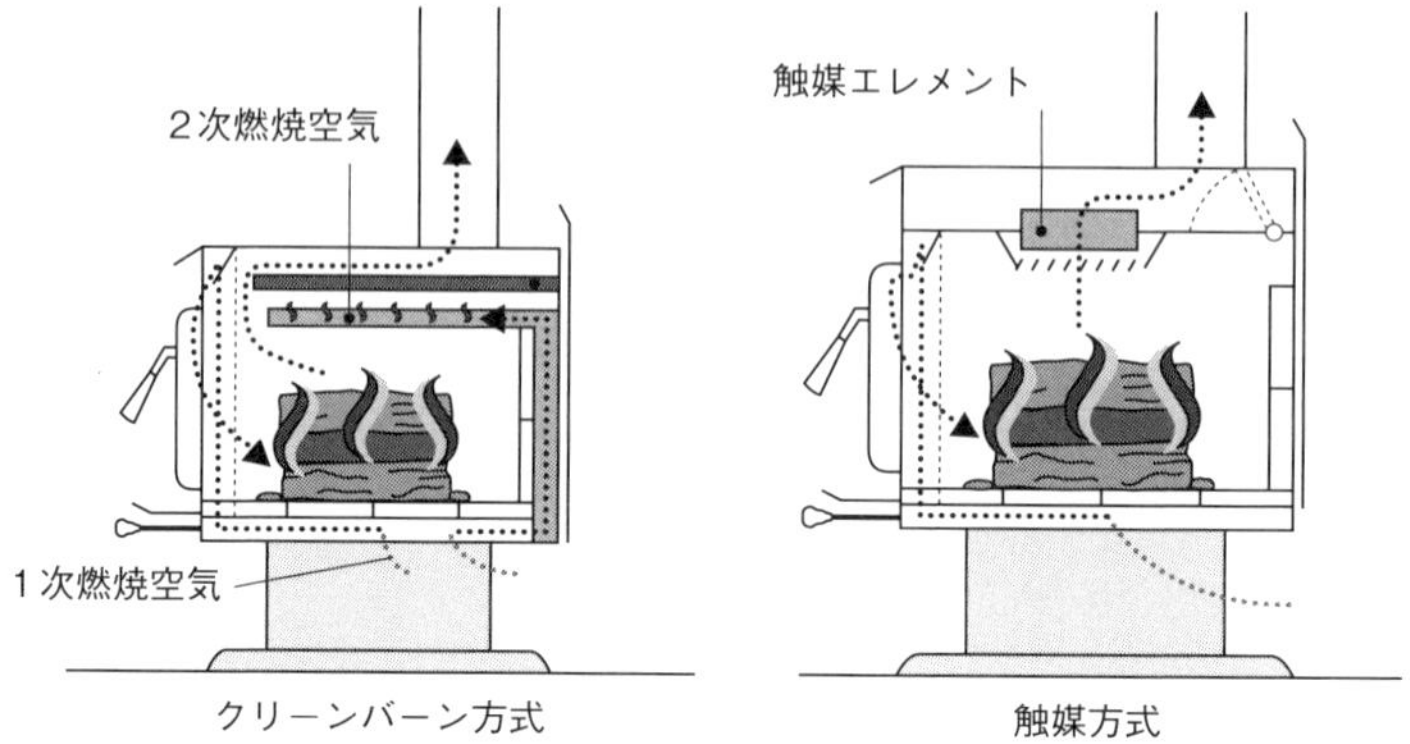

図6－5　触媒方式と非触媒方式の薪ストーブ

ようになりました。昔のストーブは熱効率が低いので、煙突の中の排ガスも高温だったのですが、ストーブ本体の熱効率が上がることで煙突内の温度が低くなってきました。煙突が熱くなるということは確かに部屋にはよく放熱されることになるのですが、それは煙突内の熱が奪われ温度が低くなることになります。そうすると、煙突の中の上昇気流が起きにくくなり、煙突の中の排気の抜けが悪くなるのです。薪ストーブの煙突は煙を出す役割を持つものでもありますが、排気を促すことで、ドラフトと呼ばれる新鮮な燃焼用空気を引き込む力を与える役割が大事なのです。そのため、煙突の周りから熱を奪ってしまうと中の排気の抜けが悪くなり、燃焼用空気も減って、結果的に燃えにくくなります。煙突を曲げたり、横に伸ばしたりすることも煙突の中の排気の抜けを悪くします。

また、断熱材のない煙突は外気で冷えているため、煙が煙突内で結露して木酢液とも呼ばれるタールとなって付着していきます。タールは可燃性で、温度が上がると煙突内で燃えて火災を起こすのです。この火災を防ぐためにも二重煙突は有効です。こうしたことから昔と今は煙突に対する考え方はまったく変わり、断熱された煙突は手で触れるほどの温度にしかなりません。

7 ペレットストーブ

いくら木のエネルギーが良いといっても、薪は灯油やガス、電気とくらべたらやはり多少の手間はかかります。薪のハンディは、手で着火しなければならないこと、燃料を手でくべなければいけないこと、燃料としてかさが張ること、そして十分に乾燥されていないと燃えにくかったりすることです。出力制御も大まかになります。しかし、人類史のなかで長く薪として使われてきた木の燃料にも、ついに新しい技術革新がやってきました。ペレットです。

ペレットは、木をおが粉《こ》のように粉砕し、乾燥してから、長さ3㎝前後、直径6㎜の薬の錠剤のような形に圧縮、成型したものです（写真6－4）。接着剤などは入れられておらず、木そのものの成分で固まっています。形状が規格化されているので、燃料供給の自動化、供給量の調整が可能になり、燃焼調整、温度調整ができるようになったのです。薪の水分は通常20％程度までしか下がりませんが、ペレットは水分を10％以下に抑えているので、着火も自動化でき、燃焼状態も良くなります。ペレットストーブはファンを回して給排気の制御を行うため、自然給排気の薪ストーブよりも燃焼効率も高くなります（図6－6）。工業化された高密度、高品質の木質燃料となったペレットは小さな燃焼機器でも扱いやすく、住宅用のペレットボイラやペレットストーブが開発され、ヨーロッパをはじめ世界中に広がっていったのです。

ペレットの燃える炎がガラス越しに見えるようにつくられたペレットストーブは、灯油ファンストーブのような操作性と、薪ストーブのような雰囲気を併せ持ちます（写真6－3）。日本でもこのペレットストーブが紹介されるようになって、薪より手軽に使える新しい木の燃料のストーブとして、森林のエネルギー利用を身近なものにしてくれました。そして、日本にもペレット製造工場が各地に建設され、ペレットストーブを製造するメーカーも各地に誕生しました。こうして木のエネルギー利用に対する関心が再び高まってきたのでした。

ペレット燃料は木を圧縮しているため、薪にくらべて容積が小さく、同じ熱量を得るのに6割程度のかさで済みます。ペレットストーブはペレット燃料をストーブ本体に入れて使うようにつくられています。そして、ほとんどのストーブが10kgほどのペレットが入るようになっています。ペレット自体も10kgを1袋に入れて売られています。10kgのペレット袋を担いで入れる作業が負担になる人もいると思います。そこは電気や都市ガスにはかないません。この10kgのペレットがどれぐらいのエネルギー量になるかというと、灯油5ℓ分です（図6－7）。10kgのペレットはかさで言うと15ℓほどになるので、灯油の3倍です。ペレットがいくら薪より圧縮されて小さくなったといっても、灯油とくらべるとまだまだかさばるのです。そのため、ペレットストーブの大きさも灯油ストーブとくらべると大きくなります。これは今のところどうしても避けられません。

ペレット燃料やペレットストーブの開発は最初1970年代の石油ショックによる石油価格高騰を契機にアメリカやカナダで始まりました。ペレット燃料の製造は、穀物などを家畜用の燃料に成型するために使われていた技術を応用したものでした。その頃、日本でもペレット燃料の工場ができたのですが、石油価格が低下したことで下火になっていきました。しかし、その後地球温暖化問題が世界的な課題として議論されるようになり、2000年頃からヨーロッパで本格的

写真6－3
高気密住宅でも使える
ペレットストーブ
（山本製作所製）

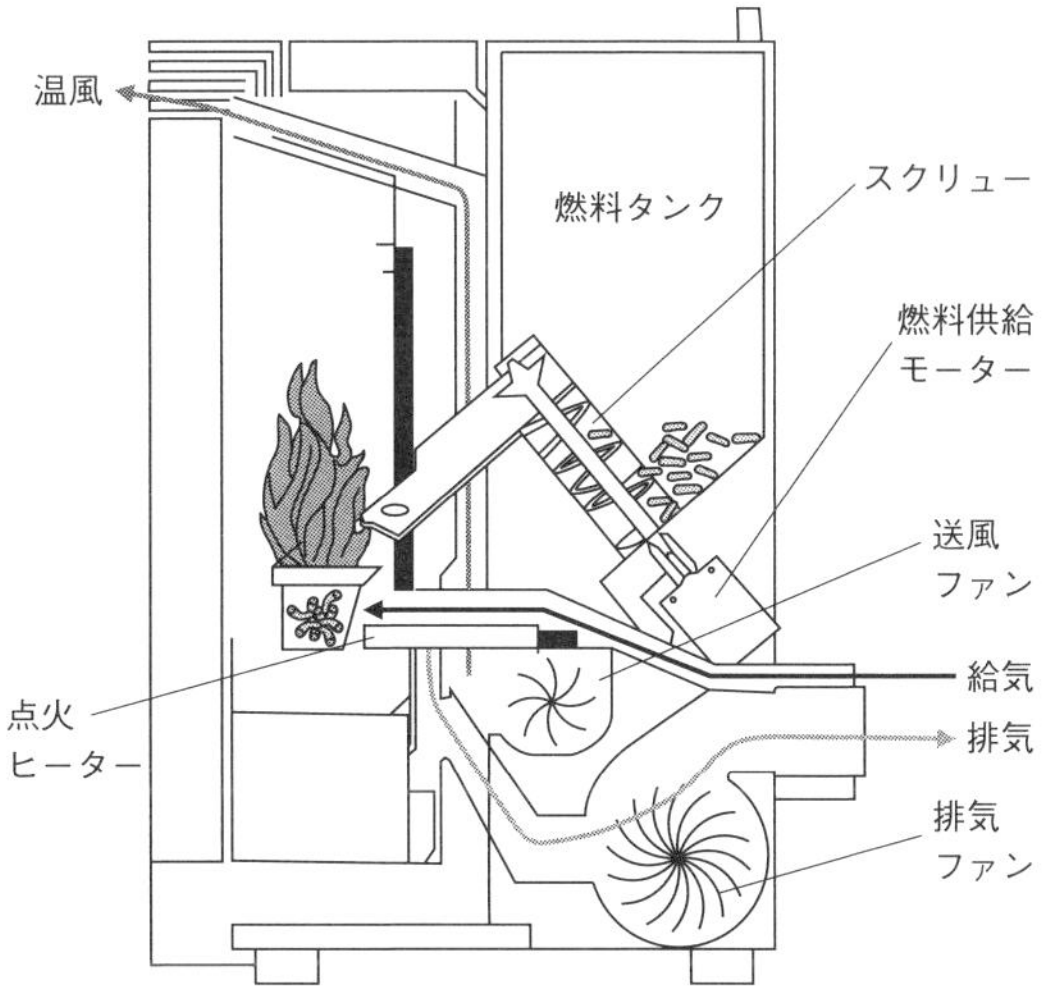

図6－6　ペレットストーブの構造

写真6－4　ペレット燃料の圧縮成型機

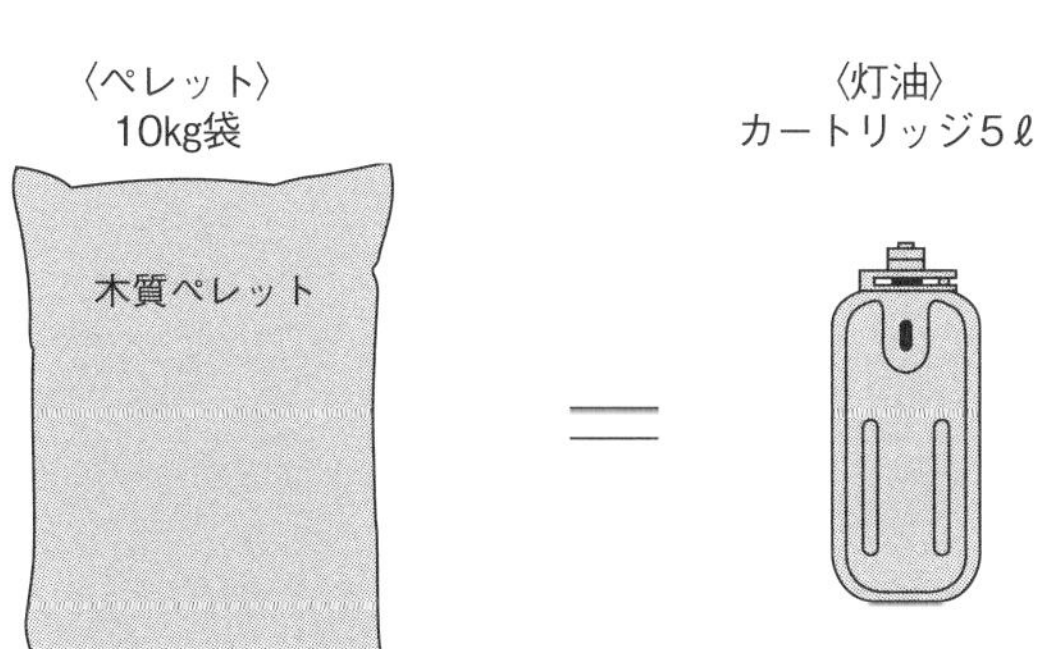

図6－7　ペレット燃料と灯油の比較

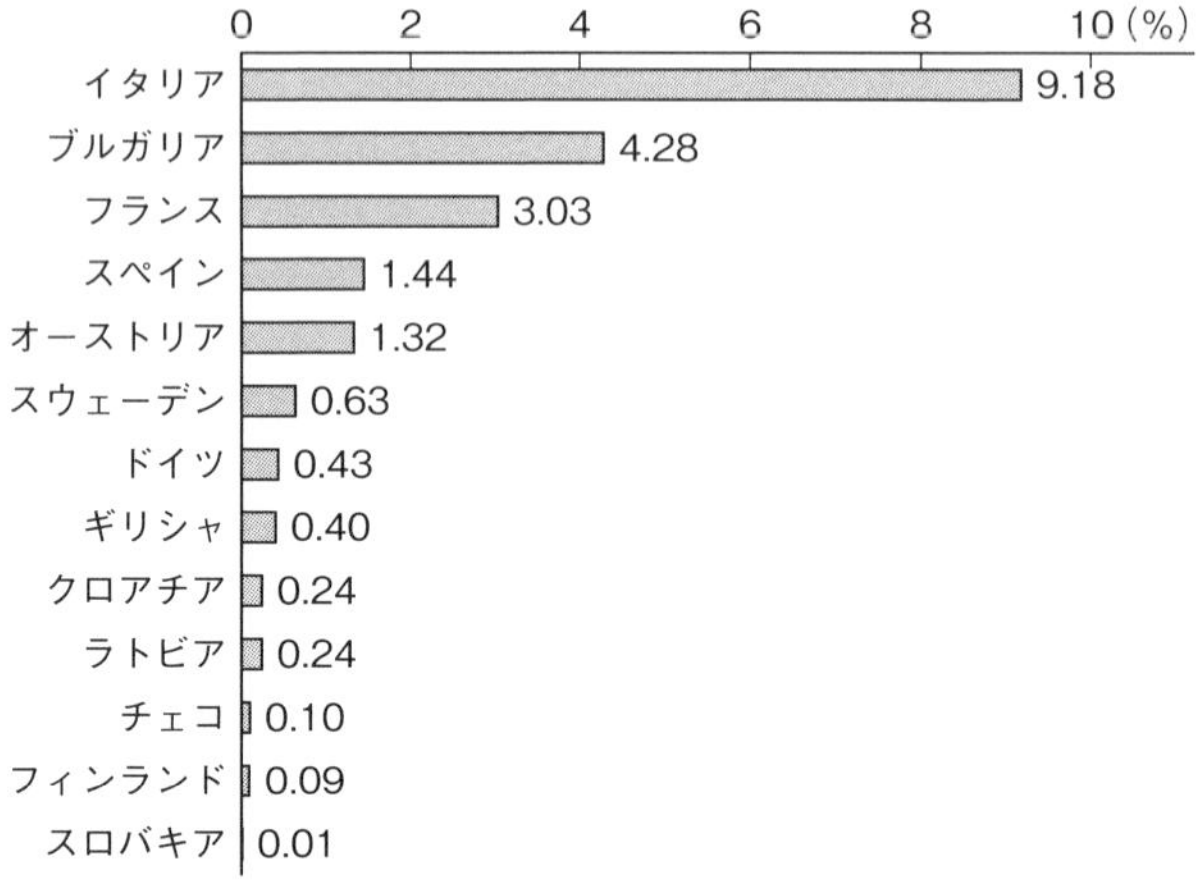

図6－8　ヨーロッパにおける家庭のペレットストーブ普及率（2018年）

出典　Bioenergy Europe's 2019 Pellet Report

に普及していきました。ヨーロッパでは温水暖房が普及しているので、その熱源としてペレットボイラの導入が進みましたが、そのなかで特にペレットストーブが普及していったのはイタリアでした（図6－8）。２０１８年時点で約９％の家庭がペレットストーブを入れているという状況ですから、ヨーロッパでも群を抜いています。累計出荷台数が２３８万台ということですから、人口規模が約2倍の日本で言うならば４７６万台。日本ではエコキュートの累計出荷台数が２０１８年に６２４万台ですから、それに近い普及だと言えるでしょう。イタリアにはペレットストーブメーカーが数多くあり、性能はもちろんデザイン性にも優れ、日本にも様々なメーカーのものが輸入されています。

8　日本のペレットと地産地消

欧州で普及し始めたペレット燃料が日本でも紹介されるようになり、その使いやすさと、間伐材を使った地産地消が目標になって、全国に数多くのペレット工場が建設され、２０１７年には１４８工場になっています。しかし、設備能力では年間1000t以上の生産設備を持ちながら、生産量は数百t程度にとどまる工場が多いのが日本の実情です。ペレットの需要が思うように伸びず、稼働率が上がらずに閉鎖する工場も出ています。欧州ではペレットの需要が拡大し、ペレット工場も年間生産量数万tクラスがほとんどです。

欧州ではなぜペレットが普及したのか。それはペレット燃料の値段が安く、安心して使える品質だからで、環境への思いだけで普及しているわけではありません。ドイツやオーストリアでは、灰分の少ない高品質のペレットが灯油にくらべて2割安い値段（2020年1月時点）で販売されています（図6―9）。これが選ばれる理由です。日本のペレットの価格は灯油と同等、あるいは高い場合もあります。欧州のペレット工場のほとんどは製材所からの副産物のおが粉を原料につくられています。それに対して、日本のように間伐材から木質燃料をつくるには、山林からの伐採、搬出経費はもちろん、丸太からの破砕、粉砕にコストがかかり、どうしても価格が高くなる構造にあります。

ペレットはチップや薪よりエネルギー密度が高く、かさばらないことが特徴になっていますが、それは大量輸送のしやすさにもなります。そのため、ペレット需要が旺盛な欧州へは北米やロシアから輸出される国際貿易商品となって価格競争が起きているのです。発電用ペレットは日本へも相当量が輸入されており、2015年には国産ペレットの生産量を上回りました。こうした輸入ペレットをどう評価すればいいでしょうか。地産地消という観点からは意味のないものになってしまうでしょう。国のエネルギー自給やエネルギー危機管理という部分でも貢献はしません。しかし、再生可能エネルギーではありますし、二酸化炭素を減らすことにつながりますから、環

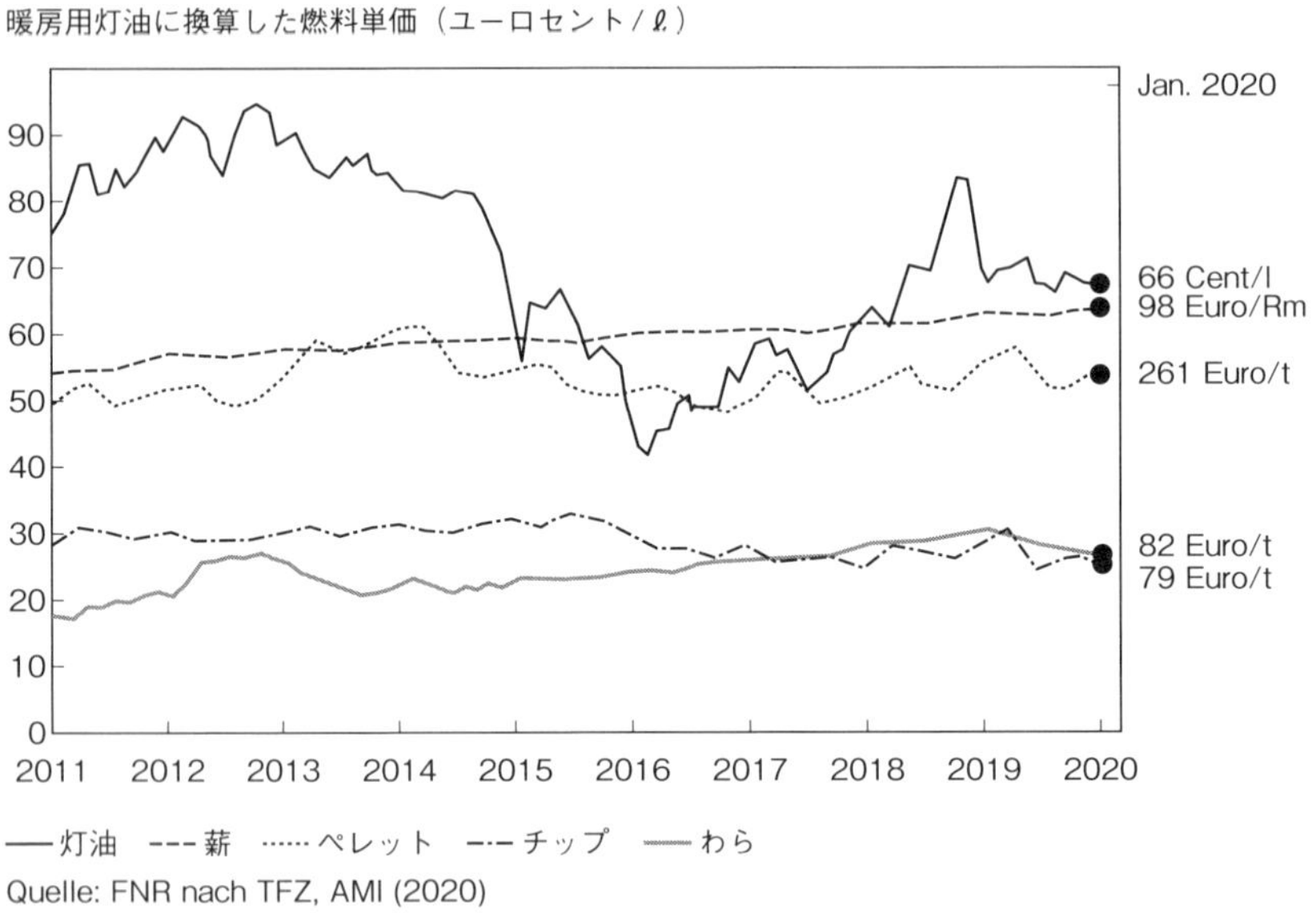

図6－9　ドイツのペレットの価格（燃料単価は消費税込み）

出典　ドイツFNR：Bioenergy in Germany Facts and Figures 2021より

境には貢献していると言えます。灯油やガスでつくられた電力会社の電気を使うよりはずっとましなのです。ペレット燃料の優れた特性によって、このようなグローバルな市場が形成されているのです。そういう意味でペレットは地産地消型のものではなく、石油に近い大規模コンビナート型の大量生産に向いた商品だと言えます。日本でもペレットの需要が増えてきた時、そうした動きが顕在化してくるでしょう。逆に、長距離輸送に向いていない薪やチップは地産地消を目指さないと成り立ちにくい燃料です。

確かに炎の見える木の暖房は電気や灯油にはない魅力を持ちますし、間伐や地産地消も重要なテーマですが、コスト、品質、利便性を抜きにしてペレットの普及は望めません。

9　薪の単位と品質

当たり前のことですが、木を使ったり、取引したりするには、その量を数える単位が必要です。しかし、この木の単位がなかなか曲者なのです。例えば、薪の単位は今も棚《たな》、束《たば》という単位がよく使われます。どちらも昔ながらの薪を積んだ状態での体積を指すことばですが、普通の人にはよくわからない単位です。この大きさが地域によって違ったりするから要注意です。例えば棚は幅5尺（1・5m）、高さ5尺に積んだ状態で言うことが多いようですが、薪は長さが30cmから45cmほどまであり、その量も違ってきます。束の大きさはJAS（日本農業規格）規格で長さ70cmの針金の輪で縛ったものと定められているのですが、薪の長さについては定められていないのです。

また、薪の場合は積んだ状態での体積、つまりすき間を含む体積で数える場合が多いのですが、丸太を扱う場合には、木そのものの体積で数える場合が多くなります（図6―10）。また、木そのものの体積を計量するのは手間がかかるので、重量で表す場合もあります。ただし、重量の場合は木が乾燥していくにつれて軽くなるという問題が出てきます。というのは、まだ乾燥していない重い状態で売った方が得になるようでは困るからです。

薪や木を数えることが意外に難しいということがわかっていただけたでしょうか。地域ならではの昔のことばもわかれば面白いものですが、誰でも間違いのないように薪を購入できるようにするためには、やはり体積は立方メートル（㎥）で表し、水分率を測って示すということが必要だろうと思います。木のエネルギー利用が進む欧州では、木の体積の換算など、木の基礎的な情報が様々な資料で頻繁に出てきます。欧州では一本一本の薪の大きさを測る規格もあり、ISO規格となっているぐらいです。

薪の燃え具合については、樹種による違いもよく話になりますが、しっかりしたデータをなか

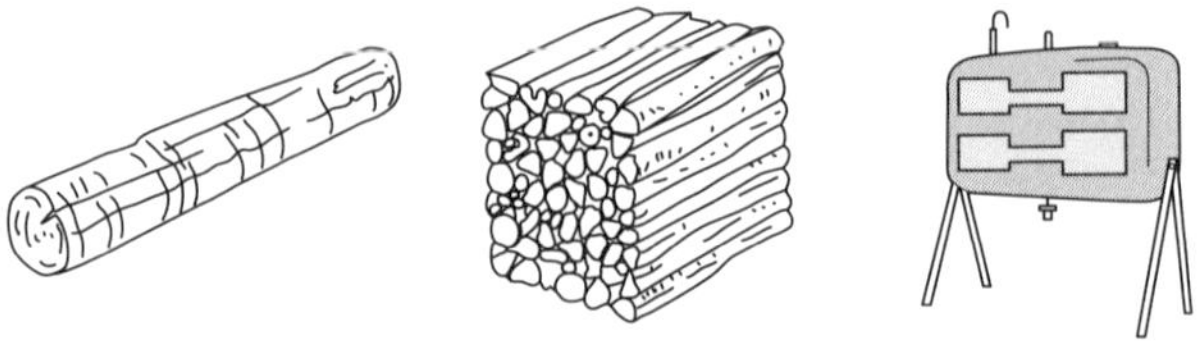

丸太		積層薪		灯油
1.0m^3	＝	1.3m^3	＝	340 ℓ
0.75m^3	＝	1.0m^3	＝	260 ℓ
3 ℓ	＝	4 ℓ	＝	1 ℓ

図6－10　同じエネルギー量の木、薪、灯油の体積

なか見かけません。エネルギーとしての薪の単位は感覚的な話が多く、正確な情報はほとんど見かけません。薪ストーブユーザーの間には薪はナラに限るというナラ神話があります。ナラが薪として重宝されるのは火持ちが良いからで、新しい薪を入れるまでの時間が長くなるということです。薪の火持ちの良さが何で決まるかというと重さです。樹種による発熱量は重量当たりで見れば大きな差はなく、針葉樹の方が広葉樹より、２％高いだけであるとされています。つまり木の発熱量は比重次第だということなのです。

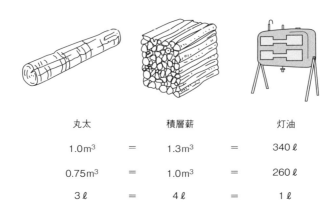

　薪や木を手にしてみると、木の種類によって重さがまったく違うことがわかります。なんとなく木は軽いものというイメージは、乾燥して製材された杉がつくったものだと思います。杉は様々な樹種のなかでも非常に軽い木なのです。杉は針葉樹ですが、薪には広葉樹がよく使われます。広葉樹は雑木とも呼ばれますが、様々な樹種があります。広葉樹は全般的に重いのですが、このなかでも確かにナラは断トツで重いのです。しかし、ナラ以外が薪として使えないわけでは決してありません。火持ちしない軽い木というのは着火しやすく、炎もすぐに大きくなるという特徴があります。だから、最初の着火に使って早くストーブを暖めたい時にはちょうどいいのです。

　人工的に杉が植林されたような山ならともかく、自然の広葉樹林は雑木山と呼ばれるように様々な木が生えています。そういう様々な木をくらべながら薪ストーブを楽しむというのもいいのではないかと思います。例えば、木を割ると強い木の香りが漂い始めます。ナラ、杉、松、クルミ、それぞれまったく違う独特の香りがします。木が強い香りを放つことにも驚かされます。今まで単調な風景としてしか見ていなかった山が、木の一本一本まで気になるようになってきます。薪を使うことで初めて木に触れ、森を本当にリアルなものとして感じることができるのです。

10 ペレットの品質

燃料供給や燃焼が自動化されたペレットストーブですが、ペレットがつまったり、着火しなかったりといったトラブルを耳にすることもあります。例えば、おが粉が固められた状態のペレットですが、しっかりと固められていなければ割れたり、粉となって零れ落ちたりします。そうしたものが、ペレットストーブの中の供給経路でつまったり、燃焼せずに舞い散ったりします。そして、トラブルのなかでも多くの原因となるのが、灰によるものです。ペレットストーブにはペレット燃料を燃焼させる受け皿になる部分があります。その受け皿には通常燃焼に使う空気を送る穴が開いていたり、格子になっていたりします。ところが灰が多いと、灰が加熱されてクリンカと呼ばれる塊になり、この穴をふさいでしまうことがあるのです。そうなると空気は送れなくなってしまい、不完全燃焼が起きてくるのです。これに対処するためには、できるだけペレットから出る灰の量を減らすか、灰が出ても残らないような工夫をするか、どちらかです。灰が残らないような工夫はペレットストーブメーカーの工夫のしどころにもなっているのですが、できるだけ灰の少ないペレットであるに越したことはないわけです。

ペレットも木が原料である以上燃焼すると灰が出ますが、その灰の量を左右するのが樹皮なのです。樹皮は灰分が多いので、樹皮が入っているかどうかで灰の量が変わってきます。木を製材する時は樹皮をむいてから挽きます。そのため、製材過程で出てくるおが粉を原料にしたペレットは樹皮が入りません。樹皮は色が茶色く、中身は白い木が多いので、樹皮の入らないペレットは白く、ホワイトペレットと呼ばれています。本当は、この製材の前にむいた樹皮が使えないでごみのようになっているので、樹皮だけでペレットがつくれれば製材所としては都合が良いのですが、先ほど言ったように灰が多いとストーブでは燃えにくくなるのです。また、間伐材をペレットの原料にする場合も、樹皮がついたままでつくる方が手間はかからないのですが、灰分は先ほどのホワイトペレットよりは少し多めになります。灰が多くても燃えるストーブというのも開発されてきましたが、結局のところ、やはり灰が少なく、トラブルも少ないペレットを選ぶユーザーが主流となりました。

また、原料が山で伐ってきた木ではなく、建築を解体した時に出てきたものなど、廃棄物からの木材だとすると、そのなかには、防蟻材などの化学薬品が入っていたり、その他の混入物が入ってくる可能性があります。こうしたものを燃やすと有害ガスを発生することになるのです。

こうしてわかるのは、ペレット燃料も形状はある程度そろっていたとしても、そのなかには様々なものが入る可能性があるということなのです。薪と違って、加工されてくる分、見た目だけでは中身はわからなくなります。これはペレットストーブを使う人にとっても、ペレットス

表6－1　木質ペレット品質基準

原料は樹幹木部、全木（根・枝葉・末木を除く）。化学処理されていない木材加工場からの副産物または残材、樹皮[1)]

項目			単位	基準
直径		D	mm	6±1 または 8±1
長さ		L	mm[2)]	3.15＜L≦40
かさ密度		BD	kg/m^3	650≦BD≦750
水分（湿量基準含水率）		M	%[3)]	M≦10
微粉率		F	%[3)]	F≦1.0
機械的耐久性		DU	%[3)]	DU≧96.5
発熱量	高位発熱量	Q	MJ/kg[3)]	Q≧17.5
	低位発熱量	Q	MJ/kg[3)]	Q≧16.0
添加物[5)]（バインダーなど）			%[4)]	≦2[6)]
灰分		AC	%[4)]	1.0＜AC≦2.0
硫黄		S	%[4)]	S≦0.04
窒素		N	%[4)]	N≦1.0
塩素		Cl	%[4)]	Cl≦0.03
重金属	ヒ素	As	mg/kg[4)]	As≦1
	カドミウム	Cd	mg/kg[4)]	Cd≦0.5
	全クロム	Cr	mg/kg[4)]	Cr≦10
	銅	Cu	mg/kg[4)]	Cu≦10
	水銀	Hg	mg/kg[4)]	Hg≦0.1
	ニッケル	Ni	mg/kg[4)]	Ni≦10
	鉛	Pb	mg/kg[4)]	Pb≦10
	亜鉛	Zn	mg/kg[4)]	Zn≦100

注　1）海中貯木木材、街路樹、剪定枝、防腐・防蟻処理剤、塗装・被覆製品、建築廃材などを含めた薬剤などで汚染された木材及び履歴の不明確なものを除く
2）40mmより長いものは全質量の1%以下、最長は45mm
3）到着ベース
4）無水ベース
5）澱粉、コーンスターチ、ポテトスターチなど植物由来のものに限る
6）添加率はペレット原料に対する添加物の質量割合

出典　日本ペレット協会、木質ペレット品質規格、2017年2月27日改正

トーブを開発する側にとっても問題です。灯油やガスなどのストーブは、灯油やガスが一定の品質を保っているから性能を発揮できるのであって、ペレットも工業製品としての性能を追求するには品質を定める基準が必要になります。

こうしたことから、ペレットの普及が始まった欧州ではペレットの品質規格と認証制度をつくり、それを満たすペレットしか流通しないようになっているのです。欧州ではこうした木質燃料だけでなく、燃焼機器についても規格がつくられており、それにならって日本でも基準が示されています。表6－1が家庭用ペレットの品質基準です。例えば、先ほどの灰分は2％以下となっています。薪を自給自足するならともかく、工場でつくられたペレットを流通させるためには、こうした客観的な情報があってこそ、ユーザーは安心してペレットやストーブを購入することができると言えます。日本ではこうした基準を取り入れている生産者や販売者はまだ多くありません。消費者がそういうものを求めていくことで変わることになるのかもしれません。

11　薪、ペレット、エアコンのランニングコスト（燃費）

薪やペレットの単位や品質のことがわかったところで、一番気になるのはそのランニングコスト（燃費）です。これまでも説明したように、薪やペレットのコストを他のエネルギーとくらべるにはJという発熱量に換算しなければくらべられません。そして、暖房のコストを考えるには、エネルギー源の発熱量に対する暖房機器の熱効率も影響してきます。そのため、まずはストーブの熱効率をくらべておきます。

灯油ストーブの効率は省エネ性能カタログでは平均86％となっています。そして、日本の灯油ストーブとは効率の測り方も違うので単純比較はできませんが、最近のヨーロッパのペレットストーブは90％を、薪ストーブは80％を超えるものが一般的になっています。国産のペレットストーブや薪ストーブは効率の表示方法がまだ統一されていないので、くらべにくいところがありますが、現在の日本のペレットストーブは70～80％となっているようです。大雑把に言うならば、効率の良いものであればペレットストーブは灯油ストーブとほぼ同等、薪ストーブはやや効率が落ちるというような感覚でとらえるといいかと思います。

こうしたストーブの効率からすると、ペレットストーブの燃費はおおよそ灯油の価格と比較しておけばいいでしょう。ペレット燃料の発熱量当たりのコストを灯油とくらべてみたいと思います。販売店によってペレットも差がありますが、ペレットはkg当たり40円から80円というところかと思います。灰の少ないホワイトペレットと呼ばれる樹皮を含まないものは少し高めです。また、送料が距離や販売店によって違いますが、宅急便などを使うと非常に高くなります。灯油の配達はタンクローリー車を使って給油しますが、ペレットは注文した分の袋を人力で運び込むという方法になっています。灯油は店頭価格の1割前後を配達費にしていますから、ペレットの配達コストをどう抑えるかは今後の課題です。ペレット2kgで灯油1ℓと同等の熱量を持ちますので、ペレットのkg当たりの単価を2倍したものが灯油のℓ当たりの単価と同じコストとみなせます。灯油の価格は変動しますが、図6－11は近年の推移とその時々の灯油と同じコストとなるペレットの単価をわかるようにしたものです。例えば、灯油が約１００円／ℓの時、ペレットが50円／kg以下であればペレットの方が安いということになります。

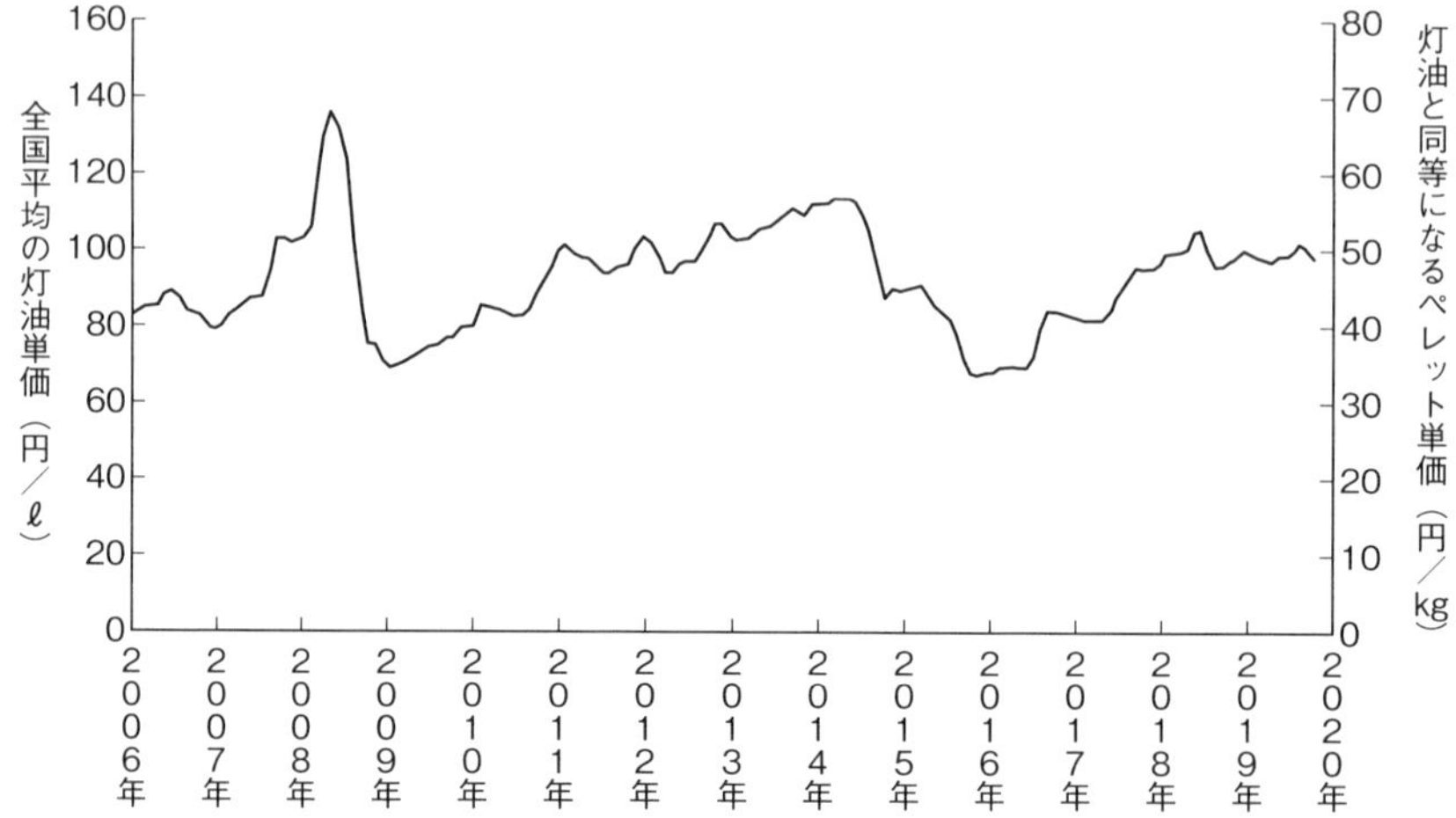

図6－11　ペレットの価格と同じ熱量単価になる灯油価格

灯油価格は石油製品価格調査（資源エネルギー庁）の全国平均配達価格より作成

最近は暖房もエアコンが増えているので、次にエアコンと比較したいと思いますが、ここは単純ではありません。電気を使った暖房としては、電気ストーブの何倍も効率が良いものの、一次エネルギー消費としてくらべると差があまりなくなってくることや、エアコンの効率は気温などにも影響を受けることから、地域によっても違うことは先に触れました。そこで、先ほどと同じように、国立研究開発法人建築研究所などが開発した住宅に関する省エネルギー基準に準拠したプログラムを用いて、基本となる一次エネルギー消費を算出して比較してみました。電気代も電力会社や契約種類によって違うのですが、税などを入れた料金として30円／kWhで計算したものと比較しています（表6－2）。

寒冷地ほどエアコンの効率は落ちるので、他の燃料価格も少し高くても競争力が出てきます。北海道や東北の1、2、3、4地域では、灯油が100円／ℓ程度でも、ペレットは50円／kgでもエアコン暖房より安いということがわかります。東京以西になってくると、ペレットは40円程度にならないとエアコン暖房の方が安くなります。現状の価格からすると、エアコンの方が安くなる場合も多いと思いますが、そこまで大きな違いというわけではありません。実際にはどの暖房機もエネルギー効率は機種によっても、使い方によっても異なってきます。ペレットも海外のようにもっと価格が低下してくるということも考えられますし、電気料金が上がっていく可能性も大きいと言えます。そして、何よりも二酸化炭素の排出をどう考えるかですが、コラム4でも触れたように、ペレットや薪は二酸化炭素の排出がゼロとみなせるという大きな効果を持っています。

薪や丸太の相場は地域によっても違うようですが、薪は買うと灯油ストーブやエアコンよりも高くつく場合もあります。しかし、丸太を買って自分で割って薪をつくれば安くなる場合がほとんどです。薪割りが大変なのかどうかは後ほど説明しますが、断熱性能の高い住宅にすれば大したことはありません。

ペレットストーブと薪ストーブを比較する場合、よく皆さんが気にされるのがペレットストーブで使われる電気です。特に災害が起きると、停電していても使えるという意味で薪ストーブは魅力的です。では、日常的な利用においてペレットストーブの電力消費はどの程度なのでしょうか。ペレットストーブで電気を使うのは排気や送風に使うファン、ペレットを投入していくためのモーターや最初の着火に使う電気ヒーターです。着火用ヒーターが一番大きくて数百Wですが、これは最初の一瞬なので量としては大きくありません。ペレット投入用モーターも定期的ではありますが、それほど頻度は高くないので量としてはやはり大きくありません。ファンは運転している限り回り続けるので、これが一番大きいということになります。しかし、これらを合わせても常時使う消費量は数十W、多くは100W以内です。仮に50Wとすれば、一日10時間使って5

表6－2　エアコンの電気代と同じ燃費になる灯油ストーブ、ペレットストーブ、薪ストーブの燃料価格

電気30円/kWh

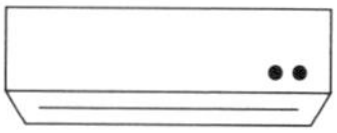

＝

住宅の省エネルギー基準における地域区分	灯油（円/ℓ）	ペレット（円/kg）	積層薪（円/m^3〈円/kg〉）	丸太（円/m^3）
1地域　旭川市など	124	62	26,000〈49〉	34,000
2地域　札幌市など	115	58	24,000〈46〉	32,000
3地域　青森市など	104	52	22,000〈41〉	29,000
4地域　仙台市など	111	56	23,000〈44〉	31,000
5地域　宇都宮市など	97	48	20,000〈38〉	27,000
6地域　東京都など	89	44	18,000〈35〉	24,000
7地域　福岡市など	91	45	19,000〈36〉	25,000

注　電気30円/kWhでエアコンを使った場合との比較
電気30円/kWhは税込、再生可能エネルギー賦課金込
エアコンと灯油ストーブの計算は「住宅に関する省エネルギー基準に準拠したプログラム」を用いた
灯油ストーブとペレットストーブは同じ熱効率、薪ストーブは10％落ちると想定
ペレットは低位発熱量16.5MJ/kgとした
薪は低位発熱量15MJ/kg、容積重700kg/m^3とした

00Wh（0・5kWh）、30日で15kWhですから、1kWh30円で月450円です。この電気をどう見るかですが、エアコンを10時間使うと20kWhほどになるので、ペレットストーブの0・5kWhは2・5％です。灯油ストーブとくらべると、ペレットを一日に10kg使ったとすると同じ暖房をするのにおよそ灯油5ℓ使い、それで排出される二酸化炭素は12kgです。ペレットストーブが電気を0・5kWh使ったとすれば、それによって排出される二酸化炭素は250gほどなので、約2％です。このようにペレットストーブは電気を使うといっても、それほど大きな問題ではないことがわかるかと思います。

　薪ストーブの効率は灯油ストーブやペレットストーブにくらべて少し落ちますが、ストーブ本体の効率だけでなく、燃料の乾燥度合いによって燃料自体の発熱量も変わるので、燃費を正確に出すのは非常に難しいものとなります。ここではよく乾燥された薪を焚いたとしてくらべてみますが、そうした変動があるのが薪の特徴として覚えていてもらいたいと思います。薪の価格もいろいろあり、最近はネットでも薪の販売が増えていて、その相場を見ると、1kg当たり送料別で60～100円程度で売られているのですが、それ以外に宅配便の配達費が結構かかります。地方ではもう少し安く、配達費込みで40円程度で売られているところもあります。1kg当たり40円は灯油100円／ℓに相当します。それでも先ほどの2020年の価格1ℓ当たり80円より少し高くなります。薪40円／kgとペレット50円／kgがおおよそ同じ熱量単価になりますから、相場として地方で薪やペレットを直接配達してくれる店があればおおよそ同じという感覚です。

薪を自分で調達できる人はコストがかかりませんから、手間を考えなければ一番安い燃料になります。ただ、これは誰でもできる方法ではありません。もうひとつの方法は、丸太を購入して自分で割るという方法です。これも地域に森林組合などがあれば配達してくれますが、配達費込みで1万円／m^3以下のところが多いようです。表6－2を見てもらうとわかるようにこれぐらいの値段になると、灯油やエアコンの半額程度になってくるので、非常に大きな燃費削減効果が出ます。もちろんそれだけ手間をかけるということなのですが、山から伐り出してくるよりははるかに楽ですし、薪割りの手間は断熱気密性能が高くなってくれば、使う薪の量が少なくなるのでそれほど大した手間ではなくなります。以上のようなそれぞれの暖房機器の特徴とコスト、そして使う人の住宅やライフスタイルに合わせて暖房を選んでいくことになります。

12 薪・ペレットストーブの排ガス対策

コラム4で薪やペレットの燃焼による二酸化炭素はカーボンニュートラルという考え方でゼロカウントになるという説明をしましたが、その他の排出物に一酸化炭素、炭化水素とタール化合物、ＰＭと呼ばれる未燃の微小粒子状物質などの有害物があります。このなかでも微小粒子状物質は呼吸器系への影響に加え、循環器系への影響が懸念され、粒子径が２・５㎛以下のものをＰＭ２・５として環境基準が設けられるようになりました。ＰＭは従来ディーゼル車からの排出が問題視されてきたものでしたが、その後対策が進んで減少してきた結果、欧米では次なる発生源として家庭の薪ストーブなどが抑制対象となってきたのです。欧米ではもともと日本よりもはるかに多くの薪が使われており、特に古い暖炉はＰＭの発生量が多いことが示されてきました（図6－12）。例えば、アメリカでは約1割の世帯が１２００万台の薪ストーブやペレットストーブを暖房に使っています。ドイツでは１１００万台、森林のあまり多くないイギリスでも２００万台の木を燃料とするストーブやボイラがあると推計されています。また近年、温暖化対策などを背景に政府の補助制度も設けられるようになったことなどが影響し、増加してきているのです。こうしたことからも薪ストーブやペレットストーブの排ガスに対して厳しい目が向けられるようになってきたのです。

そのため欧米が取り組み始めたのがストーブの排ガス基準による規制を設けて熱効率の高いストーブを普及することです。その結果、欧米では排出基準をクリアした薪ストーブやペレットストーブでないと新規で販売できなくなっています。

微小粒子状物質も高い温度で完全燃焼させることで減らせるもので、そのことは結果的に必要な薪の量を節約することにもなるのでユーザーにとってもメリットがあります。アメリカのＥＰＡ（環境保護局）は木を燃料とする暖房機器に対してＰＭ２・５の排出基準を強化し、２０１５年から薪ストーブとペレットストーブは４・５ｇ／時間以下に、その５年後の２０２０年からは

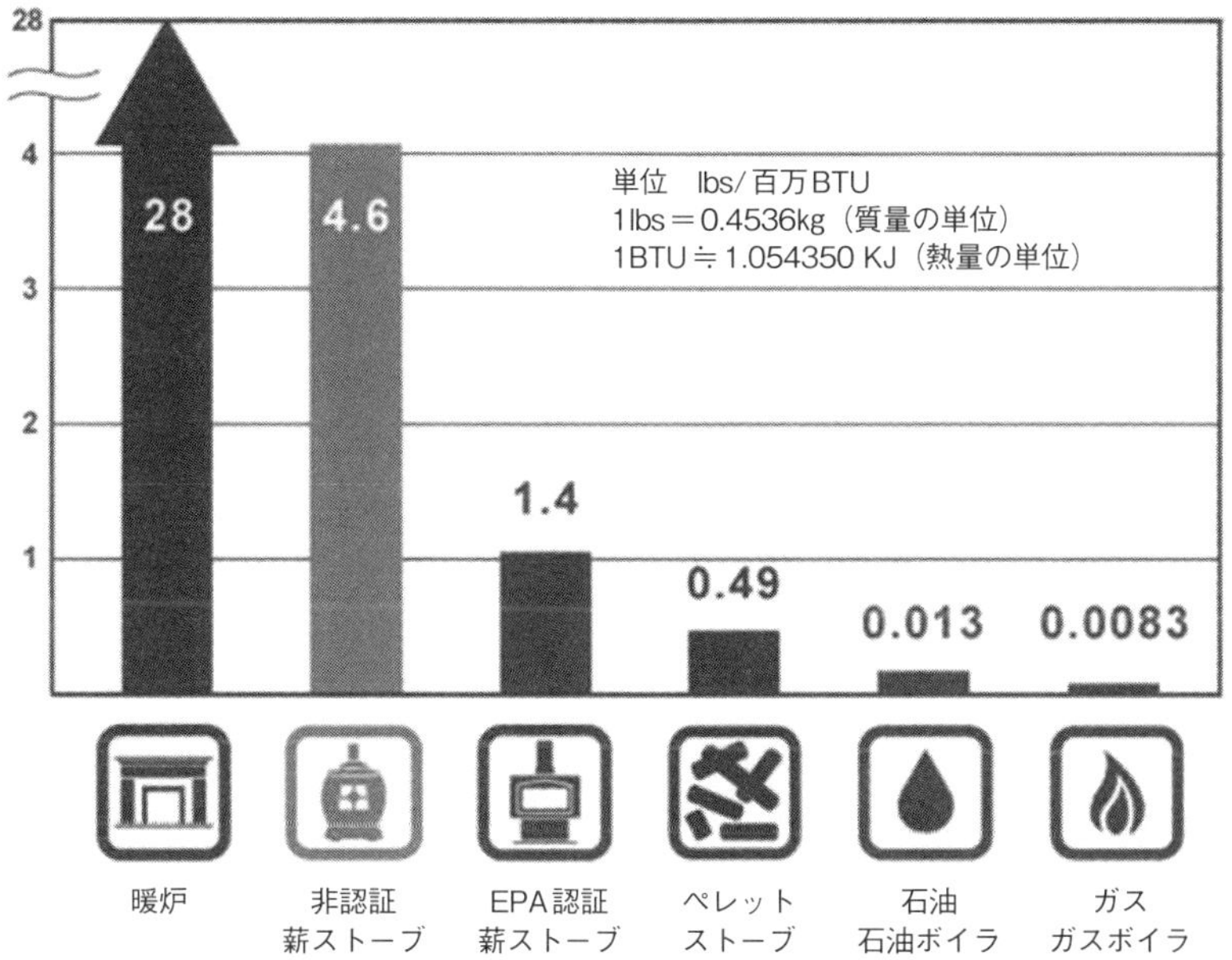

図6－12 バイオマスストーブのPM2.5排出量（アメリカ環境保護局資料）

ペレットの場合2・0g／時間以下に、薪の場合2・5g／時間以下にする規制を設けました。薪ストーブの熱効率に対する基準は設けられていませんが、第三者機関による測定とその表示を求めています。EPAはこうしたストーブの性能を向上させるように誘導しつつ、消費者に対しては基準を満たすストーブを認証し、公表しています。

英国の環境・食料・農村地域省（DEFRA）は都市部にばい煙抑制地域を設け、条件を満たす燃料と燃焼機器を使っていなければ1000ポンド（約1万4000円）の罰金を課しています。そして、欧州ではエコデザイン規制に薪ストーブとペレットストーブも組み入れており、2022年までに達成すべき暖房機器の排ガス基準と消費者への性能ラベル表示を求めています。

こうした規制によって、新しい薪ストーブのＰＭ２・５排出量は従来にくらべ格段に減ることになります。ペレットストーブはもともと乾燥された燃料であるペレットを自動制御で燃焼させるため、薪ストーブよりも排出量は少ない傾向にはありました。熱効率もＥＰＡが公表している実測値を見ると、ペレットストーブは80％を超えるものが比較的多く、90％近いものまでありま す。薪ストーブは触媒方式だと80％を超えるものもありますが、非触媒方式では70％前後となっています。

さらに進んだ薪ストーブでは、燃焼温度を測りながらモーターで燃焼空気のダンパーを調整することで最適な燃焼状態を生み出すストーブも出てきています（図６－13）。薪ストーブは着火の際や新しい薪を入れた直後はたくさんの空気が必要ですが、安定してくると燃焼に必要な空気は減ってきます。薪ストーブには空気を調整するレバー（ダンパー）がついており、手動である程度調整できますが、そのことをあまり理解していなかったり、やり過ごしていることがよくあります。こうした操作を自動制御で行うわけですが、当然電気を使うので、それが薪ストーブと言えるのかと思う人もいるかもしれません。しかし、温度センサーやダンパー調整用のモーターに使う電気はわずかです。それよりも、それによって減らせる排ガスや熱効率の向上の効果の方が大きいと考えられているのです。

また、古くて効率の悪いストーブからの排出量が全体として大きいため、これをできるだけ新しい効率の良いものに置き換えることを勧めています。しかし、それも簡単なことではないので、先ほど説明したような燃焼空気の自動制御を後付けで行えるような装置も販売されています。

炎を眺めて癒されるといった効果や自然との触れ合いを求めるだけでなく、世界は薪ストーブ

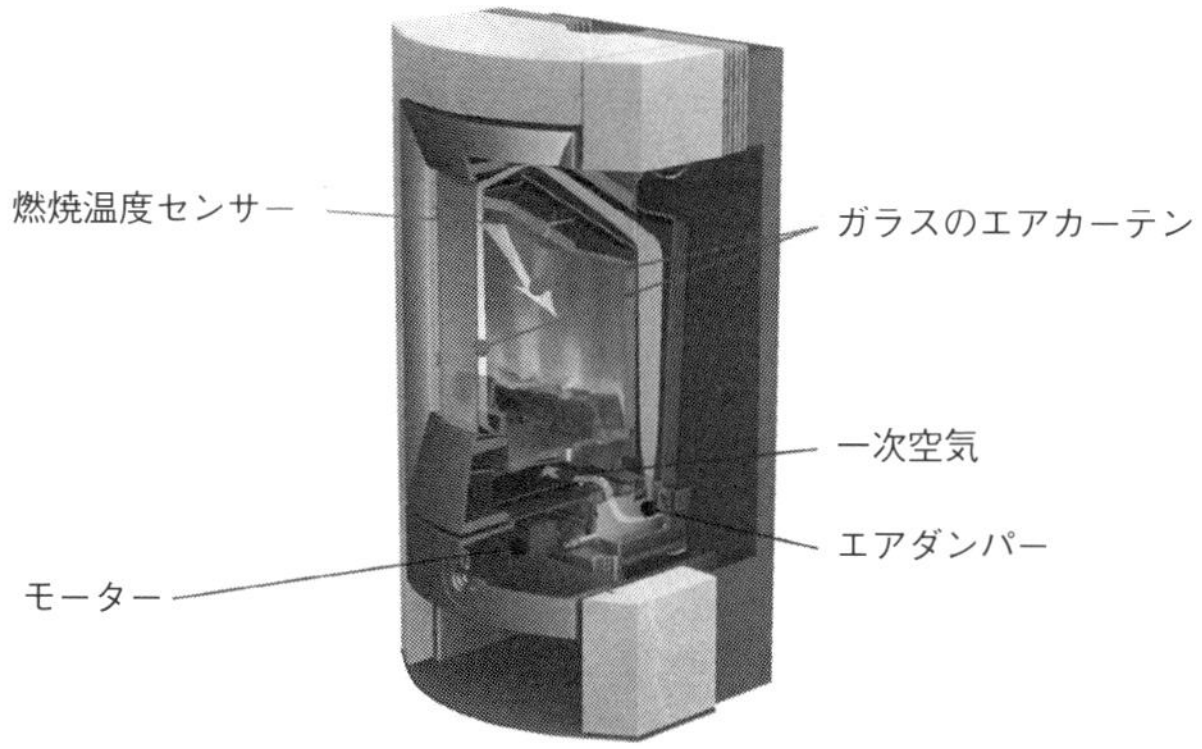

図6－13　燃焼温度によって風量制御された薪ストーブ

出典　Guidelines for automated control systems for stoves, ERA-NET Bioenergy Project WoodStoves2020, 2017

の効率と環境性能を考える時代に入っているのです。

日本で薪ストーブやペレットストーブがどのぐらい使われているかについて正確な数字はありませんが、日本暖炉ストーブ協会の会員による統計では１９９５年から23年間の販売台数が延べ17万台となっています。統計以前から設置されているものや、会員でない企業のものなどを加味してざっと30万台というところではないかと思われます。そして現在、薪ストーブとペレットストーブを合わせて年間１万台前後で推移しています。今のペースでは１００万台にはなかなか届きそうにありませんが、省エネ基準や温暖化対策の強化によっては今後欧米のように増加してくる可能性もあります。今のところ日本では薪ストーブやペレットストーブの排ガスはあまりまだ問題ではないかもしれませんが、薪ストーブについては臭いの問題が近隣からの苦情として出るケースがあります。これも不完全燃焼が原因で、臭いを減らすためにはしっかりと乾燥した薪を完全燃焼させることが基本になります。

二酸化炭素を排出しないカーボンニュートラルだというだけではなく、現代に即した利用を進めていかねばなりません。環境志向の暮らしを追求すると、現代的なものを否定して昔の暮らしを礼賛しがちですが、薪も現代的に進化させた形で利用していくことが環境への配慮を行うためには必要になってきています。日本で木のエネルギーを広げていくには、排ガス対策も同時並行で進めていく必要があるでしょう。

13　薪ストーブにするか、ペレットストーブにするか

日本でも薪ストーブやペレットストーブに興味を持つ人は増えてきています。一番惹かれるのは炎が見えることでしょうか。しかし、環境問題に興味を持ち、森林の問題を知り、エネルギー問題に対して自分にもできることがあればと薪やペレットにたどり着く人もおられるでしょう。では、薪ストーブとペレットストーブ、どちらがいいのかという選択にもなってきます。2つの違いについて、ここまで触れてきたことや補足しておいた方がいいことを左の表にまとめました。どちらを選ぶかは、結論から言えばライフスタイルによって決めればよいと思います。カーボンニュートラルで二酸化炭素の排出をゼロとみなせる効果はどちらも絶大です。すでに説明したように、ペレットストーブが使う電気はあまり多くはないですし、電気を使って燃焼を制御している分、エネルギー効率は薪ストーブよりも良くなるのです。そして、煙は出にくくなりますし、臭いもしにくくなります。隣近所が近い密集した住宅街では、薪ストーブの煙の臭いが苦情になる場合があります。薪をしっかりと乾燥しておくことで臭いの問題は軽減できますが、ペレットであれば確実に乾燥しています。そういう意味ではペレットストーブは都市向きだと言えます。燃料の保管場所も薪にくらべれば少なくすることができます。都市部では薪にする木を確保するのも簡単ではないでしょう。しかし、薪ストーブは薪をつくるところからできるので、自然との

表6－3　薪ストーブとペレットストーブの比較

暖房能力	薪ストーブの方がペレットストーブよりも暖房能力の大きなものがある。高断熱住宅に求められる小出力のものはペレットストーブの方が多い。
出力制御	ペレットストーブの方が出力の強弱を電子制御できるが、薪ストーブは感覚的な制御になるので細かな制御は難しい。
排ガス、臭い	乾燥の不十分な燃料を使うと薪ストーブは排ガスや臭いが多くなる。ペレットは人工的に乾燥されているので、排ガスも臭いも少ない。
燃料補給	ペレットストーブは1日1回程度の補給頻度に対して、薪の燃料補給頻度は1時間に1回程度になる。
着火	ペレットストーブは自動着火、タイマー運転などができる。
音、風	ペレットストーブは温風のためのファンの音がする。ストーブの近くにいると風が不快に感じる場合もある。薪ストーブは輻射式なので、風も音もない。ペレットストーブでも輻射タイプであれば同様。
設置費用	本体価格に大きな差はないが、煙突の費用がペレットストーブよりも薪ストーブの方が高くなる場合が多い。
燃料コスト	薪は原木の調達が自分でできれば安価。薪もペレットも購入する場合は、その値段、灯油や電気の値段、機器の効率、気候によってどちらが安いかは変わる。
燃料スペース	薪は最低1年分をストックしておくが、ペレットはその都度購入するのが容易なので、そこまでストックする必要はない。
CO_2削減効果	基本的にはどちらもカーボンニュートラルとして排出はゼロ。ペレットストーブは電気を使うが、それに伴う排出量は小さい。
エネルギー効率	ペレットストーブは燃焼制御されているので、感覚的な制御になる薪ストーブよりも効率は高くなる。
地産地消	薪は自分でつくったり、地域から調達することができるが、ペレット燃料は生産工場が近くにあるかどうかや原料調達が地域のものかによる。
災害時対応	電気のいらない薪ストーブは停電時でも使えるが、ペレットストーブは使えなくなる。
メンテナンス	ペレットストーブは電動部分の定期的な清掃やメンテナンスが必要になる。煙突清掃はどちらも必要だが、水分の多い薪を使っていると必要な回数は増える。

関わりを強く持ちたいと思う人には達成感を得やすいでしょう。身近な山の木を使った地産地消という、地域の活動にも貢献できます。

灯油ストーブを使っている人にとってはペレットストーブの方が温風を出すので、近い感覚で使えるかもしれません。また、ペレットストーブは温風によって水平方向に暖まった空気を送ることができるので、暖房範囲を横に広げやすくなります。しかし、高断熱の家になってくると、温風を出して高出力で暖房する必要はそれほどないので、ファンや風の音がうるさく感じます。そういう意味では薪ストーブのように風を出さない輻射式は、静かで快適です。しかし、ペレットストーブも最近は温風を出さずに輻射で暖房するものも出ています。また、高断熱住宅では大きな出力は必要なく、いかに小さな出力で運転できるかが重要になってきますが、ペレットの方が低出力での制御は行いやすいと言えます。

薪とペレット、どちらが良いかはその人次第、そしてその家次第と言えるでしょう。こうした様々な観点から自分に合うものはどちらか、考えてみてください。

コラム 6

環境に良い薪ストーブの使い方

薪ストーブの排ガスを減らすにはストーブそのものの性能もさることながら、ユーザーの使い方、特に薪の品質による影響が大きくなってきます。

薪は水分を下げることが不完全燃焼を減らし、汚染物質の排出も減じることになりますが、やはり重要なのは含水率で、その目安とされているのが20%以下です。欧米ではこうしたことをユーザーへ周知するために、ユーザーの薪の乾燥管理を徹底するよう普及啓発にも非常に力を入れています。イギリスでは政府が燃料供給事業者とともにキャンペーンを立ち上げ、含水率20%以下のすぐに燃やせる環境に良い薪の使用を呼びかけたり、適正な薪製造者を認証して公表しています。含水率を低くすることは、汚染物質を減らすだけでなく、着火が楽になり、燃費向上にもつながります。例えば、含水率20%の薪は30%の薪にくらべて2倍近い発熱量を持ちます。

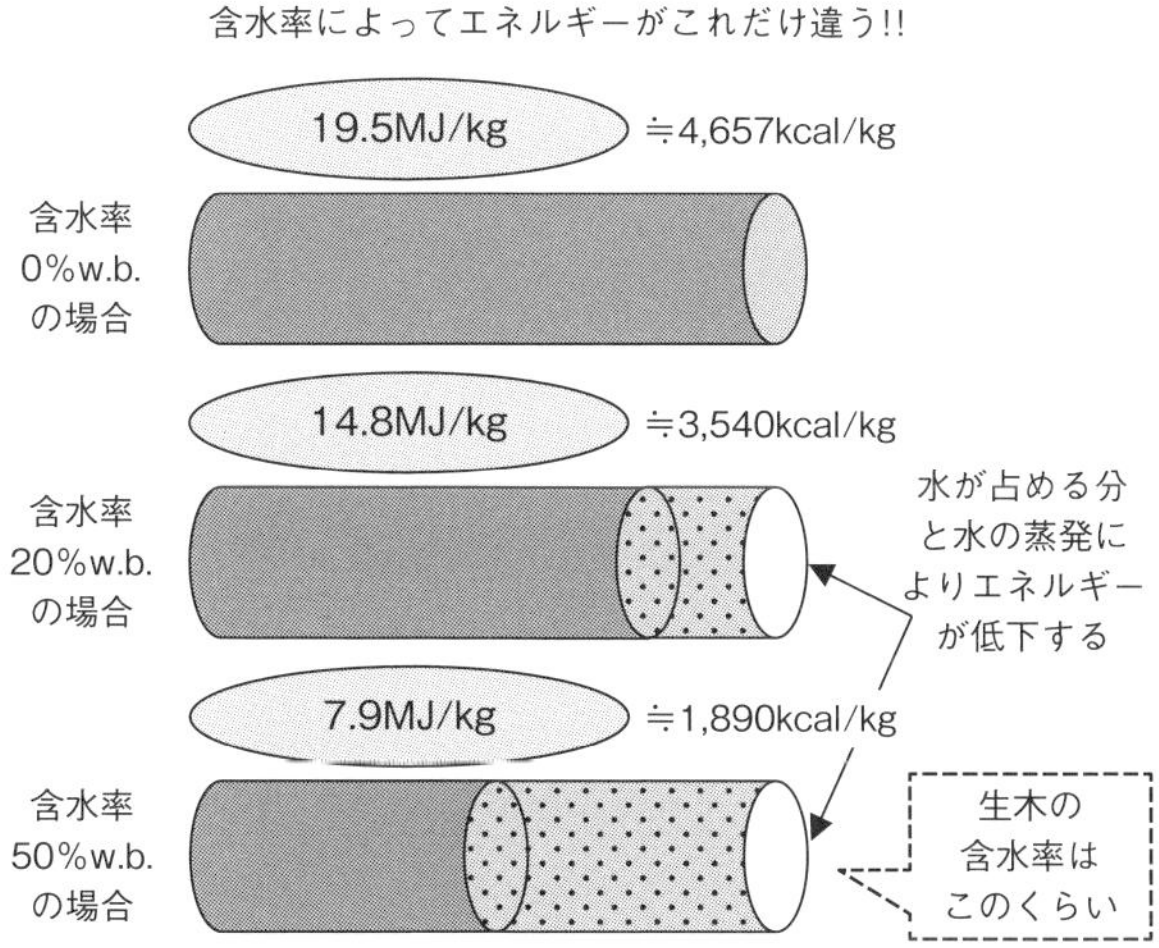

図6－14　含水率と薪の発熱量

出典　木質バイオマスストーブ環境ガイドブック2012調査報告書

　また、ペレット燃料だけでなく、薪についても２０１１年にＥＵが規格をつくり、それがＩＳＯの国際規格となっています。そのなかで薪の太さとして15㎝以下が、焚き付けには5㎝以下が推奨されています。日本人からすると薪に規格があるというのは考えられないかもしれませんが、それだけ海外では薪やペレットが普及しているということなのです。

　薪ストーブの着火方法も欧米では変わりつつあります。薪ストーブを使い始めると着火にそれぞれ工夫を凝らしていきます。焚き火やバーベキューの感覚からすると、着火剤などを下に入れて下から火をつけようとする人がほとんどです。しかし、最近欧米で主流になりつつあるのは上からの着火です。最初に下に太い薪を2本ほど置いて、その上に焚き付け用の燃えやすい細い薪を2、3段組み、その上に着火剤を入れるのです。煙突に近い高い位置から上昇気流を発生させることができるので、不完全燃焼を減らすことができるのです。

07

省エネ住宅でこそ活きる森のエネルギー

1 森のエネルギーで暖房の自給

住宅で再生可能エネルギーと言うと日本では太陽光が圧倒的です。しかし、ここまで説明してきたように（05のように）太陽光発電でエネルギーを賄おうとすると、年間トータルでは収支を合わせることができていても、実際には冬は不足する場合が多いのです。これは太陽と地球の位置関係上、仕方がないことです。地上に降り注ぐ太陽エネルギーが冬は減少するから寒くなり、そのためにエネルギーが余計に必要になるのです。しかし、そんな地球上でも太古から冬でも使ってきた再生可能エネルギーがあります。それが木です。冬でも使えるように木を割って積んで備えるというのは昔話のような作業ですが、見方を変えればこれは木がエネルギーをストックしていると見ることができるのです。太陽光発電ではできなかったことを昔からやっていたのです。今は太陽光の普及とともに蓄電池に関心が高まっていますが、冬の暖房に必要な電気をすべて蓄電池にストックすることは不可能です。

木は太陽のエネルギーを受けて光合成によって二酸化炭素を固定し、有機物に変換して成長していきます。特に日射量が多くなる夏場に光合成が盛んになり、大きく成長していきます。木が燃えるのは、この蓄積された炭素が酸化反応している状態です。つまり、そのままでは蓄えることのできない太陽エネルギーという流れ行くエネルギーを、木は光合成によって有機物という形にしていったん蓄える役割を果たしているのです。今、世界中の人が蓄電池の開発にしのぎを削っていますが、木は自然界が生み出した蓄エネルギー体です。人類はそういうものに気づいたから繁栄することができたとも言えるのです。

2　省エネ住宅では薪やペレットがどれぐらい必要か

薪ストーブを使うために考えなければならない一番の問題は薪の用意です。いったいどれぐらいの薪を用意すればいいのか。薪は買うこともできそうだけど、いくらぐらいなんだろう。自分でもつくってみたいけどそんなことできるのだろうか。わからないことだらけです。

薪は1年間の蓄えが必要になります。途中でなくなれば買い足せないこともありませんが、薪の販売業者からもう品切れと言われてしまえばそこまでになります。備えあれば憂いなしというのはまさにこのことなのです。今でも山の方の集落に行くと軒下に高く積み上がった薪棚の姿を見かけることがありますが、かつて薪棚や薪の小屋はその家の豊かさと安心を象徴するものでも

薪を積んだ体積で年間2.0〜2.3m^3
薪の長さ約40㎝、横3m、高さ2m
1年は乾燥が必要
2年分ストックで横6m分

図7−1　我が家で使う2年分の薪の量

ありました。

まず薪の量ですが、我が家の場合、1年間に使う薪の量は2・0〜2・3㎥。薪の長さは約40㎝で、横に3m、高さ2mに積んだ感じです（図7−1）。乾燥した薪を毎年買うならこれだけでいいのですが、自分で割って薪をつくるなら、1年間乾燥させなければなりません。その分を入れると2年分必要ですから、横に6m分は薪があるようにしておかなければいけないということになります。我が家では車庫を活用してこのスペースを確保していますが、決して小さなスペースではありません。もっと大きな家であれば、もっと寒い地域であれば、そしてもっと断熱性能が低ければ、もっとたくさんの薪棚スペースが必要だということになります。いろんな方の話を聞くと我が家の倍ほど使う方もよくおられますが、我が家の断熱性能を省エネ基準並みにした場合を計算すると、薪は3倍必要になります。そうすると、横に18mの薪棚です。こうなってくると、農村部の敷地の広い家でないとスペースの確保は難しくなってきます。いずれにしても、薪ストーブを使うには、薪棚のスペースをしっかりと計画しておかなければなりませんし、断熱性能の高い家ならその確保もだいぶ楽になってきます。

では、これがペレットストーブだとどれぐらい必要でしょうか。計算してみると重量で約1100kgですから、10kgの袋を110袋必要なことになります。かさで言うと1・7㎥です。薪の1年分が2・3㎥ですからそれよりは少ないのですし、薪は乾燥期間が必要なので実質2年分が必要だと考えればペレットなら半分以下の場所で済むと言えます。また、ペレットは月ごとに購入することもできるので、30袋を保管しておくとすれば、15袋を2列に積んで、幅72㎝、奥行き48㎝、高さ１２０㎝の場所、面積約０・35㎡があればいいことになります（図7―2）。袋詰めになっていて部屋の中にもきれいに保管しやすいので、この程度の量なら部屋の中に置くということも考えられます。

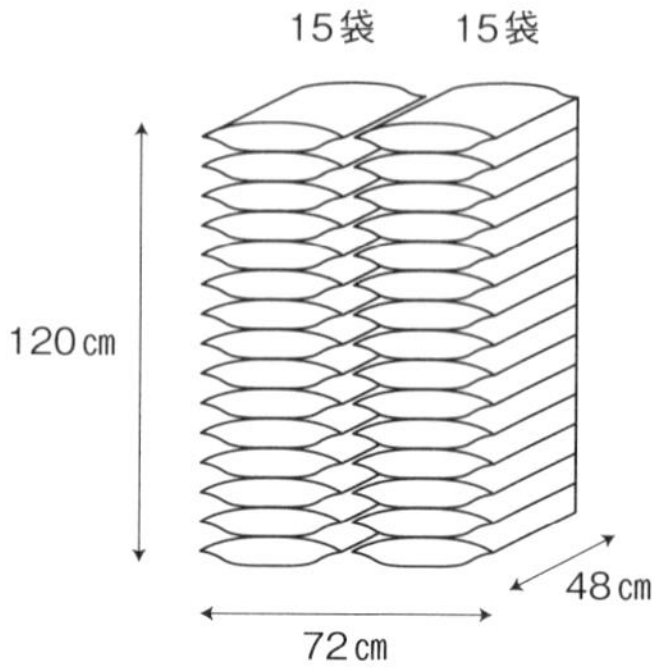

図7－2　ペレット300kg（30袋）の置き場

3　省エネ住宅で薪づくりも楽に

チェーンソーで木を伐って薪にする。このちょっとワイルドな感じにエネルギー自給への興味をそそられる人もいるでしょう。いったい何本ぐらいの木を伐ればいいのでしょうか。これは家の大きさや断熱性能、そして木の太さや種類によって違ってくるのですが、我が家の場合で計算してみると、直径25㎝ぐらいのナラの木で8本ほどです（図7―3）。それぐらいなら、やれそうな気がするかもしれませんが、断熱性の良くない家だと20本ぐらいは必要でしょう。しかも、木を倒す作業には危険が伴います。特に広葉樹は杉のようにまっすぐ幹が伸びておらず、曲がっているため、切り倒す際に途中で他の木に引っかかってしまったり、思わぬ方向に倒れてきたりします。倒れた木が当たれば大変なことになります。かなりのベテランでも広葉樹の伐倒は難しく、毎年死亡事故もあります。チェーンソーで木を倒すなら、都道府県などがやっている講習会を受けるべきです。そして、木を倒す作業は無理してやらず、慣れた人に任せ、倒れた木を短く

図7－3　薪ストーブに必要な1年分の木

伐る玉切り作業などを手伝うようにするといいでしょう。

そして、薪づくりで一番大変なのは木を伐ることではなくて、運ぶことなのです。まず伐った木を車の入れる道端まで運ばなければなりません。木というのは想像以上に重いものです。道路まで運んだら、今度は車に積んで家まで運ぶ。軽トラックがある人はいいのですが、そうでなければ乗用車のトランクか座席を倒して積むことになりますが、積める量は少なくなります。

そもそも、木を伐る山はあるのかというのがまた難しいところです。自分が持っていたり、知り合いが貸してくれたりする場合はいいですが、そうでないとすると木を伐らせてくれる人を探さなければなりません。なかなかそういう人を紹介してくれるところはないのですが、あったとしても木を運び出せる道があるかどうかとなると、そんな山を貸してくれる人を探すのは実際にはかなり難しいのです。そういう意味では、丸太の木を買って、自分で玉切りをして割るというのが比較的危険もなく、安価に薪をつくる方法になります。薪を自分でつくろうとするとなかなか一人ではできないものです。薪づくりをするならば、薪仲間を探すことをお勧めします。山を探すにも、山から木を下ろすにも、共同作業の方が安全ですし、作業効率も違ってきます。何よりも、みんなでやると楽しくなります。

また、山の木以外のものも薪にできます。果樹のある地域であれば、いらなくなったりんごやさくらんぼの木が出ることもよくあります。いい薪になりますし、畑は車が入りやすいので、山よりは運び出すのがはるかに楽です。住宅の工事現場で廃棄物として積み上がっている製材の端材も、喜んで譲ってもらえます。捨てるにも困るような庭木も引き取ってあげると喜ばれます。こうしたものはお金を介した取引ではない場合が多く、お互い感謝し合いながら受け渡しするよ

写真7－1
我が家の薪ストーブ約1年分の丸太（材積約$2m^3$）

うな場面が出てきます。

薪割りは斧で割る以外に、薪割り機を使うという手もあります。もちろん薪割り機を使えば楽になりますが、決して安いものではありません。置き場所も必要です。共同で購入して使うと負担額は小さくなりますが、レンタルをしているところもあります。薪割りも大変そうな作業に見えると思いますが、これも量が少なければ大したことはないのです。先ほどのように我が家で使う薪の量は1年で2・3㎥です（写真7－1）。これを割るのにどれぐらい時間がかかるかというと、5時間ほどです。このうち1時間ほどは積むのにかかる時間ですから、斧で割っているのは4時間。これを朝仕事で2日に分けてやっているのです。もしこれが省エネ住宅でなかったら4日はかかると思います。高断熱高気密住宅のおかげで薪づくりは楽になるのです。

そして、薪は乾燥が命です。薪は自然乾燥させますが、乾燥不足だと着火しにくかったり、不完全燃焼になって煤《すす》が出たりします。木は想像以上に水を吸っています。伐りたての木の小口を見ると、水が滴るように濡れていることがわかります。そのため、1年以上乾燥させないとうまく燃えないのです。ということは、秋の暖房の入れ始めにはその年の冬に使う分と、その次の年に使う分の2年分の薪が用意されていなければならないことになるのです。薪づくりは2年計画なのです。日々の忙しさにかまけて、1年先のことを考えることもできない現代人にとっては経験することのない時間感覚です。しかし、これ

写真7－2　薪の配達システムDLDの薪ラック

が自然の力を借りて生きていくためのサイクルだとわかると、その時間の流れに合わせることも心地よく感じるようになってくるのです。

薪ストーブは使いたいけど、薪割りは大変だし、2年分もの薪を置く場所はないという人は多いでしょう。そういう人のために便利な薪の配達サービスを行っている会社が長野県にあります。DLDという長野県の薪ストーブ販売会社です。この会社は薪ストーブユーザーの敷地に薪のラック（写真7－2）を設置し、軽トラックで週に1回のペースでユーザーを回って減った分を補充していくのです。ラックには減った量がすぐわかるように目盛がついており、その目盛を読み取りながら販売量を月ごとに集計していきます。そして、その料金は銀行から毎月自動的に引き落とされるので、電気やガスと同じような感覚で薪が使えるのです。薪ラックの大きさは、横1・5m、高さ1・3m、奥行き0・5m。こういう小さな薪棚で済めば敷地のさほど広くない家でも十分置けます。この会社は長野県で1000軒以上の顧客に薪を配達しています。薪ストーブユーザーが地域である程度まとまってくれれば、こういう配達システムも成り立っていきます。

4　薪・ペレットストーブを入れる前に断熱を

薪ストーブやペレットストーブは炎で暖かいイメージがありますが、実際に入れてみると思ったほど暖かくないという話も聞きます。炎自体は確かに暖かいですが、それだけで寒かった家が暖かくなるということは、よほど出力の大きなストーブを入れない限り基本的にはありません。断熱も不十分、すき間風だらけの家に薪やペレットのストーブを入れても、炎やストーブが見えるような場所は輻射熱によって暖かくなりますが、その効果はストーブの近くのことであって、離れればその効果はなくなっていきます。薪ストーブの場合、ストーブ本体が周りの空気を暖めますが、その空気はファンで送るわけではないので、暖められた空気は上昇していき、横方向には広がりにくいという特性を持ち、温度分布にむらができやすいのです。その点、ペレットストーブはファンで温風を水平方向に広げるので温度分布のむらは薪ストーブにくらべると小さくなります。暖かくないからといって薪をたくさん焚いてストーブを高温にするとストーブは傷みやすくなります。ペレットストーブも高出力で高温の温風を出すので、送風ファンの音がうるさくなってきます。やはり暖かい家にするにはまずは家そのものの断熱性能を上げなければならないのです。

薪やペレットストーブはすぐ暖まらないから、朝は灯油ストーブを入れているという家もよくあります。居間だけを薪やペレットストーブで暖めて、他の部屋は灯油ストーブかエアコンというのもよくあるパターンです。灯油のファンヒーターや電気ストーブは2万~3万円も出せば買えるので、多くの人は部屋ごとに何台もストーブを置いて直接体を温めるような使い方をしてきました。こういう安いストーブがあるからできたということと、寒い家ではこうしなければ暖かくできなかったという両方の側面があります。確かに大きな薪やペレットストーブを何台も置いて家全体を暖めようとすると費用もかかるし、場所も取られ、あまり現実的とは言えません。しかし、せっかく良いストーブを入れてもこれではもったいないし、エネルギー自給にはつながりません。これらもすべて断熱性の悪い住宅ゆえの状況です。

家の断熱性能が高ければ、家全体を薪やペレットストーブ1台で暖房することは十分可能ですし、ストーブそのものはそれぐらいの能力を持っています。まずは家そのものの断熱気密をしっかりしないと薪ストーブもペレットストーブも効果を発揮しません。これはエアコンで暖房する場合でも同じです。炎を眺めることが楽しみで、ストーブの前だけでも暖かくなればいい方はともかく、家を暖めたい方は家の断熱性能を上げなければなりません。今ある家にストーブを導入したい方は、断熱リフォームもあわせて検討される方がいいと思います。

5　木のストーブと高断熱高気密住宅での換気

環境にいい薪やペレットストーブで暖かく、そして少ない燃料で過ごすには、やはり高断熱でなければいけませんし、高気密であることもセットです。ところが、薪ストーブを扱っている人のなかには高気密を否定する方が結構おられます。これは最初に説明した、高気密は不健康だというよくある誤解に基づくものでもあるのですが、薪やペレットのストーブならではの構造上の理由もあるのです。それは逆流という問題です。現在、住宅には24時間換気が義務付けられています。この換気設備でよく使われるのが第3種換気と呼ばれる方法で、排気はファンをつけて室内の空気を外に出し、外からの空気はファンのない給気口から入れる仕組みです。そうすると、室内は圧力が低下し（状態を負圧と言います）、玄関の扉が外から開けにくくなったりします。常時つけている24時間換気とは別に、台所にあるレンジフードもかなりの空気を排気するので負圧になります。

こうした状況で逆流が発生しやすくなるのですが、わかりやすいのは薪ストーブです。着火をする時に扉を開けて行いますが、負圧になっているとその際に出てくる煙が煙突の方ではなく、室内側に出てくるのです。排気ファンで部屋の空気を外に吸い出すわけですが、壁に設けた給気口からだけ空気が入り込むわけではなく、外とつながる薪ストーブからも入ってくるのです。燃焼後、温度が上がってくるとドラフトという温度差によって発生する上昇気流で煙は煙突から出ていくので逆流は起こりませんが、温度がまだ上がらない着火時には起きやすいのです。ペレットストーブの場合は自動着火なのでストーブの扉を開ける必要はありませんし、ファンを使って煙突から排気するので薪ストーブのように扉からの逆流はありません。

負圧による影響はストーブの扉を閉めている場合でも起きます。それはストーブの燃焼に使う給気です。薪であれ、ペレットであれ、これは共通するもので、燃焼のために必要な空気を部屋の中から取り入れるのか、部屋の外から外気を直接取り入れるのかによって変わってきます。従来はどちらのストーブも前者だったのですが、ペレットストーブの場合はＦＥ（強制排気）式と呼ばれるタイプです。高気密化し、負圧になっていると、換気のために回したファンが家の中の空気を引くので、薪ストーブやペレットストーブに行くべき空気が行きにくくなるのです。薪ストーブの場合は煙突の上昇気流ドラフトが弱められ、ペレットストーブではファンが回っていても十分な排気量に達しないというような状態になるので、燃えにくい、火力が上がらないということになるのです。そうしたことを防ぐために、高気密住宅では薪ストーブであれば外気導入のためのダクトをつけ、ペレットストーブであればＦＦ（強制給排気）式のものを選ばなければな

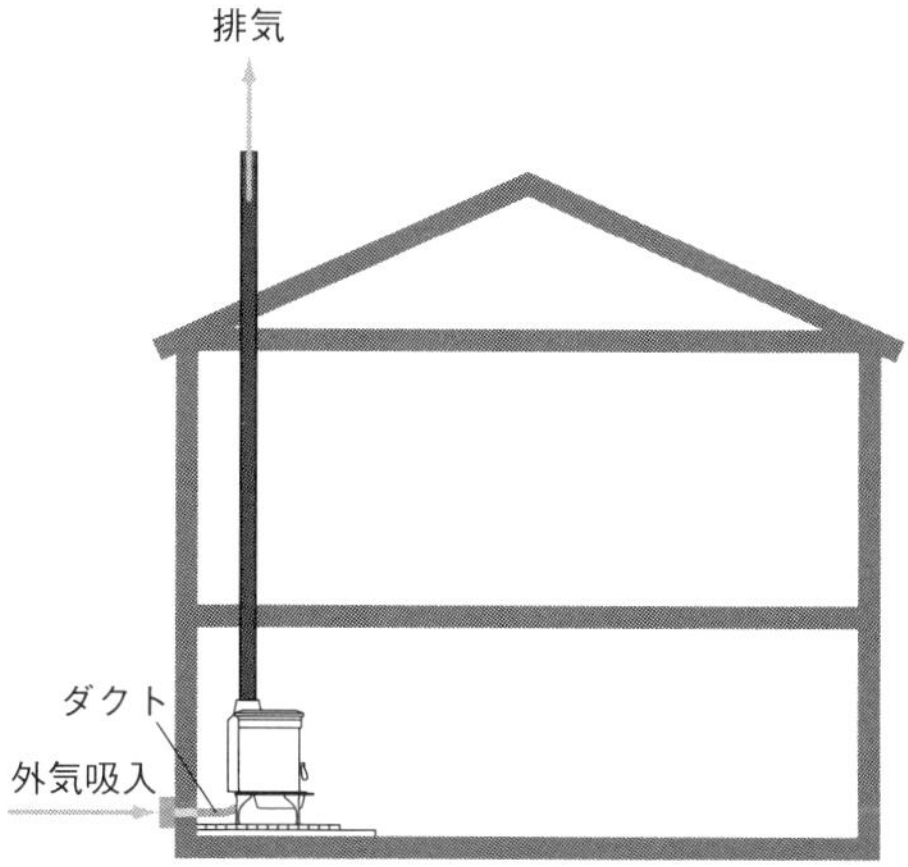

図7－4　薪ストーブの外気導入

りません。そうすれば換気のための空気の経路と、ストーブの燃焼のために使う空気の経路は別になるからです。しかし、薪ストーブの場合、最初の着火の時にはまだストーブが暖まっていないので煙突による空気の吸い上げドラフトがあまり強くありません。その状況で扉を開けますから、換気の影響を受けやすいのです。

ペレットストーブの場合は、ストーブ本体にペレット燃料を貯めておくサイロがペレットを燃やす燃焼室とは別にあるので、このサイロからペレットを燃焼室に送るパイプのような形をしたシューターと呼ばれるところがあります。このシューターから燃焼している炎が負圧に引かれて逆流し、引火するというようなことも起こりかねないのです。そうしたことを防止するために海外のペレットストーブでは負圧を感知して停止するシステムを導入するものが多く、国産ストーブでも徐々に増えています。このような状況はFF式にして室内の負圧の影響を受けないようにしても起こり得ることです。それはストーブ本体にも様々なところにすき間があるからです。例えば、ペレットを投入するための蓋、灰を出すための扉などです。高気密住宅対応として、こうしたストーブそのものの気密性を高めたペレットストーブも出てきています。

現代の高断熱高気密住宅で薪ストーブやペレットストーブを使うためには換気のことをよく理解していなければなりませんが、昔のすき間だらけの家ではこういう問題は起きませんでした。気密性が高まり、換気設備を回すようになったからこうした問題が起きてきたのです。だから古くから薪ストーブなどを設置している業者は高気密住宅を嫌うのです。

こうして見ると薪ストーブやペレットストーブと高断熱高気密住宅の換気は難しい関係にあるように思えます。しかし、その根本的な原因である換気による負圧状態を解消すればいいわけです。そのためには換気システムに第1種換気を導入することで解決できます。第1種換気は第3種と違い、排気だけでなく、給気にもファンを使いますが負圧は発生しません。給気量を排気量よりも多くすれば正圧にもできます。給気は換気ファンが強制的にやってくれるので、他から空気をあまり吸わなくなります。そうすると先ほどの逆流の問題が一気に解決します。若干のコストアップにはなりますが、先ほど説明したようにこの第1種換気は熱交換換気でもあります。そのための省エネ効果も非常に大きいのです。木のストーブと高断熱高気密住宅は相性が悪いのではなく、木のストーブと高断熱高気密住宅と第1種換気（熱交換換気）という組み合わせは、ゼロエネルギー住宅として理想的な組み合わせなのです。

6　ストーブ1台で全館暖房

日本人の多くは安いストーブを何台も入れて、家を部屋ごとに暖める習慣がついているようです。エアコンも各部屋に設置するのは同じです。薪ストーブやペレットストーブも、寒い家だから炎の見える暖かい暖房器具をというイメージが人気の理由だろうと思います。そうすると、一部屋だけは薪やペレットのストーブを使っても、他の部屋は灯油やエアコンで暖房するということになります。しかし、本当に環境のことを考えて二酸化炭素を減らそうとするならば断熱性能の良い家にして、それだけで暖房を賄いたいものです。

そして、断熱性能の良い家になってくると、自ずと暖房方法も変わってきます。それは小さな能力でよくなってくるということです。ストーブもエアコンも、一般的なものの定格出力はおおよそ5kWから10kWぐらいのものがほとんどです。最大出力は定格出力よりも大きな値になりますが、安全に効率的な運転ができるのは定格での運転です。要注意なのはカタログでよく表示されている○○畳用という目安で、これは日本人の住まい感覚には合っているのですが、1964年に定められてから変わっていないのです。ほとんど断熱材が使われていなかったような時代の目安なので、今これをまともに信用してはいけません。例えば8畳用のエアコンの暖房時定格出力を見ると、2・8kW前後になっています。この8畳（13・2㎡）をHEAT20で言う4地域のG2グレードの断熱性能の家で暖房しようとすれば、外気温0℃の時に室温20℃設定として、0・5kWもあれば足りるのです。逆に2・8kWあれば80㎡は暖房可能になるのです。少し大きめにして10畳用にすると暖房能力4・0kWあるので120㎡ほど暖房可能になります。つまりエアコン1台で家全体を暖房する能力があるのです。薪ストーブやペレットストーブも同じです。エアコンはインバーターで出力を制御しており、最小から最大の幅が非常に大きく、10倍以上の差があるのは普通です。ところがペレットのストーブの場合は3倍程度、薪ストーブの場合は2倍程度です。薪やペレットのストーブの場合、出力調整は薪をくべる量、ペレットを投入する量によりますが、少量にして燃焼させるのは難しくなります。そのため、高断熱住宅でオーバーヒートにならないようにストーブの能力を小さめにしたり、暖房範囲を広めに取れるように検討していく必要があります。

そういう意味では、薪もペレットも今までのように出力の大きさではなく、小さい出力で連続運転できるようなストーブが求められるようになります。それは、薪やペレットの着火にどうしても時間がかかるため、エアコンや灯油ストーブとは違って、オンオフを頻繁に繰り返すような運転は向かないからです。しかし、それも高断熱住宅になってくると室温自体がそれほど下がったりはしないので、オンオフ運転のような激しい制御は必要なくなってきます。薪ストーブの場合は体感温度と火加減を見ながら薪をくべれば十分マニュアル制御できますし、ペレットストーブではエアコンなどと同じように部屋の温度設定をして、それに合わせて自動制御できるようなものも増えてきました。

また、断熱性の悪い寒い家で求められた従来の灯油ストーブのような温風も、断熱性能の良い家になってくると、風の音がうるさかったり、肌が乾燥したりと不快なだけになり、薪ストーブのような温風のない輻射タイプのストーブの方がよくなってきます。そうしたことから、最近ではペレットストーブも温風を出さない輻射式のタイプや温風から輻射に切り替えられるものが増えてきました。

そして、1台のストーブからどうやって家全体に暖気が回るようにするかですが、これはエアコンでも同じで簡単ではありません。居間やダイニングのあるような場所は比較的連続した開放的な空間にしやすいのですが、廊下と扉を設けることによって部屋が分断され、子供部屋や寝室といった個室はどうしても空気の流れは分断されます。図7–5は住宅の省エネルギーをシミュレーションする研究者などに最もよく使われるプランです。1階の玄関から廊下が続き、そこから扉を開けて居間に入るというパターンです。その廊下を挟んでトイレや風呂があります。廊下やトイレ、風呂には暖房機器を置くことは普通しませんから、こういうプランになるといくら断

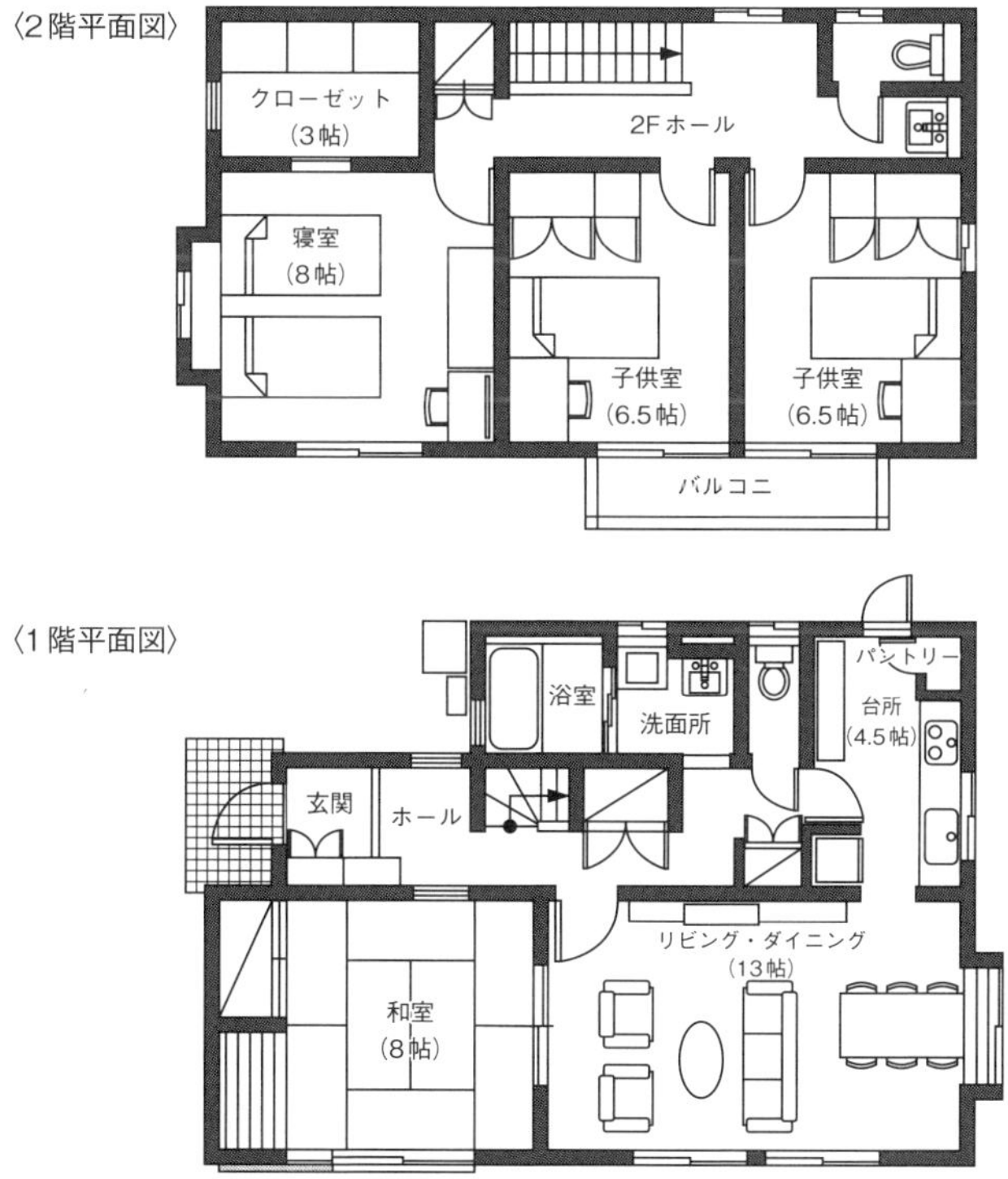

図7－5　日本でよく使われる住宅の標準プラン

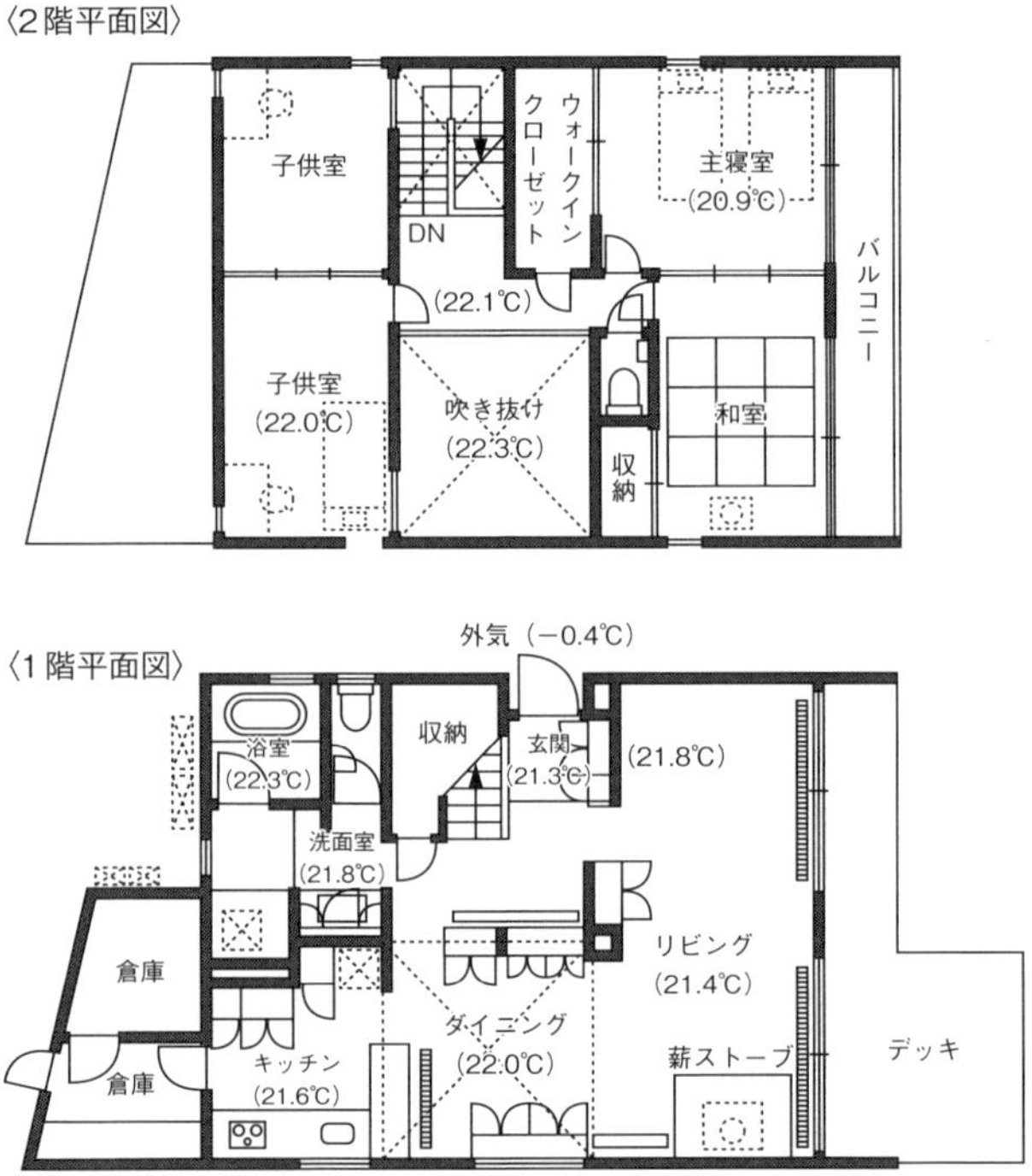

図7－6　我が家の温度分布（2月の平均温度）

熱性能を高めても、居間以外は簡単には暖かくはなりません。居間で暖房された空気を閉じ込めないよう扉などはできる限り開けるようにしなければなりません。図7―6は我が家です。1階に廊下はなく、玄関からそのまま居間にも、トイレや風呂にも扉なしでつながっています。1台の薪ストーブで暖められた空気はどんどん広がっていきます。場所ごとの温度を見ても、吹き抜けの上下を見ても、ほとんど温度差がなく、22℃あたりを中心に1℃前後の範囲に収まっています。

家の中の空気は換気システムの給気口から排気口の方向に流れるので、この給気口と排気口の配置で冬場の空気の流れは決まってきます。できるだけこの空気の流れの川上側にストーブを置いて、暖められた空気が家の中をうまく回っていくようにしなければなりません。1階から2階の上下の暖房は、適度な大きさの吹き抜けや階段によって上下の空気が循環するようにできます。

つまり、家の中の空気の動きを水平方向と垂直方向にデザインしながら、ストーブの設置場所を決めていく必要があるわけですが、そのためには平面図と断面図をつくりながら換気システムも考えることができる設計者が必要だということになります。特に薪ストーブは温風を使わないので、暖まった空気は上昇するだけです。この暖まった空気を換気などによる家全体の空気の動きに乗せられるよう考えられていなければなりません。

海外のペレットストーブのなかには、温風を通すダクトを使って離れた場所をスポット的に暖房するようなタイプも出ています。しかし、広い家で、多くの個室をそれぞれ暖房するには空気を回すだけでは限界があります。そういう場合は、温水にして配管で回して放熱器で暖房するというのが確実で快適なものになります。そういうことができるペレットストーブも海外にありますが、本格的なものをというとペレットボイラがヨーロッパでは使われます。

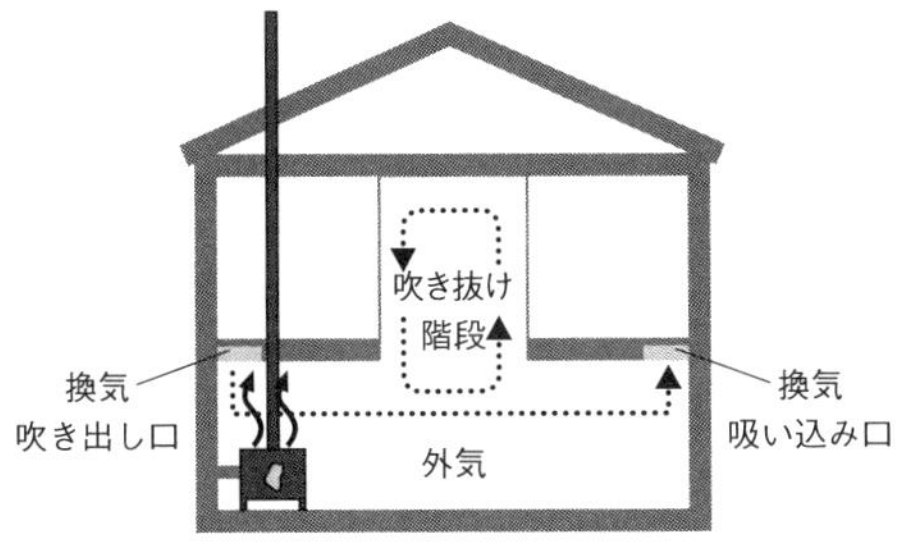

図7－7　家の中の空気の動きとストーブ

コラム 7

伝統的な木造工法と省エネ住宅

薪ストーブやペレットストーブに興味のある人は、木や森に関心がある人が多いと思いますし、きっと地産地消で地域の山の木を使いたいと思っているでしょう。私もそうしましたし、地域の木を使って家を建てることは、地域の行政や製材関係も一生懸命に取り組んでいます。また、地域材を使うことを謳う工務店もあります。ところが、こういう方々に先ほどの薪ストーブと同じように高気密住宅を嫌う方が多いのです。ここにも深いわけがあります。

木というのは薪のところでも説明しましたが、想像以上に水を吸っています。特に住宅で一番使われる杉は伐った時には水が滴り落ち、その重さの半分以上は水です。薪やペレットもそうですが、建材もやはり乾かさなければ使えません。濡れたままだとどうなるかというと、時間が経過して乾燥するにしたがって反ってくるのです。乾燥されていない木をそのまま住宅に使うと、最初はいいのですが徐々に変形してきて、家が突如パキッと音を立てたりします。そうすると、すき間ができたり、気密のためのテープがはがれたりして、当初の気密性能が保てなくなる可能性があるのです。だから、建築に使う木材も乾燥が非常に重要なのです。当然、昔からこのことはわかっていて、木は乾燥してから使ってきたのですが、それは太陽と風による天然乾燥でした。薪と同じです。天然乾燥ですから時間がかかりますし、天候にも左右されます。たとえ、製材所から建築現場に運ばれた時にまだ十分乾燥していなくても、建築工事に1年ぐらいかけていたので工事中にも乾燥し、修正もできてという状況だったのです。ところが今は着工後2、3ヵ月で建つような家がざらになってきています。工事現場に運ばれる木材はその時点でしっかりと乾燥されているものでなければなりません。乾燥された木材が必要なのは住宅の気密性のためだけではなく、構造的な強度を確保するためにも必要です。見た目でわかる症状として壁紙がはがれたり、すき間ができたりするので、住人からクレームが出てくるのです。ハウスメーカーや工務店が一番恐れるのはこのクレームです。このため、とにかく乾燥した木材が求められるようになるのです。先ほどのような天然乾燥では時間もかかるし、乾燥の度合いが不確かになります。天然乾燥に時間をかけるということは、木材を置いておくスペースが必要になりますし、売るのを待って在庫を多く抱えておく必要があります。売り先の見通しが立っていなければならないし、金利の負担も出てきます。そのため、乾燥方法は天然乾燥から人工乾燥へと移っていきました。人工乾燥をするには設備も必要ですし、何といってもエネルギーが必要なのです。このエネルギーに何が使われたか。石油と電気だったのです。時間をかけた天然乾燥も、石油を使う人工乾燥も、小さな製材所ではなかなか負担できるものではなかったのです。さらに追い打ちをかけたのは木の樹皮の処分でした。大昔であれば、杉の皮は屋根に使われましたが、今はそんな家もなくなり、焼却処分しかなくなりました。それもかつては敷地の中で焼却していればよかったのですが、ダイオキシン発生などの問題で簡単に焼却できなくなり、処理費用を払って産業廃棄物業者に処分をしてもらわなければならなくなったのです。こうして小さな製材所は様々な要求と負担に耐えきれず、軒並みつぶれていくことになります。そこへ、安定した強度、乾燥度を持つ集成材が海外からどんどん入るようになります。そして、地域の山の木をその地域で挽く製材所は激減していったのです。

現代社会のなかで、木材産業がこうした機械化と規模の経済を追求していくことは避けられないでしょう。木材は農産物のように品種がたくさんあるわけではなく、全国各地ほとんどが杉かヒノキというようななか、産地による差別化は難しいのです。家を建てる時には、その土地で育った木を使うのが合っているというような話についうなずいてしまいますが、私が知る限りそうした科学的な論拠はありません。農産物のように鮮度を問われるものでもありません。輸入材に対しては、それに費やされる輸送エネルギーのことを問題視する方もいます。しかし、大型船による輸送はさほどエネルギーを使わないのです。それよりも木材乾燥に使う石油の方が多くのエネルギーを使います。欧州ではこの乾燥用のエネルギーを製材から発生する端材や樹皮といった副産物を燃料にしています。だから、エネルギーといっても再生可能エネルギーで、二酸化炭素はゼロとなるものなのです。さらに発電も行ったり、製材で発生するおが粉をペレット燃料にしてエネルギーを販売するところまでやるようになったのです。それからすると、日本の製材所の多くはそうした樹皮をお金を出して焼却処分し、石油を買って乾燥するというようなことをやってきました。だから、日本の木材ははるばる欧州から輸入される木材よりエネルギー負荷の大きなものになっていたのです。何という差でしょう。ただ近くのものだからと言って、良いものだとは言えないのです。やはり様々な努力によって技術は進化していますし、競争もあるのです。

　こうして考えると木材は農産物と違い、地産地消といった狭い範囲で成り立つ産業ではないのです。しかしながら、膨大な森林資源を持っている日本です。やはり日本はこの資源を国内で有効に活用していかなければならないのは確かです。そのためにも、製材業は木材だけをつくるという考え方を変え、エネルギーなど複合的な経営戦力を持たなければいけなくなってきているのだと言えます。

　日本人にとって、木で家をつくることは資源的にも、環境的にも、文化的にも大事なことだと思います。古い文化としてだけではなく、最近は環境を意識してデザインされたものに木を使うのも定番になりつつあり、昔ながらの伝統的な木の家もあれば、ログハウスのようなものもあります。

どこまで、どんなふうに木を使うか、いろいろ考えられますし、好き嫌いもあるでしょう。木造住宅の壁の収め方に、真壁《しんかべ》と大壁《おおかべ》というものがあります。壁と柱の関係の違いですが、真壁は柱が壁の面より出ていて見えますが、大壁は壁の中に入っていて隠れているものです。古い住宅は真壁が多く、木の柱が外から見えるので、いかにも木造とすぐにわかります。柱が見えるので、できるだけ節のないきれいな木が重宝されてきたというのもあります。大壁は柱が見えないので、外から見ても木造かどうかはわかりません。壁はタイルになっていて、中は木造というようなパターンはよくあります。それはもったいないということもあって、木造をアピールしたい人は真壁にするということもあります。しかし、断熱材を厚く入れるようになってくると、大壁であれば柱の外にどんどん増やしていけるので問題はありませんが、真壁では壁が柱より中側に入らなければいけませんから、断熱材を入れる厚みが足りなくなってくるのです。こんなことも、古くからの木造住宅を手掛けている人が高断熱をやりたがらない理由かもしれません。しかし、発想を変えて柱は見えなくても、外壁をタイルなどにせず、板張りにすれば木は嫌と言うほど見えてきます。結果的に木を使う量も減らせますし、タイルなどの窯業系であればその製造に要するエネルギーも減らすことになります。板張りというと、昔は作業小屋などがそうだっ

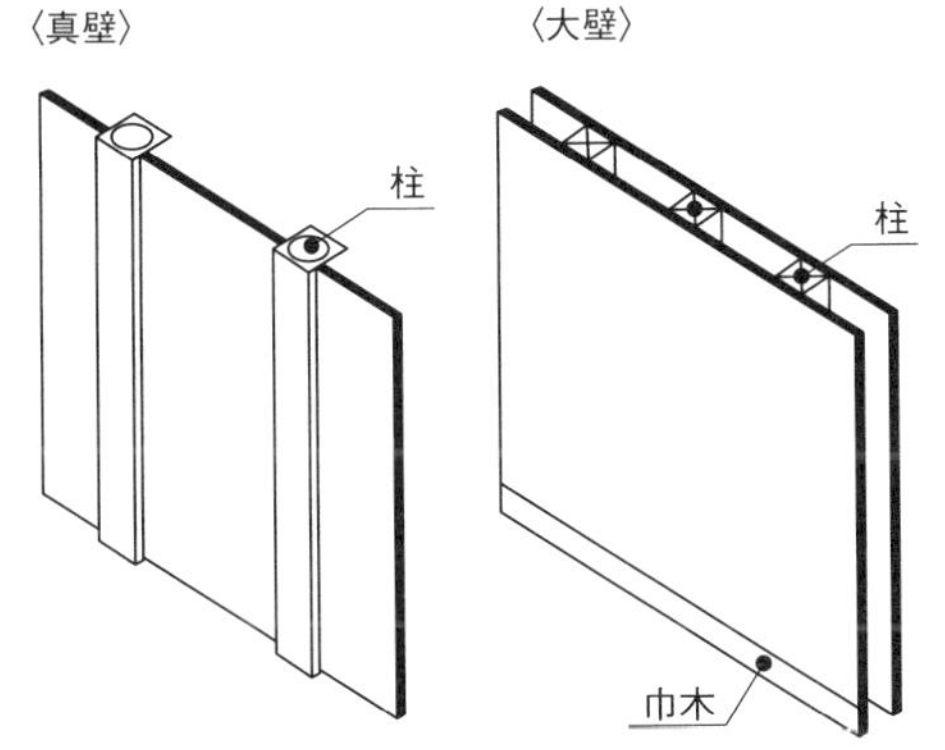

図7－8　大壁と真壁

たので、昔の人にとってはみすぼらしいものというイメージが強いのですが、デザイン次第で今はそれもシンプルでエコっぽいイメージにもなります。住宅の省エネ性能を高めていくことで、木の使い方も変わってくるのです。

08

ゼロエネルギー住宅と蓄エネ

1　蓄電池でオフグリッド（独立電源）にできるか？

エネルギー自給と言うと、電力会社からの電線も断ち切って本当に電気を自給したいと考える人もいます。オフグリッドとか、独立電源と呼ばれているものです。福島の原発事故を見て、原発を使う電力会社との縁を切りたいという思いを抱いた人は多いと思いますし、再生可能エネルギーでエネルギーが完全自給できるなら、電力会社に頼らなくても済むのではないかと思うのも自然な発想です。また、太陽光発電を入れて電気を電力会社に売るのは金儲けであって、再生可能エネルギーを使う目的が不純なのではないかと言うような人もいます。確かにオフグリッドには潔さを感じますが、その意味合いはよく考えなければいけません。

オフグリッドは太陽光発電で発電した電気を蓄電池に貯めて使うというのが基本的な考え方で

す。オフグリッド生活を行うためのポイントは蓄電池の大きさ、つまり、どれぐらい電気を貯めておけばいいかということです。まず単純に、一日に使う電気を太陽光発電で蓄電池に貯めると考えてみます。家庭の電力消費は全国平均で年間4500kWhほどなので、365日で割ると一日12kWhとなります。少し省エネしたとしても10kWhはほしいということになります。オール電化住宅であればもっと必要です。晴れる日ばかりではないですから、何日分の電気を貯めておけばいいでしょうか。電気が足りなくなると困りますから、少し余裕を持って多めに電気を貯めておきたくなります。少なめに見ても10日分はないと不安ではないでしょうか。とすると100kWhの蓄電池です。雪の降るようなところでは、10日分ではとても足りないでしょう。

100kWhの蓄電池はいったいいくらするでしょうか。まず、家庭用で100kWhもある蓄電池は売られていませんが、10kWhほどの大きさで最近主流のリチウム電池だと100万円は下りません。つまり蓄電池が1000万円以上することになります。もちろんそんなに電気は使わない、あるいは我慢するという人はもっと小さなものでもいいかもしれませんが、ここでは普通の暮らしを前提にしたものです。自動車などの鉛蓄電池を使えばもっと安くはなりますが、とても大きくなってしまいます。また、蓄電池に充電する時、蓄電池から電気を取り出す時、この両方で電気のロスも出ます。リチウムイオン電池にもロスはありますが、鉛蓄電池はこのロスが10%以上出ます。

実際、オール電化ではない我が家の電力消費状況をもとに試算してみたのが、図8−1です。最初は蓄電池の容量を大きくすればするほど電力自給率は上がるのですが、5kWh当たりで80%ほどを超えると後はそれ以上大きくしてもあまり自給率は上がらなくなっています。蓄電池の容量

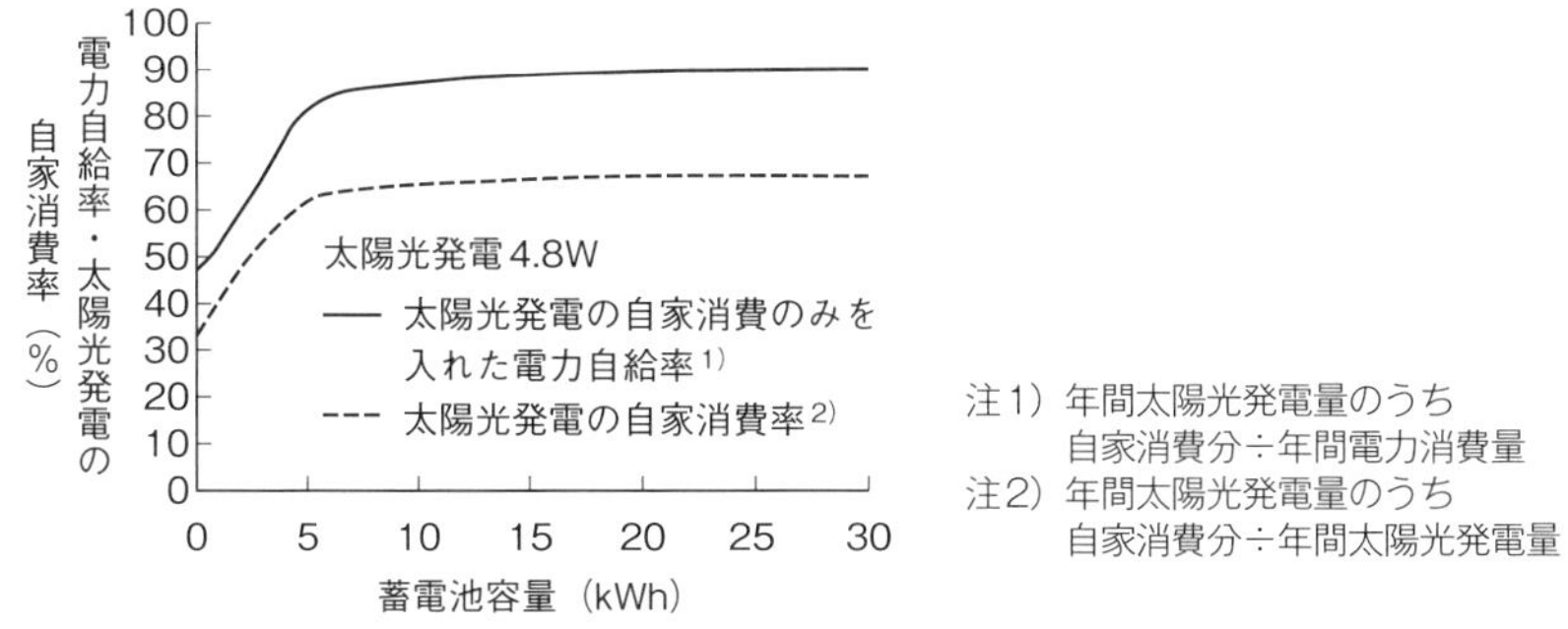

注1）年間太陽光発電量のうち自家消費分÷年間電力消費量
注2）年間太陽光発電量のうち自家消費分÷年間太陽光発電量

図８－１　蓄電池の容量と電力自給率の変化（我が家の電力消費データを元に試算）

が人きくなっても、冬は発電量が不足するので貯める電気がなければ購入せざるを得なくなります。蓄電池を入れたからと言って、思うように自給率を上げることはできないのです。

蓄電池を入れてオフグリッドにするには、電気が足りなくならないように余裕を持って電気を貯めておかなければなりませんが、それは結局使わない電気を発生させていることになります。せっかく太陽光で発電したのに無駄になる部分がどうしても出てくるのです。もし、電線でつながっていれば、余れば他の家で使ってもらうことができるのに、それができないのがオフグリッドなのです。大きな蓄電池を入れれば、自分自身が使う電気の自給率は高まりますので、本人の満足度や達成感は高まるのかもしれません。しかし、社会全体としてはどうでしょう。蓄電池という投資をしたのにもかかわらず、使えない電気を残し、充放電のロスも発生させ、社会全体のエネルギー自給率にとってはマイナスです。太陽光発電の電気を電線に流して売ったり、買ったりするのは、電力会社に高い値段で買い取ってもらえるからというのが直接的な動機です。しかし、別の見方をすると、これは電線という系統インフラが余った電気を譲り合うことのできる仕組みを提供してくれている柔軟性のあるシステムとも言えるのです。オフグリッドは柔軟性がありません。電線というインフラの整備されていないような未開発地であればオフグリッドも有効となってきますが、日本はそうではありません。

2　蓄電池は元が取れるか？

太陽光発電のＦＩＴによる電気の買取期間が住宅の場合は10年です。10年前後で太陽光発電の設置費用が元を取れるように価格設定してあったのです。そして、２０１９年には実際に10年を過ぎる住宅が出てきました。売電する時は電力の市場に任されることになりますので、決められた価格はありません。現在のところ買取単価は10円／kWh前後となっています。これまでのＦＩＴの買取価格よりはだいぶ安くなるので、これからは蓄電池を導入して自家消費する方がいいという話が出てくるのですが、本当でしょうか。あまり具体的な数字で説明されたものがありません。

まず、太陽光発電の発電量ですが、春夏の晴れた時はよく発電し、例えば容量５kWの太陽光発電は多い時で一日30kWhほど発電します。使う方の量は冷暖房を使わなければ一日10kWh程度。冷房をかなり使っても一日15kWh程度。エコキュート、電気温水器を使うと一日20kWh程度でしょう。こうしてみると蓄電池も10kWh、20kWhほしくなりますが、現在のところ５kWh前後で１００万円ほどするので、５kWh程度を導入される場合が多いようです。５kWh程度だと春夏は太陽光発電の発電量が多いので、蓄電しても余る場合がほとんどになります。しかし、冬は太陽光発電の発電量は落ちます。そして、電気の使う量が増えます。特に暖房をエアコンにするとそうです。一日に使う量を賄うことができないので、蓄電池に貯める量はほとんどない状態となるのです。太陽光発電パネルを屋根いっぱいに張り付けても不足する可能性が高くなります。

表8－1　蓄電池の節約効果

蓄電池容量5kWhの場合
蓄電池からの年間利用電力量1,155kWh
想定される電力料金 ・売電単価10円/kWh（FIT終了後） ・購入単価30円/kWh ・単価差額20円/kWhが売電と比較した自家消費の節約効果
自家消費による節約効果年間2万3000円
蓄電池が15年使えたとしたら35万円の節約

実際に私の家の電力使用データで計算してみると、太陽光発電5kWに蓄電池容量5kWhを入れた場合、蓄電して使えるようになる電気は年間1155kWhと、発電量の2割程度です（表8－1）。これがどれだけの節約効果をもたらすかを計算してみます。自家消費分は電力会社から買う電気が減らせるので、購入単価価格である約30円／kWh分が必要なくなります。ただし、蓄電池を入れないで売電すれば10円／kWh程度で売れると考えられます。なので、蓄電池を入れて節約できるのは、その差額の20円／kWhとなるのです。とすると、先ほどの年間1155kWh蓄電池に貯めて使える電気の節約効果は年間2万3000円ということになります。10年使って23万円、15年使って35万円。長く使えば蓄電池は劣化してくるのは確実です。5kWhの蓄電池が30万円程度にならなければ元は取れそうにありません。

蓄電池を取り入れても今の価格では経済的なメリットはとても出せないということがわかります。蓄電池の価格がこれからどれぐらい下がるのか、まだまだわかりませんが、今はまだ急ぐ必要はないでしょう。

3　太陽光発電をお湯で蓄エネ

蓄電池がまだ高いなか、太陽光発電の電気を貯めるまったく違った方法があります。それはオール電化住宅でよく使われる電気温水器、エコキュートにお湯として貯めるという方法です（図8－2）。日中、太陽光発電で余る電気を使って電気温水器でお湯を沸かしておき、夜お風呂

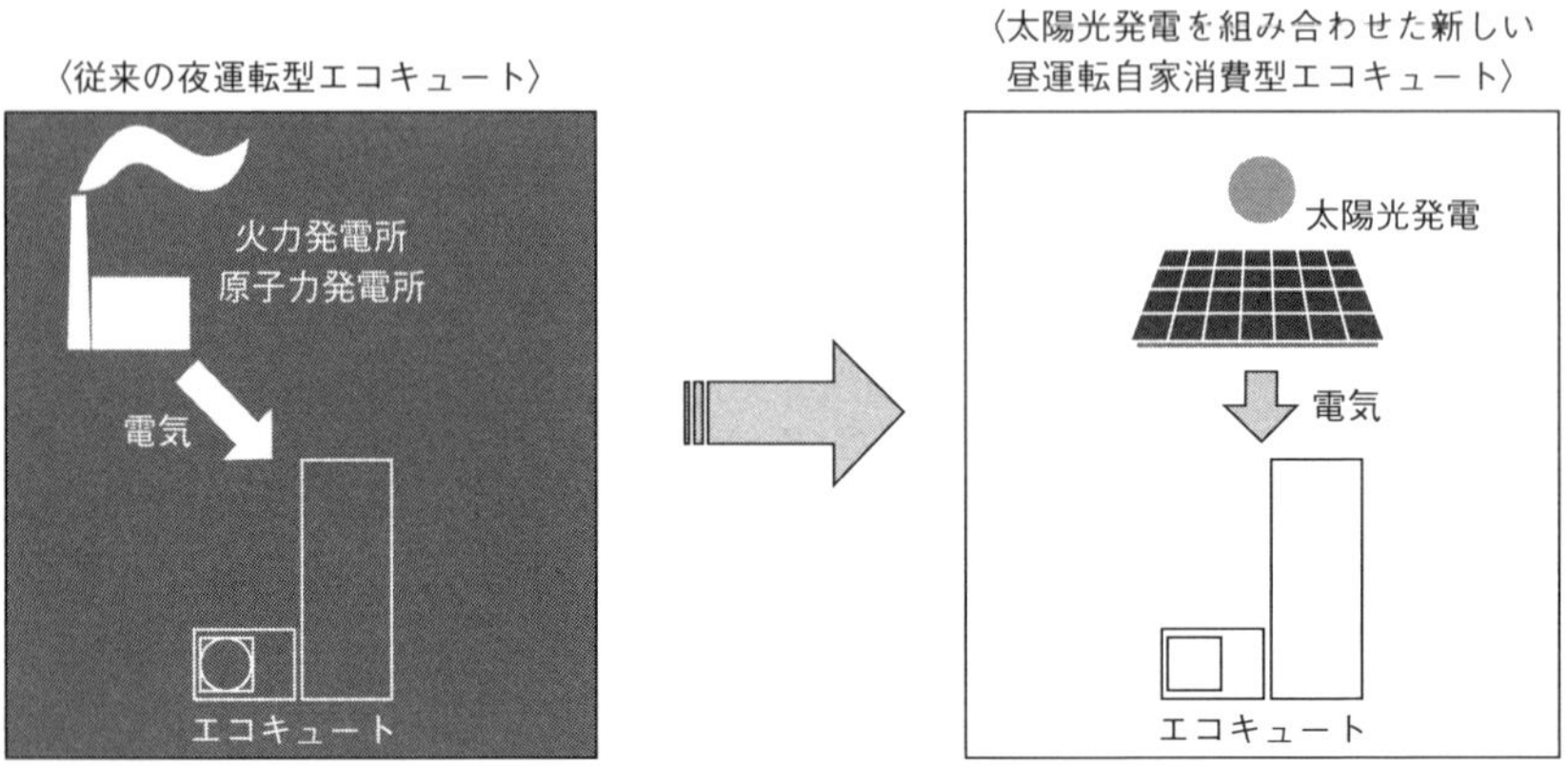

図8－2　エコキュートによる太陽光発電の自家消費

に入る時にそのお湯を使うのです。蓄電ではなく、蓄熱です。熱にして貯めるというのは電気で貯めるのにくらべて難しいものではないのです。エネルギーは電気だけではないと柔軟に考えれば、電気温水器の貯湯タンクが蓄電池代わりになります。例えば４００ℓの電気温水器の貯湯タンクが10kWhほどの蓄電池のような働きをします。通常、電気温水器は夜の間にお湯を沸かしておきます。それは、夜間の電気代が安く設定されていたからで、東日本大震災以前は原発の増加によって夜間の電気がだぶつきそうだったからです。太陽光発電の売電単価が20円／kWh以上で、電力会社の夜間の電力単価が10円／kWh程度であればそれでよかったわけです。しかし、太陽光発電は設置後10年を経過すると買取期間は終了し、売電単価は10円／kWh前後です。その一方で、今まで安く設定されていた電気代が上がってきて今はほとんどの電力会社で10円／kWhを超え、東京電力では17円／kWhまで上がっています。太陽光発電の電気を日中売って、夜の時間帯は電力会社から電気を買ってお湯をつくるという今までのやり方ではなく、日中の太陽光発電を使ってお湯を沸かした方が得になるのです。

　今までの電気温水器の運転方法を変えればいいだけですから、技術的な問題はありませんし、何よりも追加的な費用がありません。実際、そういう運転モードを備えた電気温水器が発売されるようになりました。これまでのエコキュートは夜に稼働している原発や石油石炭ガスの電気を使っていましたが、今はエコキュートが再生可能エネルギーを使う本当のエコな給湯機に変わりつつあります。

4 エコ住宅と電気自動車で電気のやりとり

最近、電気自動車の話がよく新聞などに出てくるようになりました。これは2015年、ドイツのフォルクスワーゲンが違法なソフトウエアを組み込むことによって、排ガス規制を免れていたことが発覚してからです。それまで環境先進国のイメージの強いドイツで自動車と言えば、もっぱらディーゼルエンジンでした。ディーゼルエンジンは燃費が良く、排ガスも少ないから、CO_2排出量も少なく、地球温暖化防止にも良いという理屈から、日本のトヨタやホンダのようにハイブリッド車にはあまり力を入れていませんでした。ところが排ガスの不正問題によってディーゼルの信頼は失墜したのです。そして、フォルクスワーゲンをはじめとするドイツ車は一斉に電気自動車へのシフトを宣言するようになりました。アメリカではテスラ社が電気自動車を販売し、バッテリーを住宅用にも販売すると宣言し始めました。そうした動きから、世界の自動車は電気自動車へと向かうとメディアでも一斉に伝えられるようになりました。

日本では日産や三菱が電気自動車を販売していましたが、ようやく性能も安定するようになってきました。一番の課題はやはり蓄電池とそれによる走行距離の延伸ですが、日産リーフの初代モデルは24kWhだったのが、30kWhになり、そして40kWh、60kWhと増えていきました。40kWhの現行モデルの一番安いものは330万円です。車としては決して安くはありませんが、住宅用蓄電池は5

kWh程度でも１００万円を超えます。蓄電池の値段の高さを考えれば、リーフがいかに安いかがわかると思います。この電気自動車の電気を住宅にも使えるようになれば、自動車にも使えるし、家庭でも使えて一挙両得です。実際、日産はリーフtoホームというシステムを販売しています。特に、車を仕事では使わず、週末利用だけという方は平日は蓄電池として、週末は電気自動車としてというような使い方がしやすくなります。今、蓄電池を購入したいという方は、電気自動車にするという方法が最もコストパフォーマンスの高い方法だと言えます。電気自動車を自宅の蓄電池として使うだけではなく、地域単位の電力調整手段として使おうとする試みも国内外で出てきています。

ところで電気自動車は太陽光発電でどこまで使えるでしょうか。電気自動車で一番たくさん蓄電池を積んでいる日産リーフは実燃費で５km／kWh程度（米国ＥＰＡ基準を参考）です。例えば、一日に10kmほど走るなら一日２kWhの電気があればよく、年間約７００kWhです。１kWほどの太陽光発電があれば概ね賄うことができるでしょう。ただ、通勤に使うとなると仕事の日は車が家にないので充電できません。休みの日に10kWhほどを充電できるようにしないといけませんし、遠出をしていると充電する量はなくなってしまうかもしれません。こう考えると、毎日車を使うような暮らしでは、自宅の太陽光発電の電気で自動車に充電して走るという生活は簡単ではありません。職場にも太陽光発電があって充電できるとか、まち全体で太陽光発電と電気自動車の充電設備を整備していくことが必要になります。

太陽光発電のＦＩＴ終了後の電気を電気自動車に使うのは、電力会社に売電するのとくらべてどうでしょうか。太陽光発電の電気の買取価格が10円／kWh程度なら、電力会社の夜の時間の電気が10円以上するので、昼間に余る電気は電気自動車に充電して使った方が得になります。では、ガソリン車とくらべると燃費はどうでしょうか。ガソリンの単価が１４０円／ℓとすれば、同じ１４０円で売れる太陽光の電気は14kWhですから、それで70km走ることができます。電気自動車はガソリン車で言うならば１ℓ70kmの燃費ということになりますから、相当燃費の良い車だということがわかります。もちろん太陽光発電の電気で走っている分はCO_2ゼロです。では、太陽光発電の電気では充電ができずに電力会社からの電気を充電した場合はどうでしょうか。ガソリンは１ℓで２・32kgの二酸化炭素が排出されます。全国の発電所から排出される二酸化炭素は０・４４４kg／kWh（２０１９年度実績）です。電気自動車は１kWhで５km走りますから、１km走るのに89gの二酸化炭素が排出されます。一方、ガソリン車が１ℓ20km走るとすれば１km走るのに１１６gで電気自動車の方が少ないですが、ガソリン車がかなり燃費のよい車で１ℓ30km走るとすれば77gで、ガソリン車の方が少なくなります。微妙な違いです。電気自動車は再生可能エネルギーの電気で走るようにしなければならないし、ガソリン車であっても燃費の良い車種を選んだり、燃費の良い運転を心がけることが大事だということがわかります。

図８－３　太陽光発電の自家消費
出典　日産ホームページ

5 FIT後の太陽光発電の環境価値

太陽光発電の買取価格は2012年の42円／kWhから始まり、2020年は21円となり、政府は今後市場価格にしていくことが想定されています。これまで固定価格でずっと買い取られてきたので、市場価格と言われてもピンときません。しかし、考えてみればずっと同じ値段で買い取ってもらえるものなど他にあるでしょうか。実は太陽光発電を導入している人は自分が電気の生産者であることを忘れているのです。太陽光発電を設置したということは、その家はもう発電所であり、その人は発電事業者なのです。例えば農家のことを考えればわかるように、生産すれば売り先のことも考えなければいけないのが普通なのです。こうした消費者（consumer）でもあり、生産者（producer）でもある人のことをプロシューマー（prosumer）と言う新しい呼び方も出てきました。

自由価格になって、価格も変動するなかで売りに出すことになりますが、どこに売るかはその人が決めるわけです（図8－4）。小さな電力だから市場価格になると安く買いたたかれるだろうと弱気になります。しかし、市場で流通している電気のほとんどは化石燃料で、それと太陽光発電の電気が同じ価値であるはずがないのです。二酸化炭素を排出していない電気という大きな価値があり、それを環境価値として売買できる仕組みがあるのです。非化石証書と名付けられた制度で、これまでのFITによって設置された太陽光発電の二酸化炭素削減効果は、その発電の買取りに要する費用を賦課金として国民全体から集めた結果だという位置づけがされていたため、

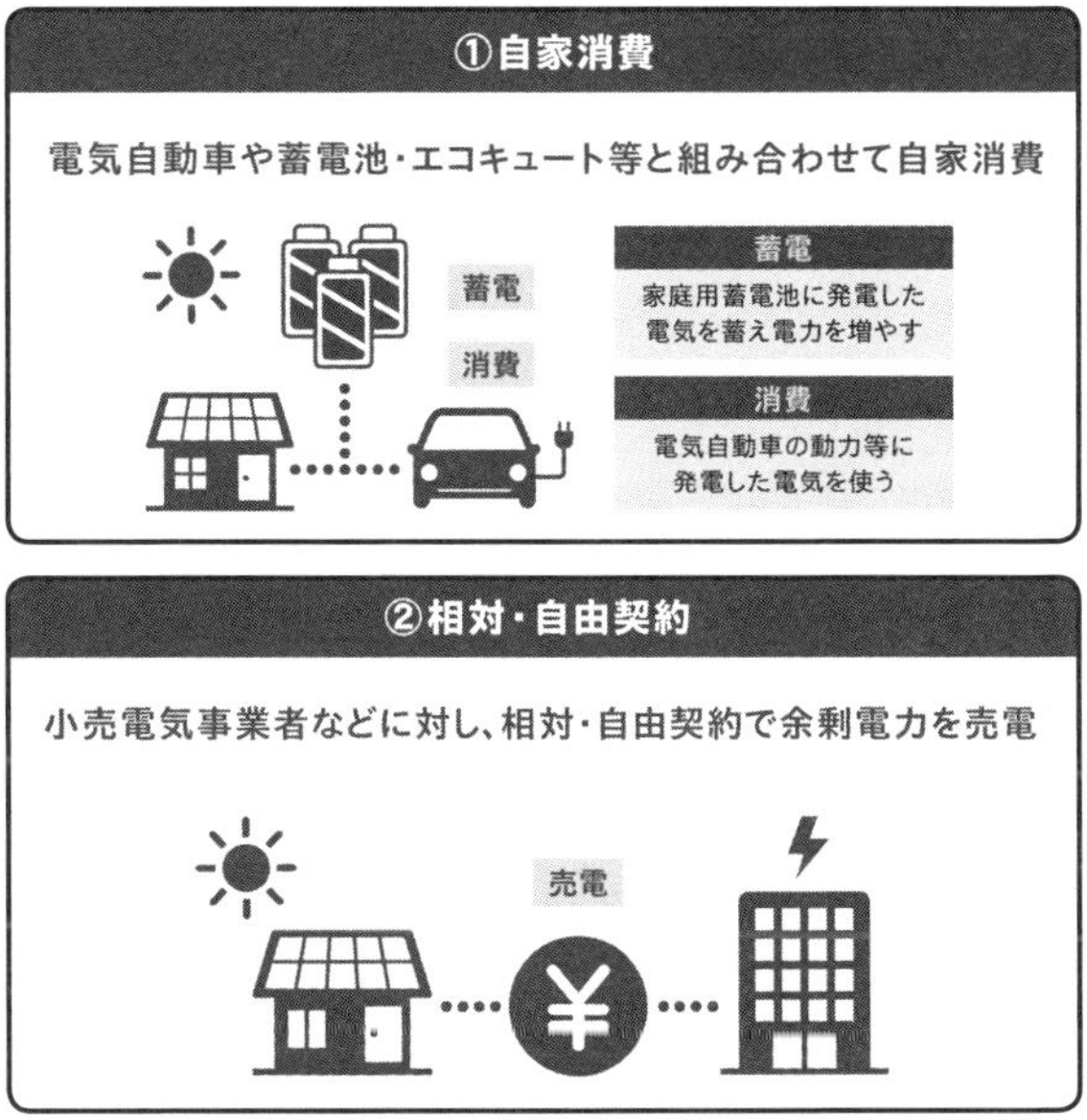

図8－4　FIT終了後の太陽光発電
出典　資源エネルギー庁ホームページ

その環境価値は設置者に帰属していませんでした。ところが、ＦＩＴが終了するとこの環境価値は太陽光発電の設置者個人に帰属するものとなります。これが非化石証書として設置者が電気の売買に使えるものとなってくるのです。誰がこうした非化石証書を買うかというと、自ら二酸化炭素をどうしても削減できなかった企業などが購入していくことになります。これがいくらになるかも市場のなかで決まっていきますが、化石燃料でつくられた電気にはない価値が価格として上乗せできることになります。10年のＦＩＴ期間が終了した後も太陽光発電は発電し続けますし、その電気の環境価値を初めて活かすことができるようになるのです。

6　木のエネルギー貯蔵力

木が持つ最大のエネルギー的な特質が何かというと、実は貯蔵なのです。今、再生可能エネルギーの世界で最大の関心事になっていると言ってもいい蓄電池と同じ役目を果たすことができるのが木です。太古から使われてきた薪も、冬を迎える前に1年をかけて準備し蓄えられたのはエネルギー貯蔵です。それも大元は太陽エネルギーですから、太陽光発電を蓄電池に貯めるのとやっていることは同じです。それを木の持つエネルギー貯蔵力を借りて行うということなのです。現代の技術の粋を尽くしても簡単には進まないエネルギー貯蔵を木がやってくれていたことに気づくべきではないでしょうか。

もちろん木がいきなり電気を生み出すわけではありませんし、バイオマス発電には先に説明したような課題があります。木が蓄えるエネルギーを利用するには熱エネルギーという使い方が一番素直なのです。電気は便利ですし、日本ではオール電化が新築住宅の大半を占めるに至っています。しかし、これまでも説明してきたように電気として最終的に使う量よりも、熱として使う量の方が多いのです。暖房や風呂には、照明やパソコンとはくらべられないぐらい大きな電力を必要とします。

オール電化住宅にして風呂も暖房も電気にして、それを太陽光発電と蓄電池で賄ってなんとかゼロエネルギー住宅にできないかと考えるだけでなく、熱は木のエネルギーで賄うと考える方が無理なく実現できるのです。

例えば、住宅用に売られている最新のリチウムイオンバッテリーで5kWhだと重量50kgほど、かさで言うと100ℓほどあり、価格は100万円近くします。もしこの蓄電池を使ってよくある1kWの電気ストーブを入れたとしたら、使えるのは5時間です。8畳用として売られているエアコンだと、寒くなければ10時間使えますが、寒いと5時間ほどしか使えません。これに対して、薪なら3本ほど（4・6kg）、ペレットなら3・7kgで賄えます。これが1kWの電気ストーブ10時間分、電力の消費10kWh相当の熱量、エアコンなら電力の消費3kWh相当の熱量になるのです。

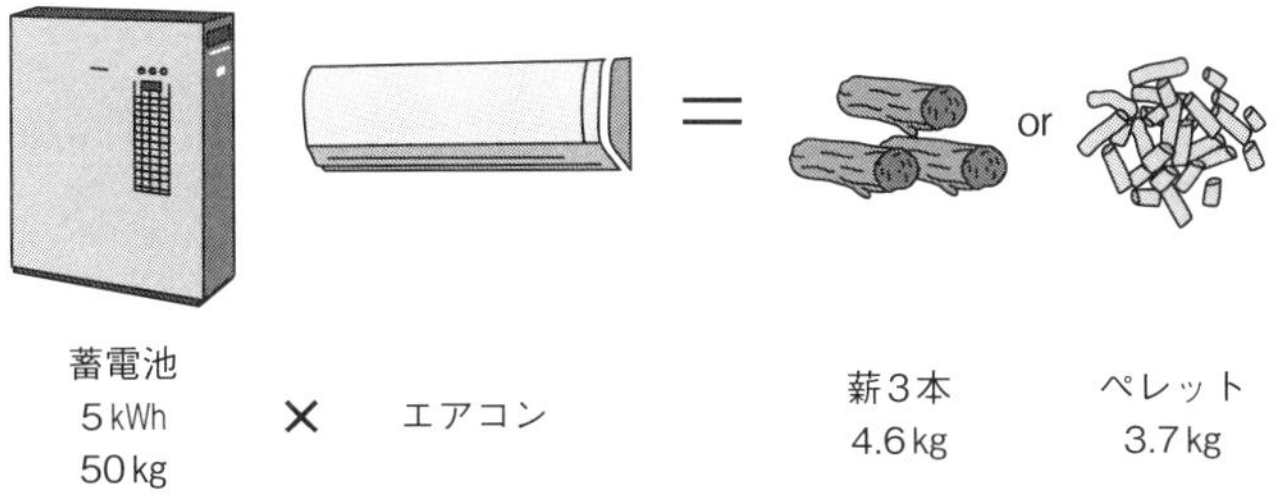

図8－5　エネルギー貯蔵力の比較イメージ図

エアコンは8畳用、消費電力900W（定格消費電力は450Wが気温が低くなると2倍程度になる）、ペレットストーブの効率80%、薪ストーブの効率70%として算出

熱というエネルギーがいかに大きく、それを電気にして貯めることがいかに大変かということがわかります。そして、石油のエネルギー貯蔵力がきわめて大きいこともわかります。それにくらべれば劣るものの、木の持つ熱エネルギー貯蔵力は非常に大きいのです。蓄電池では不可能に思われる季節間エネルギー貯蔵が可能になるのです。

7　省エネルギー基準と木の暖房

ここまでも説明してきたように、2013年に改正された住宅の省エネルギー基準によって設備の効率も評価の対象になり、より効率の良い暖房が選ばれるようになりました。その一方で、薪やペレットストーブはというと、省エネルギー基準の対象機器にまだ入っていません。カーボンニュートラルという大きな効果があるにもかかわらず、住宅にこうしたストーブを入れても評価されないような状況でした。そうしたものが省エネになると知らない建築関係者もたくさんいるはずです。

薪やペレットは意識の高い、勉強熱心な市民に支えられてきたものでしたが、ストーブメーカーや木質燃料の製造会社など、業界として住宅業界や政策立案者への働きかけが不十分だったとも言えます。また、先に説明したようなストーブや燃料の規格や基準がなければ省エネルギーとしての評価もで

表8－2　断熱性能の違いによる薪ストーブの暖房可能面積

断熱性能熱損失係数［W/（m^2・K）］	床面積（m^2）
1.2	196.8
2.1	126.8
2.7	67.2
4.2	43.9
7.8	17.6

1室のみの平屋に表面積1.7m^2の薪ストーブを設置し、外気温0℃の場合という条件で算出されたもの
出典　米澤星矢他「薪ストーブによる暖房時の室内温熱環境実験と暖房能力の検討」日本建築学会技術報告集 第22巻第50号、2016年2月

きません。住宅メーカーはリスクのあるものを扱いたくないし、工務店もよほど勉強をしているところでないと積極的に扱おうと思わないものだったのだと思います。

幸い、日本でも欧米のようにストーブの規格、ペレット燃料の規格がまとまりつつあります。そして、ようやく薪ストーブ、ペレットストーブも省エネ基準の評価対象になる準備が進められています。そうすれば先に説明した「住宅に関する省エネルギー基準に準拠したエネルギー消費性能計算プログラム（住宅版）」にも組み入れられて、多くの設計者や工務店、ハウスメーカーの目に触れることになります。また、2020年に予定されていた省エネルギー基準の適合義務化は見送られましたが、まずは説明義務が課されることとなりましたので、住宅を建てる人にも認知度は高まるでしょう。省エネ基準ではありませんが、次章で説明するZEH（ネット・ゼロ・エネルギー・ハウス）も同じ評価方法を用いています。省エネ基準はボトムアップを目指すための最低基準となるものですが、ゼロエネルギーを狙うZEHはトップランナーを伸ばす役割を担うものと言えます。薪ストーブ、ペレットストーブは省エネ基準を満たす住宅よりも、ゼロエネルギーを目指す住宅にこそ威力を発揮します。

現在、この省エネ基準で検討課題となっているのは薪ストーブの暖房可能面積です。高温の放射による暖房効果が中心となる薪ストーブは、エアコンなどの温風による暖房とくらべて、室温が不均一になりがちです。例えば、ストーブ付近

や天井付近が適温を超えて上がり、ストーブから離れた場所や足元は適温に達していないというような状況も起こり得ます。そのため、薪ストーブでどのぐらいの面積が暖房可能なのかという評価が検討されています。表8－2を見てもわかるように、薪ストーブを入れても断熱性能が悪ければ住宅全体を暖房しているとはみなされないことになるでしょう。

コラム8

3つの需要ギャップを埋めるエネルギー貯蔵

ここまでの話は、太陽光発電のFIT買取期間終了後、買取価格が落ちるということに対して、個々の需要者の立場から蓄電池を入れることの経済的な効果を中心に考えた場合です。しかし、蓄電のような技術はもう少し電力システム全体から考える必要があります。蓄電池などが求められる基本的な原因は、自然要因によって変動する発電量と、人為的な要因によって変動する需要量が一致しないということです。このギャップを埋めるために蓄電などのエネルギー貯蔵が必要になってきます。このギャップには時間軸で3つのものがあり、瞬間的な需給ギャップ、一日の昼夜の需給ギャップ（図8－7）、季節による需給ギャップ（図8－8）です。先ほど説明した太陽光発電を入れた住宅に蓄電池を入れる話は一日の昼夜の需給ギャップを緩和しようとするものです。

また、先ほど説明した発電量のピークの抑制の話は瞬間的な需給ギャップを緩和しようとするものです。これに対しても家庭の蓄電池は一定の効果を持ちますが、ピークの抑制は個人レベルの問題ではなく、電力系統全体の問題ですから、もっと電力系統全体として対策を考えるべきです。

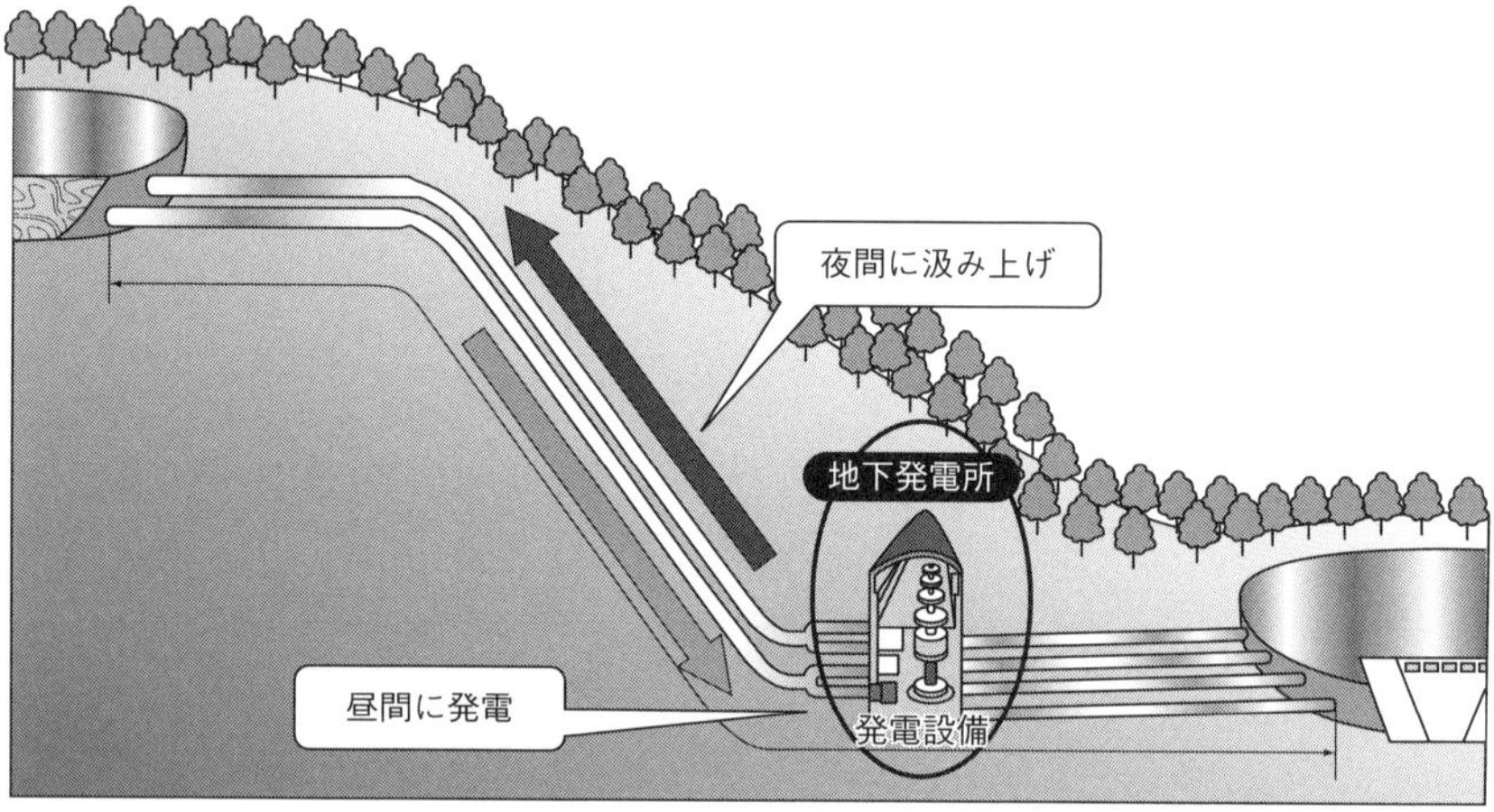

図８－６　揚水発電の仕組み

ピークを抑制してシフトさせるということは実は今も電力会社がやっていることで、揚水発電というものがあります。これは夜間に余っている売電設備の電気を使って山の上など高い位置に水をポンプアップして貯めておき、電力需要が高まる時にその水を落として発電機を回すのです（図８－６）。実際、全国各地に揚水発電はあり、電力会社がこうした方法で電気を貯めてきたのは、蓄電池に電気を貯めるよりもコストが安いからです。大きなシステムにはなりますが、このように、蓄電池以外にも方法があるのです。電力やエネルギーの貯蔵は個人レベルだけで取り組むべきものではなく、全体的なシステムとともに検討すべきだと言えます。

そして、蓄電池や抑制のことは話題になりますが、まだほとんど指摘されていないのが季節による需給ギャップの問題です。オフグリッドのところでも説明したように、太陽光発電は冬はどうしても需要に対して発電不足になりがちです。ですから、その日に発電した電気を蓄電池に貯めて、その夜に使うというサイクルが成り立たなくなってくるのです。夏や秋のうちにたくさんの電気を貯めて、冬に使うという季節間のエネルギー貯蔵が必要になるのです。しかし、そんなことをやろうとしたら蓄電池が大きくなりすぎて現実的ではなくなってしまうのです。今、そこまで考えなければならないかというと、全体的なエネルギーシステムそのものとしての問題はありません。しかし、これから再生可能エネルギーの比率を高めていこうとした時、例えば将来的に100%に限りなく近いレベルまで比率を高めていく時には、こうした季節間エネルギー貯蔵を考えなければ実現できません。

そこで水素貯蔵という考え方も出てきます。コラム5の燃料電池の説明で、水を再生可能エネルギーで発電した電気で分解してつくった水素であれば、現在都市ガスや石油からつくられている水素を使うのと違って二酸化炭素も出さない本当にクリーンなエネルギーになるという話をしました。水素貯蔵は、燃料電池で発電するための燃料という意味もさることながら、太陽光発電や風力発電などで生まれ続ける電気をいったん気体燃料に変換し、貯蔵することができるというところに大きな意味があるのです。再生可能エネルギーによる発電がどんどん増えていき、電力系統全体で需要を上回って余剰が出てくるような状況に対して有効な措置になってくるもので、P2G（Power to Gas）と呼ばれる方法です。この場合、水素にして燃料電池で使わなくても、天然ガスにして既存の都市ガスに入れるという方法もあります。そうすることで、蓄電池ではできない大量の長期貯蔵が可能になってくるのです。もちろん、そこまでいくにはまだまだ効率やコストの課題はたくさんあります。ドイツのように再生可能エネルギーが電力需要の3割を超えるような段階になってくれば、そうした方法も検討が必要になってきますが、日本は現段階ではまだそこまでには至っていません。

本来、太陽光発電では冬に不足する部分をカバーしてくれるのが風力発電です。風は夏よりも冬

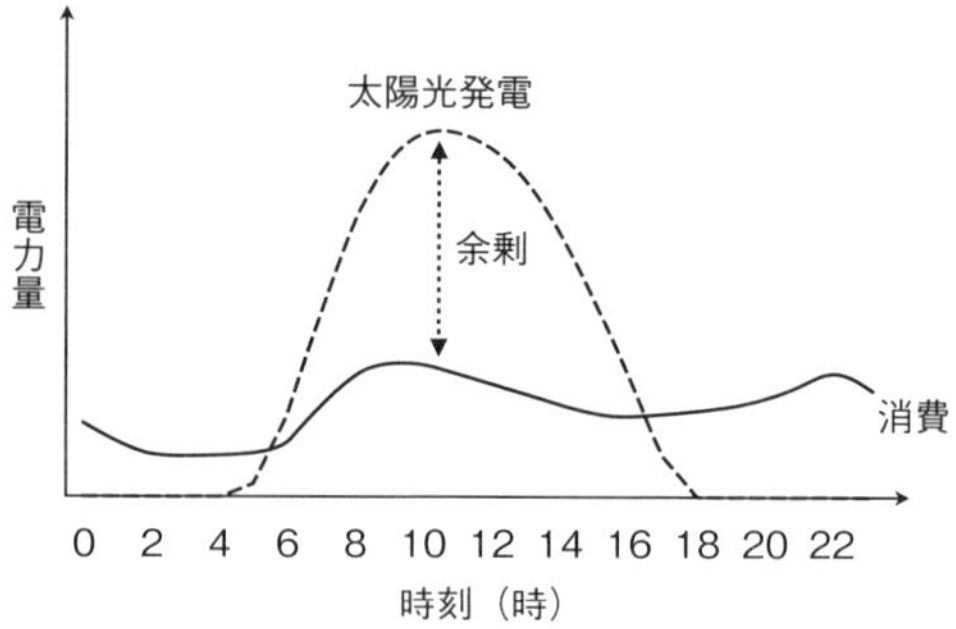

図8－7　太陽光発電と住宅のエネルギー需給の時間変動

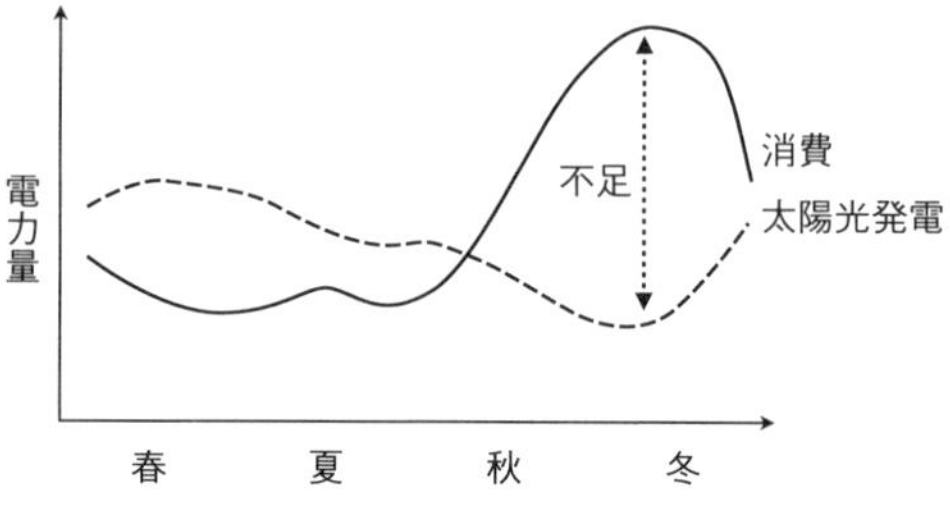

図8－8　太陽光発電と住宅のエネルギー需給の季節変動

の方が強く吹いているからです。太陽光発電が夏を中心とした供給の主力になり、冬は風力発電が主力になるというような組み合わせができると、年間を通した需要をうまくカバーできてくるのです。風は夜間も吹きますから、その部分でも太陽光をカバーします。世界的にも、再生可能エネルギーでは風力が最初に普及し、太陽光発電が後から普及してきたところがあり、再生可能エネルギーによる電力の２大電源だと言えます。

ところが、日本はこの風力発電の開発が非常に遅れているのです。太陽光発電５１９２万kWに対して、風力発電４３５万kWと、10分の１にも満たないのです（２０２０年６月末時点）。これには様々な要因があります。風力発電にとって十分な風がある適地自体はまだまだあり、環境省の調査によれば、単純に風の条件だけで見れば13億kW分の賦存量があります。しかし、送電線や道路がないといったインフラ不足の問題、自然環境に対する影響、近隣住民への騒音の問題などがあるため、建設に非常に時間がかかったり、コストが合わずに実現に至らないケースが多いのです。これらのなかには制度や住民との合意形成など社会的な要素もあり、解決できるはずのこともたくさんあります。日本がエネルギー自給率を高めるためには、風力発電をもっと増やすことは必須です。最近は、海の沖合に風力発電を建てる洋上風車の計画も多くなってきました。今は海底に風車そのものを建てる方法が主ですが、専用の船に浮かべて風車を建てる方法も実験されています。当然コストはかかるのですが、こうした洋上風車が注目されているのは、それ以上に風が安定的に吹いていて、制約も少ないと考えられているからです。

風車が大量導入されている欧米や中国と日本をくらべると、こうした制約が生まれやすい背景の違いが見えてきます。それは日本は山が多いということなのです。山も峰の上の方に行けば風がよく吹いているところも多いですが、そこまで送電線がなかったり、大きな風車を運べるような道がなかったりします。やはり風車は平地の方が立てやすく、風も安定しています。風車の多い国の森林率を見ると、デンマーク11%、ドイツ32%、スペイン36%、アメリカ33%、中国21%です。それに対して日本は68%と多く、平野部が限られ、そこに多くの人が密集しています。こうしたことが風車の建設が思うように伸びない背景のひとつになっていると考えられるのです。だとすれば、日本はもっとこの森林の特質を活かしたエネルギー利用を考えるべきではないでしょうか。

09 木のエネルギーで本当のゼロエネルギー住宅

1　政策としてのゼロエネルギーハウス（ZEH）

政府はＺＥＨ《ゼッチ》（ネット・ゼロ・エネルギー・ハウス）と称する住宅の普及に力を入れています。ＺＥＨとは「外皮の断熱性能等を大幅に向上させるとともに、高効率な設備システムの導入により、室内環境の質を維持しつつ大幅な省エネルギーを実現した上で、再生可能エネルギーを導入することにより、年間の一次エネルギー消費量の収支がゼロとすることを目指した住宅」と定義づけられています。

こうした動きは世界的な動きになっていますが、早くは２００２年アメリカの建築家グループArchitecture 2030が提唱し始めていました。日本では日本建築学会をはじめとする業界団体で提言を行ってきました。ＥＵは２０１０年、建築物に関する欧州指令ＥＰＢＤ（Energy Performance

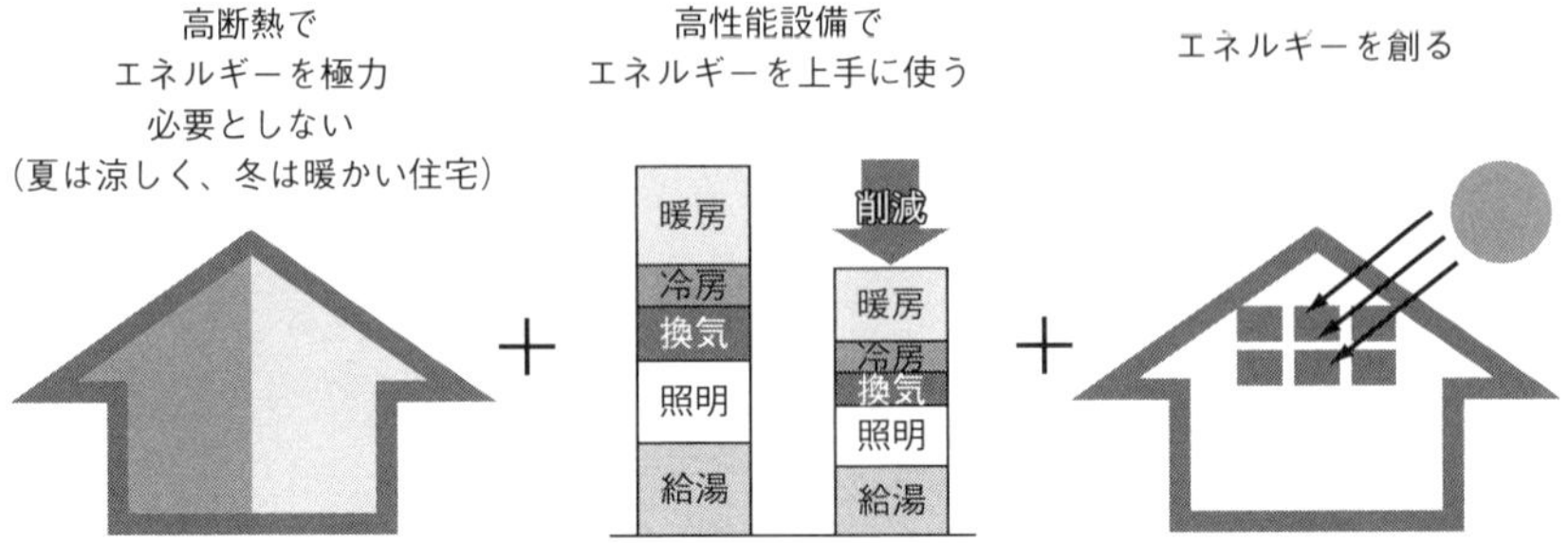

図９－１　ZEH（ネット・ゼロ・エネルギー・ハウス）の考え方

出典　経済産業省資源エネルギー庁資料

of Buildings Directive）において、２０２０年までに新築建築をすべてほぼゼロエネルギー建築にすると定めています。

　日本では、資源エネルギー庁が策定したエネルギー基本計画（２０１４年閣議決定）において、２０２０年までに新築住宅の過半数でＺＥＨを実現、２０３０年までに新築住宅の平均でＺＥＨを実現という目標がたてられています。普及という意味ではかなり速いペースの目標となっており、その実現に向けて補助金を出して普及に努めています。２０２０年度はＺＥＨ１棟に対して60万円、さらに省エネ基準から25％以上を削減し、外皮機能のさらなる強化や電気自動車を活用した自家消費の拡大を行う場合はＺＥＨ＋と称して１０５万円／件の補助金を出しています。そして、２０１９年度に完成したＺＥＨは全国で５・７万戸、新築住宅の20・５％に上ります。

　このＺＥＨの補助金を交付する条件のひとつになっているのが外皮の断熱性能であり、この水準は省エネルギー基準よりも高いものとなっています。法律上の基準ではないにしろ、長年変わっていなかった外皮の基準ですが、ついに高い水準が日本の政策でも使われるようになったのです。また、エネルギー需要については省エネルギー基準と同じ一次エネルギー消費が使われることになりました。実はこの一次エネルギー消費で対象になっていたのは冷暖房、照明、給湯、換気であって、家電は含まれていません。つまり、ゼロエネルギーといっても、本当にその住宅で使うエネルギー全部ではないのです。家電は住環境を形成する必須要素ではなく、個人差も大きいということから対象になっていません。しかしながら、我々が実際に暮らしていく上で家電の消費する電力は決して小さいものではなく、これを無視して本当のゼロエネルギー住宅にはならないのです。

2　木質ストーブを入れてゼロエネルギーを実現する

家電は含まないといっても、寒冷地になるとどうしても暖房エネルギーが大きくなるため、ゼロエネルギーにするためには太陽光発電パネルをたくさん載せなければならなくなってきます。一般的な切妻屋根や寄棟屋根の南の屋根だけに載せるだけではゼロエネルギーを実現できなくなり、片流れの屋根にしなければならなくなってくる場合が出てくるのです。こうしたエネルギーのために建築の形状を制限されることには、異論や違和感を持つ人も出てきます。こうしたことになるのも、太陽光発電以外に確たる再生可能エネルギーが導入できないからであり、薪やペレットのストーブが省エネ基準の評価対象になれば、太陽光発電のために屋根形状を変える必要もなくなってくるのです。そうした意味で、今後住宅の省エネルギー基準にこれらが暖房設備として認められるようになれば、自動的にZEHの評価にも反映できるようになってくるでしょう。また、補助基準としてのゼロエネルギーを超えて、家電を含む全エネルギーをゼロとする本当のゼロエネルギー住宅を実現するためにも、薪やペレットのストーブを導入する効果は大きくなってきます。

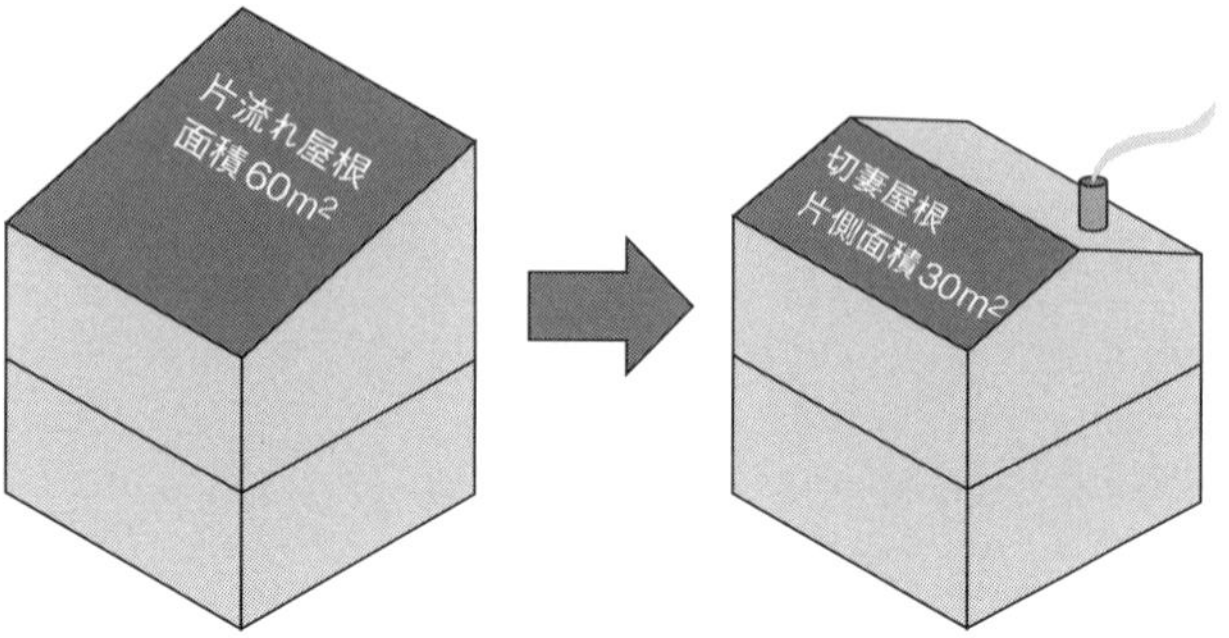

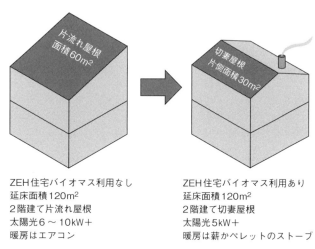

図9－2　ペレットストーブや薪ストーブを入れることでZEH住宅にするために必要な太陽光発電面積が減少する

薪やペレットのストーブ1台がどれぐらいのエネルギー効果をもたらすかを考えてみます。ペレットストーブはひと冬フルに使うと、1台1t程度のペレットを消費します。灯油にすると500ℓほどです。この暖房を、エアコンを使ってこれと同じように二酸化炭素を出さないようにするためには、太陽光発電を入れてエアコンの電気を賄わなければなりません。ペレット1t分の熱量をエアコンで賄おうとすると、1300kWh前後の電気が必要になります（エアコンは消費電力の3倍の熱が出せるとして）。そして、この電気を太陽光発電で賄うには約1・3kWのソーラーパネルが必要になりますが、この太陽光発電の設置にかかる費用は約40万円で、ペレットストーブと同じような値段になります。

3　本当のゼロエネルギーハウスとは？

ZEHはネット・ゼロ・エネルギー・ハウスの略称として使われていますが、実はこのネット（正味）が何を指すかが重要です。資源エネルギー庁のZEHロードマップ検討委員会がとりまとめた報告書には、「年間の一次エネルギー消費量が正味ゼロ」と定義されています。この「正味」ということばが何を意味するかは漠然としかわからないでしょう。実はこのNetということばを入れるか入れないか、つまりNet Zero Energyなのか、Zero Energyなのかでは意味が大きく異なるということが欧米では議論されてきたのです。先ほどの報告書の説明でも出てくる「年間の」というところがNetのポイントです。これは細かい時刻ごとのエネルギー需給バランスは問わず、年間のエネルギー消費量と再生可能エネルギーの供給量が数字として同じになっていればいいということです。それに対して、NetではないZero Energyは、そうした時刻ごとのエネルギー需給バランスを再生可能エネルギーの供給によって図るということになりますから、「はじめに」でも説明したエネルギー自給によるゼロエネルギー住宅でもあります。

住宅の太陽光発電は先に説明したFITによって、余った電気を電力会社に売ります。夜など足りなくなったら電力会社から電気を買います。屋根で発電している量がそのままそこで使われる量ではないということです。本当のゼロエネルギーハウスと呼ぶには、発電した電気を実際にその住宅で使っているのかどうかを区別していかなければなりません。発電量のうち、実際にその住宅で使われる自家消費の量は通常2、3割です。意外に少ないのは、太陽光発電は日中よく発電しますが、日中はあまり電気を使わないからです。そのためその多くは余るので売電するということになるのです。そのため、ゼロエネルギーハウスというのも、太陽光発電の電気で本当に100%賄っているというわけではなく、年間合計での数字上の話なのです。本当に賄っているのはやはり3割程度にしかならないということです。また、オール電化住宅にしてゼロエネルギーハウスにすることも、太陽光パネルを大きくして、暖房や給湯として増える電気の分を発電すれば可能です。しかし、これもあくまでも年間の合計値としてゼロエネルギーになるということで、冬の暖房としてエアコンなどの電気は増えても、それを賄えることにはならなくなります。結果として、本当に自給できる割合は下がってしまうのです。オール電化住宅では、冬季の電力消費が増大するのに対して発電量は低下するので、本当の自給を目指すのは難しいということになります。それに対して、薪やペレットでは使った分は全量そこで自家消費されるので、冬の暖房については本当に化石エネルギーをゼロにできます。

そこで我が家のエネルギー消費データをもとに、年間収支ではなく本当のゼロエネルギー住宅にどこまで近づけるのか、蓄電池も入れて見ながら試算してみました。最初に、暖房も給湯もすべてオール電化にしたとしたら、太陽光発電を7kW入れれば年間収支で100%エネルギー供給するZEHになります（図9―3）。しかし、実際に自分で消費する本当のエネルギー自給率は28%となります。ここに5kWhの蓄電池を導入したとしたら自給率は44%まで上がりますが、それでも半分はいかないのです。しかし、我が家では実際にはオール電化にせず薪ストーブや太陽熱温水器を使っているので、太陽光発電4・8kWでもエネルギー自給率は59%までいきます（図9―4）。つまりオール電化住宅で太陽光と蓄電池を入れるよりも、蓄電池を入れずに太陽光と薪やペレットのストーブを入れる方がエネルギー自給率は高くなるということです。そして、太陽光と薪やペレットのストーブに5kWhの蓄電池を導入したとしたら自給率は78%まで上がります。ここまでくるとかなり自給率が高くなります。太陽光発電だけでは本当のエネルギー自給率はなかなか上げられませんし、蓄電池を入れたからと言ってそれほど自給率が上がるわけではないということがわかるかと思います。エネルギー自給率を上げて本当のZEHを目指すなら、エネル

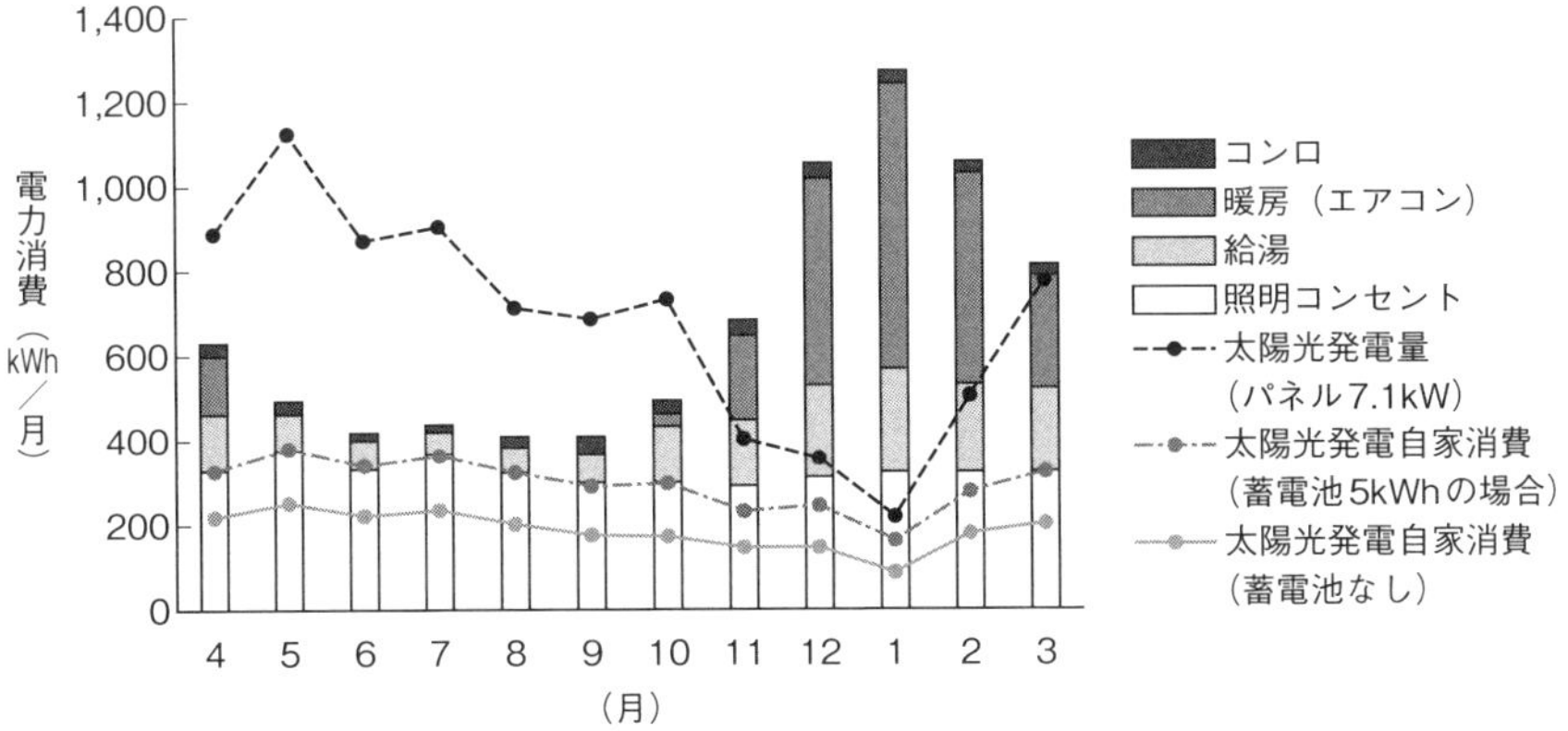

太陽光発電の全発電量を入れた再生可能エネルギー供給率（年間太陽光発電量÷年間電力消費量）100%
太陽光発電の自家消費のみを入れたエネルギー自給率（年間太陽光発電量のうち自家消費分÷年間電力消費量）28%
蓄電池5kWhを導入した場合の、太陽光発電の自家消費のみを入れたエネルギー自給率44%

図9－3　我が家の本当のエネルギー自給率（太陽光発電でオール電化の場合）

太陽光発電7.1kW、蓄電池5kWh導入した時の試算値

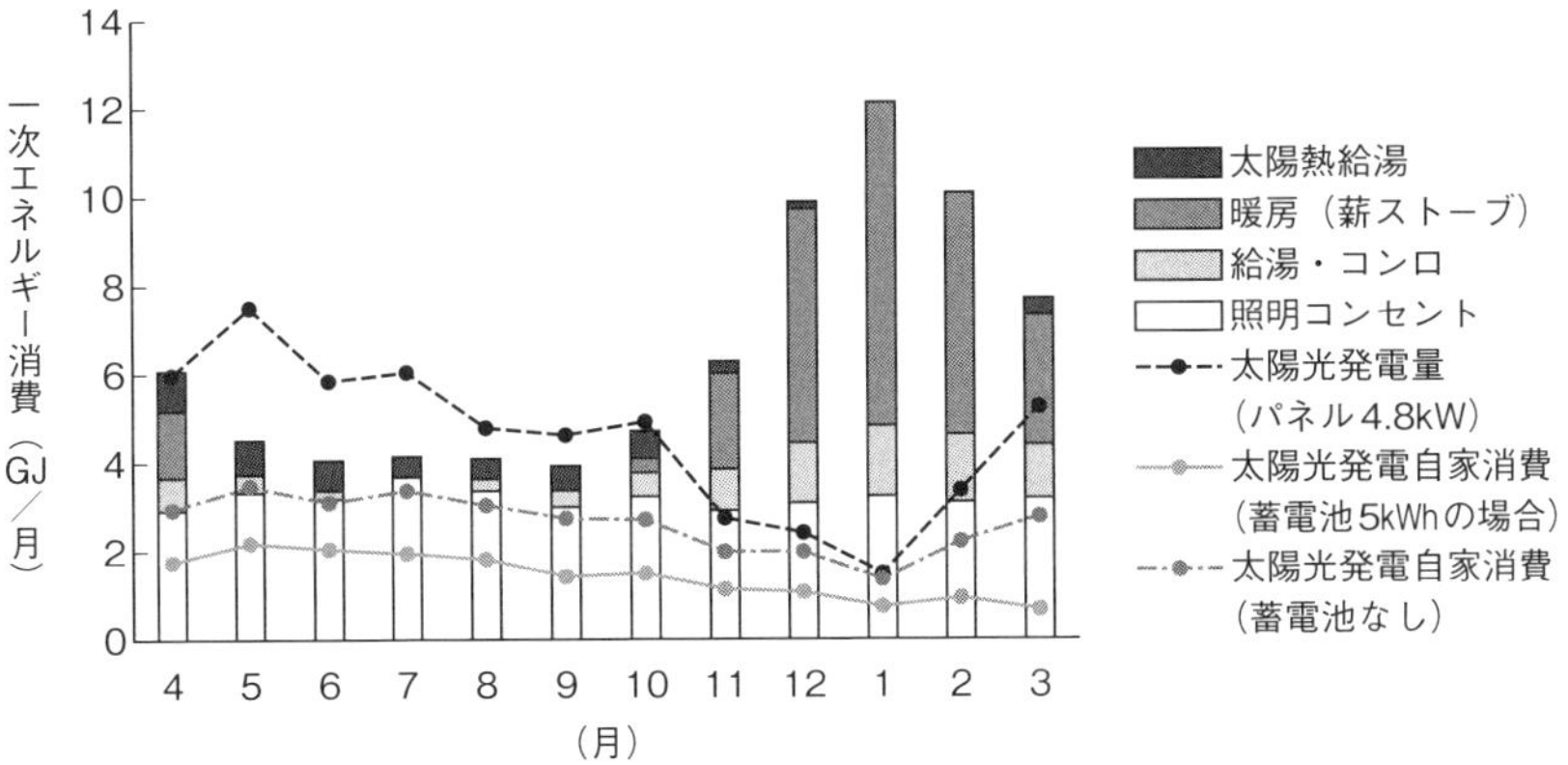

太陽光発電の全発電量を入れた再生可能エネルギー供給率【(年間太陽光発電量÷年間太陽熱給湯量＋年間薪使用量)÷年間エネルギー使用量】102%
電力自給率（年間太陽光発電量÷年間電力消費量）149%
太陽光発電の自家消費率（年間太陽光発電量のうち自家消費分÷年間太陽光発電量）23%
自家消費による電力自給率（年間太陽光発電量のうち自家消費分÷年間電力消費量）34%
太陽光発電の自家消費のみを入れたエネルギー自給率【(年間太陽光発電量のうち自家消費分＋年間太陽熱給湯量＋年間薪使用量)÷年間全エネルギー消費量】59%
蓄電池5kWhを導入した場合の、太陽光発電の自家消費のみを入れたエネルギー自給率78%

図9－4　我が家の本当のエネルギー自給率（太陽光発電と薪ストーブ、太陽熱温水器）

ギーの季節間貯蔵ができる、木をエネルギー源とする薪ストーブやペレットストーブを使わないとなかなか実現できないのです。

日本のように送電線網が整備された国では、オフグリッドのような完全なエネルギー自給を目指すことにあまりエネルギーシステム的な意味はありません。しかし、太陽光発電を中心とした再生可能エネルギーが増えていくと、エネルギー需要との変動の差を縮めていくような努力が必要になってきます。薪やペレットのような備蓄型の再生可能エネルギーを使っていくことは、冬季電力需要の増大に対して、太陽エネルギーを補完していくという意味が出てきます。こうして再生可能エネルギーの自家消費率を上げていくことで、エネルギー自給率を高めていくことは大事なことであり、今後日本としてカーボンニュートラルを目指すためにも重要になってきます。

4 災害にも強いゼロエネルギー住宅と薪

2011年3月に起きた東日本大震災では福島原発が事故を起こし、東北だけでなく首都圏まで計画停電を行うような事態になりました。そして、2018年7月に起きた西日本豪雨では、中国電力管内と四国電力管内で約25万戸の停電が発生。2018年9月に起きた北海道の地震では、ブラックアウトと呼ばれる大停電に見舞われ、道内全世帯にあたる295万戸が一斉に停電。2019年9月には台風15号で千葉県が約93万戸の停電。翌10月には台風で全国各地の堤防が決壊して何万戸もの住宅が浸水。地震とともに、地球温暖化の影響とも考えられる大型台風による被害が常態化しつつあります。住まいも災害に備えなければと考える人は多くなっているでしょう。電化することで便利になると思ってきた住まいのエネルギーリスクと、大規模な電力システムに依存するエネルギーリスク、両面からエネルギーリスクを考えなければなりません。災害にも強い社会をつくっていくためにはエネルギー源の多様化、分散化を図る必要性があり、その意味でも再生可能エネルギーは重要になります。

住宅に太陽光発電があれば日中は自立運転をすることで電気が使えます。蓄電池がなければ夜はもちろん使えませんが、災害時はそれでも携帯電話やパソコンが充電できるので状況はまったく違ってきます。さらに電気を貯める蓄電池があればという話になりますが、電話やパソコン、最低限の照明を賄う程度の蓄電池は防災用として考えてもいいかもしれません。しかし、先ほども説明した通り、オール電化住宅にして暖房や給湯まで蓄電池で賄うのはあまりにもお金がかかります。

暖房期に起こった東日本大震災の際には、灯油ストーブやプロパンガスも活躍しました。これらは備蓄して使うエネルギーだったから使えたのです。電線やガス管につながるというのは、いつでも必要なだけ使えて、蓄える必要がないということが利点でもありました。蓄えるための場所も必要なければ、蓄えが足りるかという心配も不要でした。しかし、こうした便利さの裏には、いざ寸断されれば何もないというリスクがあるのです。

家も流され、電気も来ないなか、がれきのなかから木を拾い、薪にして暖をとる風景があちこちで見られました。なかには、薪で風呂を焚くところもありました。そして、大停電を起こすなか、薪ストーブのある家に暖をとりに人が集まるということもあったそうです。震災によって薪ストーブはずいぶんと見直され、販売台数も伸び、一時は年間1万台を超えるようになりました。

自治体のなかには、薪ストーブに補助金を出すようになったところもあります。環境のことも考えれば灯油やガスへの依存も減らしていかなければなりません。暖房や給湯のための熱エネルギー備蓄と再生可能エネルギー活用を考えるならば木が一番簡単なのです。大都会の真んなかでは薪やペレットを使えるわけではないでしょう。しかし、山に近い地方都市や農山村では薪やペレットを使える可能性はまだまだあるのではないでしょうか。ペレットストーブはファンや燃料供給に電気を使いますが、それは電球1個分程度です。この程度のものが停電時にも使えるようにということであれば、蓄電池を備えるのも意味のあることでしょう。

そして、熱エネルギーについては、家自体の断熱性能が高ければ暖房がなくても過ごせる時間は長くなります。エネルギーをあまり使わず、再生可能エネルギーが使える自立性の高いゼロエネルギー住宅は、地震などの災害時に、電気などのライフラインが寸断されても持ちこたえる家でもあるのです。

5　ゼロエネルギー住宅を建てるといくらかかるのか？

ゼロエネルギー住宅について一番知りたいのは建築費がいくらかかるのかというところかと思います。我が家の場合の性能は省エネ基準のおおよそ2倍で、年間収支のゼロエネルギー化は達成しています。当時は輸入しないと高性能なトリプルガラスの窓はありませんでしたから、窓は少しお金がかかりました。しかし、今は国産メーカーもそうした高性能な窓をつくるようになりましたので、そうした窓を採用したとして、今、我が家と同じ家を建てるとしたらいくらになるのか再見積もりしてみました。

太陽光発電などは年々価格が下がっていたりするので、まずは再生可能エネルギーの設備を除きました。そうすると、2800万円です。床面積は42坪ですから、坪単価で言うと66・7万円。ここまでが建築としての価格です。高いと思う方もいれば、安いと思う方もいるでしょう。しかし、一般的な価格で言うならば、ローコスト住宅よりは高いですが、大手ハウスメーカーよりも安い価格だと思います。ただし、これらの住宅の断熱性能は省エネ基準程度ですし、ローコスト住宅では省エネ基準にも満たない場合があります（一部の大手工務店でも省エネ基準を上回る断熱性能を出しているところもありますが、総じて言うならば大手ハウスメーカーの大部分はやはり省エネ基準程度です）。我が家の再生可能エネルギーの設備は現在の価格だと太陽光発電が4・8kWで147万円（注）、太陽熱温水器70万円、薪ストーブ90万円で、合計すると約300万円です。建築工事と再生可能エネルギー設備の合計で3100万円、坪単価で74万円です。再生可能エネルギーの設備は太陽光発電とペレットストーブにすれば200万円程度に抑えることもできます。

（注：新築住宅における太陽光発電の設置コストは2019年度平均で出力1kW当たり30・6万円でした。少しずつですが安くなっています。（図5−2参照））

住宅の価格は省エネ性能だけで決まるわけではありませんし、人によってお金をかけるところが違うと思います。例えば、大きな家を建てれば当然費用は高くなりますが、冬はほとんど使っていない部屋ばかりという話もよく聞きます。冬は長いですから、家の一部しか使えないというのはもったいない話です。また、大きな家にすると、廊下や浴室など暖房をしないところが出て

表９－１　省エネ対策のコストと効果

	断熱材	窓
	屋根：グラスウール　400㎜ 壁：グラスウール　200㎜ 基礎：ポリスチレンフォーム　100㎜	樹脂トリプル
追加費用	＋110万円	＋100万円
CO_2削減量（kg CO_2）	859	891
CO_2削減率（%）	14.5	15.0
費用対効果（kg CO_2/万円）	7.8	8.9

	換気	再生可能エネルギー			
	熱交換換気	太陽熱温水器	太陽光発電	薪ストーブ	ペレットストーブ
追加費用	＋36万円	＋70万円	＋144万円	＋90万円	＋40万円
CO_2削減量（kg CO_2）	462	604	1,872	1,851	1,351
CO_2削減率（%）	7.8	10.2	31.6	22.8	22.8
費用対効果（kg CO_2/万円）	12.8	8.6	13.0	15.0	33.8

注　断熱材、窓の追加費用は省エネルギー基準仕様とくらべた増額
　　熱交換換気については04-10参照

きやすくなります。そうすると、そこに温度差が生まれてヒートショックを引き起こす場所になってくるのです。反対に小さな家だと廊下などをつくらず、部屋と部屋の間仕切りも少なくすることができ、家の中の温度差は減っていくのです。という意味では、適度な大きさの家にするということが出発点として大事なことです。

省エネ住宅の価格を検討する場合、その人、あるいはその会社がつくろうとする住宅について、まず省エネ基準レベルでつくった場合にいくらになって、その断熱性能を上げていくことでいくらぐらいコストアップになるかが重要な要素です。我が家の場合、省エネ基準だと断熱材はグラスウールで壁10cm、屋根20cmでしたが、それを壁20cm、屋根40cmにしました。それによるコストアップは約１００万円です。そして、窓は省エネ基準だとアルミとプラスチックの複合サッシでペアガラスですが、プラスチックのトリプルガラスにして約１００万円アップです。合わせて２００万円

表9－2　我が家をモデルにした断熱省エネ対策と再生可能エネルギー設備のコスト検討

			我が家の実際	我が家を普通の性能で建てた場合の計算値
光熱費	電力	買電	67,875円/年	242,486円/年
		売電	▲35,793円/年 (FIT終了後の9円/kWh)	
	都市ガス		62,808円/年	81,644円/年
	薪（丸太で購入）		24,750円/年	
	合計		119,640円/年	324,131円/年
	削減額		204,491円/年	
断熱性能・設備	断熱材	壁	HGW220mm	HGW100mm
		屋根	HGW400mm	HGW200mm
		基礎	XPS100mm	XPS50mm
	窓	サッシ	木製サッシ	アルミ樹脂複合断熱
		ガラス	ArLowEトリプルガラス	LowEペアガラス
	外皮平均熱貫流率（U_A）		0.28W/(m^2・K)	0.57W/(m^2・K)
	熱交換換気		あり	なし
	太陽光発電		4.8kW	なし
	太陽熱温水器		集熱パネル6m^2	なし
	暖房		薪ストーブ	エアコン
	給湯機		ガス潜熱回収型給湯機	ガス潜熱回収型給湯機

注　HGW：高性能グラスウール、XPS：押出法ポリスチレンフォーム
　　Ar：アルゴンガス封入　　居住家族3人　　延床面積139m^2

アップほどだということです。いかがでしょうか。建築費2000万～3000万円に対して200万円は1割程度の話ですから、40年住むとすれば年に5万円の投資です。光熱費の削減にもなりますから、それを差し引けば年2万～3万円の差、月にすれば2000～3000円の差です。将来エネルギー価格が高くなればその差はもっと小さくなり得ます。暖かい家になって病院へ行くことが減れば医療費の削減にもなります。そして、日々の快適性を考えれば、十分価値のある投資ではないでしょうか。太陽光発電については144万円アップにはなりますが、これも基本的には元が取れます。薪ストーブやペレットストーブは、今のところ薪やペレットの燃料が灯油並みの値段なので、元が取れるものではありませんが、薪の場合は高価な蓄電池を買う

よりは安いということは先ほど説明した通りです。

ここで紹介しましたのはあくまでも我が家の例です。これと同じ性能を満たさなければ省エネ住宅とは言えないということではありません。限られた予算でどこまで性能を上げられるかということが大事だと思います。また、優先順位を考えて、太陽光発電は後から設置するという方法もあり得るかと思います。建築そのものとなる断熱の部分については、後から増やすのは簡単ではないからです。それからすれば、太陽光発電のような設備は後から設置するのは難しくありませんし、安くなっている可能性もあります。薪ストーブは煙突をしっかりつくらなければならないので、後から設置するハードルは高くなりますが、ペレットストーブの方が煙突も小さく、後から設置するのもそれほど難しくはありません。

以上が我が家の場合の費用で、まとめると断熱材と窓、熱交換換気の省エネで246万円、太陽熱温水器と太陽光発電、薪ストーブの再生可能エネルギー関連で304万円の合計550万円です。ZEHの補助金105万円を活用できれば445万円です。

こうしてゼロエネルギー住宅にすれば当然コストはかかりますが、光熱費はどうなるかです。我が家の実際の光熱費を示したのが表9−2です。太陽光発電の余剰電力については最初の10年は高い価格で売れますが、それを過ぎると市場価格になります。そこで、太陽光発電の余剰電力を9円／kWhで売電したとしました。そうすると、買うのに払った電気代から売った得た電気代を引いて年間3万2082円です。それに都市ガス代が6万2808円、薪代が2万4750円、全部合わせて11万9640円です。コラム2で見た山形市の平均が約26万円なので、それよりも14万円安いことになります。ただし、この平均は家計調査という統計で、戸建て住宅だけでなく、マンションやアパートも含んだものです。同じ条件で比べるために、表の右側の列で示しているのが、もし我が家を普通の性能で建てた場合の計算値です。これだと32万円かかることになり、年20万円の差です。22年住めば440万円で、ほぼコストアップ分になります。決して小さな額ではありませんが、住宅に住む期間を考えれば十分検討に値するものではないでしょうか。

6　暖房給湯のできるバイオマスボイラで本当のゼロエネルギー住宅に近づく

欧州の住宅でよく使われているのはペレットストーブではなく、ペレットボイラです。ペレットボイラで温水をつくり、配管で家の中を回し、必要なところに放熱パネルを置けば、場所も取らずにどの部屋でも無理なく暖房できます。もともと欧州ではこういう温水式のパネル暖房が一般的で、それまでよく使われていた灯油やガスのボイラをペレットや薪に置き換えればよかったのです。

そして、ボイラとなると風呂用の給湯にも使えるようにもなります。特に浴槽にお湯を張って風呂に入る習慣のある日本人の給湯に使うエネルギー量は多く、暖房と同様冬に消費が増えます。暖房ほどは断熱で減らせないエネルギーです。この給湯の熱を、再生可能エネルギーである木で賄える効果は大きく、冬のエネルギー自給率を高めるのに寄与します。ペレットボイラはまた、センサーを使って最適化された燃焼制御によって、熱効率はきわめて高く90%を超えます。ペレットは袋詰めのペレットを手で入れるようなことはなく、ペレット専用サイロを設置して、そこにペレット専用トラックがダクトをつないで投入します。炎を見て楽しむだけではなく、最新

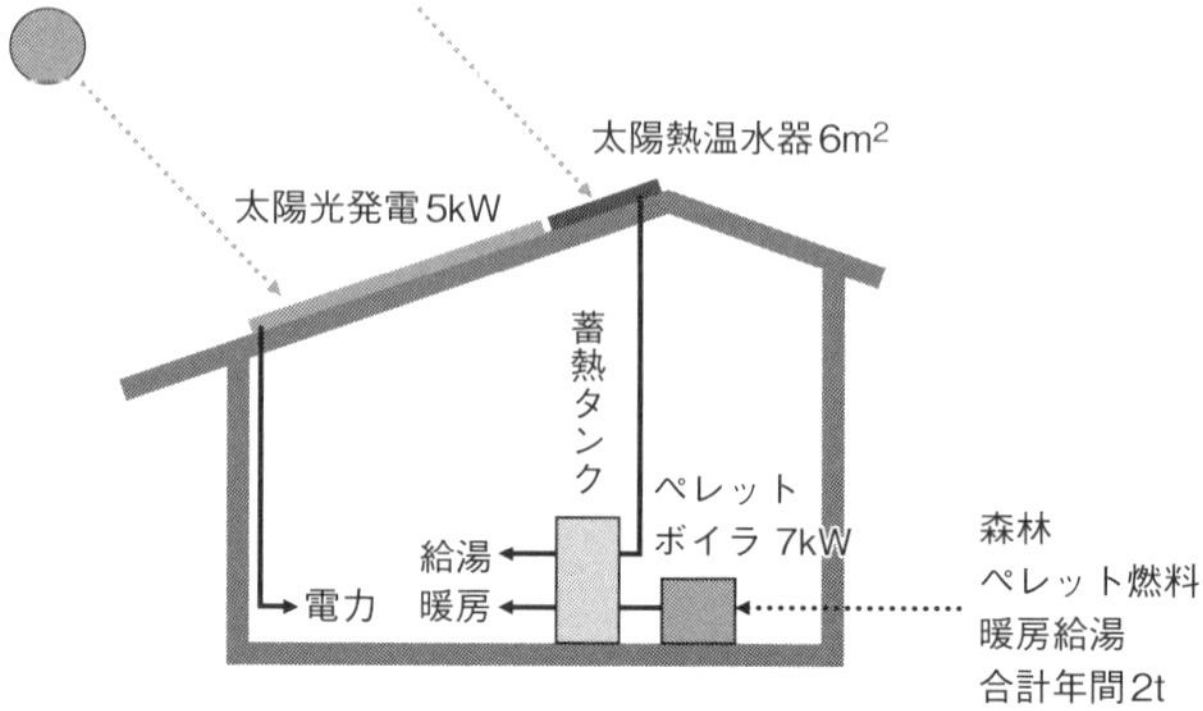

写真9－1　山形エコハウス
山形県が環境省の補助を受け、東北芸術工科大学と連携し、2010年に建設したモデル住宅

のエネルギーシステムとして効率性と利便性と環境性を追求した設備だと言えます。

　ペレットボイラだけでなく、薪ボイラも欧州ではよく使われています。日本でも風呂用の薪ボイラは今でもわずかに使われていますが、効率はあまり良くなく、使い勝手のいいものとは言えないものです。欧州の薪ボイラはガス化して燃焼制御するもので、効率は90%以上に達しています。大きなタンクにお湯にして貯めてから温度制御しながら給湯や暖房に使うので、薪をくべ続ける必要もありません。薪は一日に1、2回くべますが、その後はもう自動運転です。こういう家では薪を使う量も多いので、斧で割ったりせず、薪割り機を使います。薪の炎も見えません。日本人が知る薪のイメージとはまったく違う、高い性能と合理的な使い方をするものがあるのです。

　欧州でエコ住宅というとペレットボイラがよく採用され、さらに太陽熱温水器を設置することもよくあるのです。太陽の熱が使える時は太陽熱で給湯・暖房を賄い、足りない分をペレットで賄うというきわめて合理的な考えです。そして、建物そのものに断熱材が日本の何倍も入れられており、必要な暖房用エネルギーも徹底的に減らされています。そして、こうした住宅がレンガ造りの多い欧州で、あえて木造で建てられているのです。森林が多い日本でもできないかと、こうした欧州のエコ住宅の考え方を取り入れてつくったのが山形エコハウス（写真9―1）です。地域材を使い、欧州並みの断熱性能、ペレットボイラ、太陽熱温水器、太陽光発電を備えた山形エコハウスは、本当のゼロエネルギー住宅に近づくモデル住宅です。

7　集合住宅こそゼロエネルギー住宅に

ここまでは、住宅といっても戸建て住宅の話をしてきました。確かに日本は戸建て住宅が多く、地方であれば庭付きの一戸建てに住むのが当たり前という感じがあります。しかし、戸建て住宅以外のアパートやマンションといった集合住宅に住む人は、薪ストーブやペレットストーブはあきらめないといけないでしょうか。そんなことはありません。集合住宅でも煙突をきちんと立てれば薪ストーブやペレットストーブを置けます。日本ではそんな集合住宅はありませんが、ヨーロッパではよくあります。集合住宅では大きな薪やペレットのストーブをそれぞれが置くのではなく、まとめてボイラから温水を供給することもできます。むしろその方がスペース上も、コスト的にも効率的で便利になり、共同住宅だからこその利点でもあります。

マンションのような集合住宅はコンクリートに囲まれて、狭くて、庭もなく、人工的で、何か環境に悪いもののように考えている人もいます。しかし、集合住宅には実は環境に良い面もたくさんあるのです。ほとんど庭のないような小さな敷地に小さな一戸建てを建てるケースもよくあ

写真９－２　ドイツのタウンハウス

りますが、そうした住宅街の家と家の間は敷地境界を挟む狭いすき間があるだけで、何も使われない土地です。つまり、戸建て住宅は効率の悪い土地利用であり、使えない土地にもお金を出さなければならないのです。そして、省エネ、快適性については戸建て住宅よりも集合住宅が優位だということは意外と知られていないことです。集合住宅には戸建て住宅にある家と家の間の無駄なすき間がありません。隣の家と壁を共有しているからです。中間階であれば上の住宅と天井を共有し、下の住宅と床を共有します。戸建ては壁の向こうは外気ですが、集合住宅の壁の向こうは暖房をしている暖かい隣の家です。角部屋でなければ、外気に接するのは玄関側の壁とバルコニー側の壁の２面だけになります。このため、集合住宅は断熱的には非常に有利で、暖かくなりやすいですし、省エネにもなりやすいのです。

しかし、戸建て住宅にも集合住宅よりもエネルギー的に有利な点があります。それは戸建て住宅には太陽光発電を載せられる大きな屋根があるということです。集合住宅にも屋根はありますが、一戸当たりにすれば面積は小さくなります。仮に太陽光発電を載せたとしてもエネルギー自給には不足するのです。省エネで有利なはずの集合住宅を逆転して戸建てをエネルギー自給可能にする太陽光発電の持つ威力は大きいということがわかります。

この戸建て住宅のメリットと集合住宅のメリットを両方活かそうとすれば、それは2階建ての集合住宅になります。集合住宅でも例えば10階建てのマンションだと太陽光発電を載せる屋根は不足しますが、2階建てだと戸建てと同じぐらいの面積を確保できるようになってきますから、電力の自給は十分可能になります。

そして、狭い、庭がないというマンションや集合住宅の課題も解決できるのです。2階建ての集合住宅というとアパートを思い浮かべると思いますが、メゾネットと呼ばれる各戸が部屋の中の階段で1階と2階がつながっているタイプであれば、戸建てと変わらぬ居住面積と屋根面積、そして庭が確保できます。高層マンションとは違う長屋であり、欧米ではタウンハウス（写真9―2）やテラスハウスと呼ばれる形式で、こういう低層の集合住宅に太陽光発電パネルを載せ、木のエネルギー暖房給湯を行うような住宅は究極的なゼロエネルギー住宅だと言えるでしょう。日本では未開拓の分野ですが、まずは公営住宅などで取り組んでいくべきテーマではないかと思います。

8　バイオマス地域熱供給でゼロエネルギータウン

日本でもペレットストーブは徐々に知られるようになってきました。しかし、ペレットストー

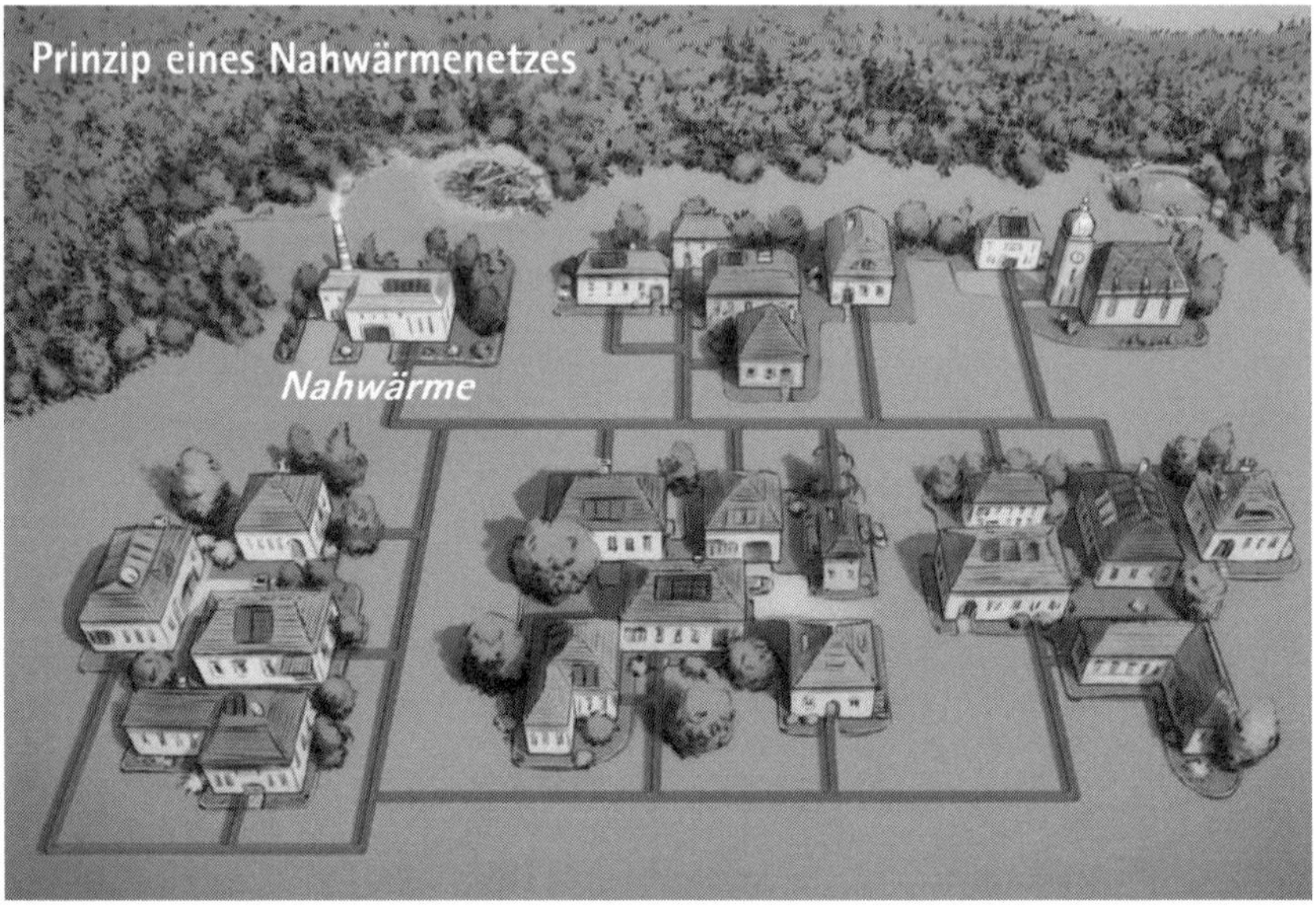

図9－5　バイオマス地域熱供給のイメージ図

出典　オーストリアバイオマス協会資料

ブは灯油やガス、電気のストーブ、エアコンとくらべてどうしても大きくなります。ペレットそのものの「かさ」も、灯油の3倍。ストーブへの燃料補給は10kgのペレット袋を持ち上げながらの作業であり決して楽とは言えません。オール電化住宅やガスのようにスイッチひとつで何でもできる、操作の楽な設備が普及している現在、使い勝手という点ではどうしても分が悪いのは確かです。やはり誰でも使えるエネルギーにするためには利便性の追求も必要です。ストーブでは給湯ができないというエネルギー自給上の限界は先に紹介したペレットボイラという方法で解決できますが、費用面でもスペース面でも設備導入のハードルは残ります。

欧州において、こうした木質エネルギーの欠点を解消し、現代的な木のエネルギー利用を開拓してきたのが地域熱供給という方法です。温水をつくるボイラを1ヵ所に設置し、そこから配管で地域に張り巡らせて温水を供給するもので、配管に接続した建物は、その温水で暖房や給湯を行います。図9－5は小規模なバ

写真9－3　バイオマス地域熱供給を行う山形県最上町の住宅団地。道路の下に埋設された熱供給配管とバイオマスボイラ

イオマス地域熱供給のイメージ図ですが、100軒程の住宅をつないだものや、都市全体に配管を張り巡らせた大規模なものまであります。建物側には使った熱の量を測るメーターがついており、利用者は使った分だけ支払います。場所を取り、手間のかかる木質燃料の供給や保管、ボイラの運転管理に需要家は一切煩わされることがありません。それこそスイッチひとつで暖房、給湯が可能になります。こうした木を燃料にした地域熱供給が欧州各地に広がり、地域のエネルギー自立を支えているのです。

実は日本でも地域熱供給自体は数多く導入されてきました。しかし、その多くは都市ガスや電気を熱源とし、スケールメリットを活かして公害対策を強化するための集中システムとして導入されてきたものでした。代表的なところは丸の内や新宿の高層ビル街などです。逆に地方のように建物の密度が小さいところでは、配管整備のコストが大きくなったり、配管からの熱ロスが大きくなったりするため、地域熱供給は成立しないと考えられてきました。この常識が木のエネルギーの登場によって欧州では覆されてきたというわけです。

欧州ではもともと化石燃料による地域熱供給が都市部で普及していました。しかし、木質燃料によるバイオマス地域熱供給の建設が始まったのは１９８０年頃からでした。森林が近いところでは、木が灯油やガスより安価な価格で調達でき、特に木の燃料のなかでもチップは比較的単純な工程でコストをかけずに製造できるというメリットがありました。しかし、チップは設備の初期投資が大きく、設置スペースも広くなるため、住宅のように小さな施設で使うことは通常できなかったのです。ところが地域熱供給という形態を取れば、複数の建物でまとめてプラントを共有することができ、安価なチップを使って住宅でも熱供給が可能になったのです。心配されるのは配管を流れる温水が冷めないかということですが、配管にはしっかりと断熱材が巻かれていて、１㎞の延長でも１℃しか低下しないほどになっているのです。

こうしたバイオマス地域熱供給は日本でも北海道下川町、岩手県紫波《しわ》町、山形県最上町（写真９－３）、徳島県神山町のニュータウンなどで、少しずつつくられるようになってきました。これらは森とまちを結ぶ新しいエネルギーインフラだと言ってもいいでしょう。特に冬期に高まる暖房などの熱エネルギーの需要をバッテリーなしで供給でき、地区丸ごとゼロエネルギータウンにして、二酸化炭素の排出をゼロにしてしまう効果は絶大で、他にこうした効果を出せるものはありません。課題となるのはやはり熱供給の配管の整備コストですが、その環境的な効果を考えれば、これからの新しいインフラとして整備していく公共性は十分あると考えられます。

コラム9

電力会社を切り替えてゼロエネルギー住宅に

ここまで説明してきたように「太陽光で発電をし、木のエネルギーで暖房や給湯を行う」「夜の電気は電気自動車に貯めた電気を使うか、多少の蓄電池を導入する」ことで、住宅はかなりエネルギー自給できるようになり、本当のゼロエネルギー住宅に近づきます。しかし、オフグリッドでも説明したように、住宅だけで完全にエネルギー自給することは難しく、そこにこだわるのは無理と無駄があります。木のエネルギーを使ってもエネルギー自給が難しいのは夜間や冬の暖房以外の電力需要です。これは風力や水力に頼るのが一番いいわけですが、それを無理して住宅だけで自給しようと考えず、それに適した場所から送電線を介して持ってくる、つまり電力会社から買うのがいいのです。

今は、そうした再生可能エネルギーに限定して電気を買うことが可能になりました。２０１６年から電気は会社を選べるように自由化されたからです。これまでずっと電気は10社の大手電力会社に地域独占が認められてきました。それが当たり前になっていたので、特に疑問に思う人もいなかったのですが、これだけ自由にものを選べる時代に、考えてみれば不思議な状況です。電話がＮＴＴの前身である電電公社によって独占されていたのが１９８５年に自由化され、その後携帯電話やスマホが普及していったというような大きな変化があったのに対して、電力自由化の必要性は指摘されつつも長く実現しませんでした。産業系の大口需要家を対象とした自由化は、国際競争力を伸ばすためにも電力料金の低減を図るという目的のもとに進みましたが、家庭などの自由化は遅々として進んでいなかったのです。２０１１年、東日本大震災の原発事故によって、東京電力や原発の電気は使いたくないと考えた人が一気に増えたものの、電力会社を変えたくても選択肢がありませんでした。こうしたことがきっかけになり、家庭のような小口需要家に対してもすべて自由化することが決まったのでした。

　こうして電力の小売が自由化され、一気に新しい電力会社が増えました。多くは今までよりも安くなることを謳った会社です。携帯電話も一斉に電力の小売を始めましたが、これは電話と電気のセット割引で客をつなぎとめようとするものです。こうした新しい電力会社はどんな電気を売っているのか注意しなければなりません。残念ながら電源構成を明らかにしていない会社が多く、安い石炭火力の電気をたくさん調達して二酸化炭素排出が今までの電力会社よりも多いということもあり得るのです。しかし、再生可能エネルギーの電気を積極的に調達している会社もたくさん出てきました。こうした会社も１００％再生可能エネルギーというわけにはなかなかいきませんが、半分を超えるような会社も出ています。また、こうした選択は再生可能エネルギーを需要家側から増やしていくことにつながります。今までの再生可能エネルギーは、いかに再生可能エネルギーの発電所をつくるかという観点から進んできましたが、これからは使う側の動きが再生可能エネルギーを増やしていくことにもなるのです。

　太陽光発電を取り入れられない人も、こうした新しい電力会社と契約することで簡単に再生可能エネルギーを使うことができるようになりました。電力会社の切り替えはネット上でもできる非常に簡単なものです。

おわりに

本書はゼロエネルギー住宅について書いてきました。最後にもう一度、住宅を本当にゼロエネルギーにしなければならないか、ということを考えてみたいと思います。

数字上のエネルギー収支で言えばゼロエネルギー住宅は難しくありませんし、消費する以上に発電するプラスエネルギー住宅にすることも可能です。しかし、これまでも書きましたように、住宅だけでエネルギーを本当に100％自給する、ゼロエネルギー住宅をつくるのは難しいということです。特に電気は住宅だけでどうにかするものではなく、電力会社に再生可能エネルギーの電気を供給してもらうことが大事ですし、再生可能エネルギーは地域全体で利活用を考えるものです。

しかし、だからと言って住宅としてエネルギー自給によるゼロエネルギー化をあきらめるのかというとそうではなく、可能な限り近づくよう本気で考えてほしいというのが私の願いです。本気で考えるためにはデータが必要です。データで丁寧に説明してくれる工務店や設計者を必ず選んでください。皆さんも、イメージによる思い込みには気を付けていただければと思います。

ところでこれから家を建てようとする皆さんは、その家にいつまで住むと考えていらっしゃるでしょうか。私自身、自宅を建てる時にそんなことはあまりまじめに考えていませんでした。しかし、少し年を重ねるうちに、そういうことも考えるようになってきました。もし私が日本人男性の平均寿命81歳まで生きればあと24年、２０４４年までこの家に住む可能性があります。その頃、日本を含む世界の共通目標となった「2050年までにゼロカーボン実現」の目途が立っているのか、絶望しているのか。皆さんも今から家を建てれば、その家はたぶん2050年になっても住んでおられる家でしょう。こう考えると2050年は家づくりにとっては考えておくべき現実なのです。そんな話を講義で学生にしていたら、レポートに自分は2100年も生きているかもしれないと書いてきたのを読んでハッとしました。2050年のことさえ考えるのが難しいと思い込んでいたのですが、実はいまや2100年のことも現実問題として考えなければいけない段階になっているということに気づかされました。

2050年や2100年を考え始めた時、もうひとつ見えてくるのは自分がいなくなった後、その家はどうなるかという問題です。なかなか直視できない難しい問題です。「子供が家を継いで住んでくれる」と言い切れる方はどれぐらいおられるでしょうか。現代のような自由で流動的な社会では、一所に家族が代々住み続ける必然性はなくなってきました。

もし、その家に住めなくなった時、本来であれば中古住宅として売るのが一番良いはずです。もっと言うならば、単身者世帯、夫婦のみの世帯、子育て世帯、高齢者世帯とライフステージのなかで住宅を選んで住み替えていくのが合理的なはずです。ところが日本では戸建て住宅の中古市場が非常に小さいのが現状で、結果として空き家になったり、壊さざるを得なくなったりします。このように先の見通しもなく家を建て続ければ、日本の空き家は増え続けることでしょう。

中古住宅が適正な価格で売れるには、耐震性能や省エネ性能など、住宅の性能が明らかになっている必要があります。そして、性能の良い家は当然高い値段で売れます。欧州では中古住宅や賃貸住宅の売買において、省エネルギー性能を表示しなければいけないことになっていますが、高性能な省エネ住宅は建築時とそう変わらない値段で売れるそうです。そうなれば金融機関は融資しやすくなります。実は一代限りの家づくりが建て主のコスト負担を重くしてしまっているのです。性能の良い家が中古になってもいい値段で売れるならば、少しお金をかけても高性能な家を建てるようになるはずです。快適なゼロエネルギー住宅は、間違いなく資産価値の高い住宅だと思います。ぜひ次の世代も住み続けられる家をつくっていただければと思います。

この本は農文協の担当者からお声がけいただき、私の自宅で得た経験をもとに家づくりについて書いたものです。自宅を建てることができたのは父、母、大学の同僚たち、その他多くの方々の協力があってのことです。また、日々の暮らしに花を添え、快適な暮らしを支えてくれているのは妻に他なりません。皆に感謝しながら筆を置きたいと思います。

２０２０年12月自宅にて

三浦 秀一

■著者略歴■

三浦　秀一（みうら・しゅういち）

1963年兵庫県生まれ。早稲田大学理工学部卒業。1992年同大学院博士課程修了。博士（工学）。東北芸術工科大学講師、准教授を経て、現在同建築・環境デザイン学科教授。住まいとまちの環境計画が専門。地球温暖化をはじめとする様々な環境問題から、人―すまい―まち―地球というつながりを見つめ直し、新しい住まいやまちの未来を提案している。

〈著書〉

『省エネ住宅とスマートライフでストップ温暖化』（共著）丸善出版、2006年／『建築・都市エネルギーシステムの新技術―京都議定書目標達成に向けて』（共著）丸善出版、2007年／『環境教育用教材　学校のなかの地球』（共著）技報堂出版、2007年／『未来の住宅　カーボンニュートラルハウスの教科書』（共著）バジリコ、2009年／『コミュニティ・エネルギー』（共著）シリーズ地域の再生13、農文協、2013年／『木質資源とことん活用読本』（共著）農文協、2013年／『世界の田園回帰』（共著）シリーズ田園回帰8、農文協、2017年／『都市環境から 考えるこれからのまちづくり』（共著）森北出版、2017年ほか

研究者が本気で建てた

ゼロエネルギー住宅

断熱、太陽光・太陽熱、薪・ペレット、蓄電

2021年 1月25日 第1刷発行
2022年 10月15日 第2刷発行

著者 三浦 秀一

発行所 一般社団法人 農山漁村文化協会
〒107-8668 東京都港区赤坂7丁目6－1
電話 03(3585)1142(営業) 03(3585)1145(編集)
FAX 03(3585)3668 振替 00120-3-144478
URL https://www.ruralnet.or.jp/

ISBN978-4-540-18162-7 DTP製作／㈱農文協プロダクション
〈検印廃止〉 印刷／㈱光陽メディア

製本／根本製本㈱
Printed in Japan 定価はカバーに表示
乱丁・落丁本はお取り替えいたします。

農文協の図書案内

百の知恵双書19
パッシブハウスはゼロエネルギー住宅
竪穴住居に学ぶ住宅の未来
野沢正光 著　B5変型判160頁　2667円＋税

今注目されているパッシブハウスとは太陽熱、地熱、風などの自然エネルギーを利用した、冬温かく、夏涼しい家をいう。住まいの快適性とエネルギー利用の歴史と変遷をひもときながら、夏蒸し暑く冬寒い日本の風土に合い、石油エネルギーでなく太陽光や風、地熱などの自然エネルギーで暮らす時代への展望を示す。

生ごみからエネルギーをつくろう！
多田千佳 文　米林宏昌 絵
B5変型判32頁　1400円＋税

家庭や学校で、ペットボトルを使って、生ごみからバイオガスと液肥をつくるノウハウを紹介する絵本。できたガスでお湯をわかしてお茶をいれ、液肥は野菜栽培に。手づくりトーチで再生可能エネルギーの炎を運動会に燃やそう！

ごみを資源にまちづくり
肥料・エネルギー・雇用を生む
中村修 著　四六判144頁　1800円＋税

生ごみを分別し、残りは燃料資源に。生ごみや浄化槽汚泥、し尿はメタン発酵循環施設で液肥に変換し、メタンガス発電も。焼却炉も下水道も不要、人口減少・高齢化・経済縮小時代にマッチした循環のまちづくりを提案。

図解
誰でもできる石積み入門
真田純子 著　B5判120頁　2700円＋税

コンクリートやモルタルを使わない「空石積み」はエコで持続可能な技術。崩した石を積み直せば地域資源が循環する。口伝の技を気鋭の女性研究者がわかりやすく解説。石積み技術を広く継承していく仕組みも提案する。

（価格は改定になることがあります）

農文協の図書案内

地球のくらしの絵本5
自然エネルギーをいかす技
四井真治 著　A4変型判32頁　2500円＋税

太陽からふりそそぐエネルギーをつかまえて利用する。太陽光発電で水を汲み、太陽熱乾燥器でドライ果物、水の力や風の力を利用した発電、堆肥の発酵熱を生かした温床装置、天ぷら油で動かすディーゼルエンジンなど。

農家が教える
自給エネルギーとことん活用読本
光、風、水、薪、もみ殻……
農文協 編　B5判168頁　1143円＋税

身の回りに眠っているエネルギーを、暮らしにとことん活かしてきた農家の技を集大成。太陽、水、風、薪、もみ殻から作物残渣、糞尿まで……、小さなエネルギー自給のさまざまな面を、楽しく描き出す。人任せのエネルギー議論から一歩先に進むための、エネルギー自給実践の書。

シリーズ 地域の再生13
コミュニティ・エネルギー
小水力発電、森林バイオマスを中心に
室田武・倉阪秀史・小林久・三浦秀一 他 著
四六判292頁　2600円＋税

固定価格買取価格制度で加速した自然エネルギー。単なる電源の転換ではなく、熱を含めて大規模集中システムから地域分散型システムに転換する方策を、小水力発電と木質バイオマスを中心に具体例に即して提案する。

日本茅葺き紀行
日本茅葺き文化協会 編　安藤邦廣・上野弥智代 著
杉原バーバラ 訳
B5判184頁　2700円＋税

一般市民や訪日外国人を対象に、日本農村の原風景である茅葺きの里16カ所を訪ねるガイドブック。日本語英語併記。写真図版多数。茅場の多面的価値、多面的利用、農業と結びついた茅文化も紹介。

（価格は改定になることがあります）

農文協の図書案内

絵でつづる
塗り壁が生まれた風景
左官仕事のフォークロア
小林澄夫 文　村尾かずこ 絵
A5判136頁　2400円＋税

各地に残る土俗的な土壁や土蔵、左官仕事の現場、漆喰窯の跡などを訪ね、そこで用いられた技術や素材の魅力を絵と文でつづる。今はなき名物業界誌『左官教室』に連載されたシリーズをまとめた1冊。

聞き書き　伝統建築の家
造る 住む 直す 職人の技
原田紀子 著
B6判276頁　2400円＋税

日本の伝統的な木の家とその技術が失われるなか、伝統工法にこだわり傾いた建物を直す大工、顔が映るくらい漆喰壁を磨く左官、古民家を解体して再生する職人など、奇跡とも言える技を持つ人びとからの貴重な聞き書き。

百の知恵双書17
「日本の住宅」という実験
風土をデザインした藤井厚二
小泉和子 著
B5変型判168頁　本体2667円＋税

大正末から昭和初期、日本の建築学に西洋式の設計思想が浸透し始めるころ、これから必要な日本の住宅を考えた建築家。環境工学の先駆であり、日本の住文化を提唱した藤井の仕事が、いま新しい。

百の知恵双書18
窓を開けなくなった日本人
住まい方の変化六〇年
渡辺光雄 著
B5変型判168頁　本体2667円＋税

縁側や通り土間がなくなり夕涼みをしなくなった日本人。些細な日常生活の起居動作から、モノに振り回される戦後日本のライフスタイルへの反省と「手足を動かす生活」を取り戻す家・住まい方を提案。

（価格は改定になることがあります）